Schmitt's Backstube

97282 Retzstadt

Telefon (0 93 64) 23 01

Der Profiverkauf im Bäckerfachgeschäft

Das Verkaufstrainingsbuch

Ein Fachbuch der

ISBN: 3–920787–08–0

1. Auflage

© 1995 Deutscher Bäcker-Verlag GmbH, Bochum

Text: Dieter Lucks
Fachliche Betreuung: Ursula Lamers, Walter Dohr
Illustrationen: Annette Steinhauer
Gestaltung: Berthold Kusy, Bochum
Satz: Typoprint GmbH, Witten
Druck: Verlag Ferdinand Kamp, Bochum

VORWORT

Unser Bäckerhandwerk bietet die Trümpfe, die die Verbraucher wünschen. Wir bieten Frische, Qualität, geschmackvolle und gesunde Produkte. Diese Trümpfe müssen wir auch zukünftig einsetzen.

Eine weitere Trumpfkarte gilt es aber in der Zukunft viel mehr auszuspielen als bisher, nämlich den Verkauf in unseren Fachgeschäften. Es reicht heute eben nicht mehr, nur hochwertige Produkte zu backen, sie müssen zu allererst auch verkauft werden. Hier gibt es noch vieles zu tun.

Unsere Verbraucher werden anspruchsvoller. Diesem Anspruch müssen sich unsere Verkäuferinnen in Zukunft vermehrt stellen. Weiterbildung im Verkauf ist daher unerläßlich.

Das vorliegende Buch bietet eine hervorragende Möglichkeit, profihafter zu verkaufen. Jede unserer Meistersfrauen , aber vor allen Dingen auch unsere Verkäuferinnen sollten sich mit der hier beschriebenen Thematik eingehend beschäftigen.

Der Autor hat es verstanden, die täglichen Belange im Bäckerfachgeschäft praxisnah und verständlich zu schildern, vor allem aber auch Lösungsmöglichkeiten aufzuzeigen. Das Buch bietet viele wertvolle Anregungen und Hilfestellungen, die im täglichen Umgang mit dem Kunden äußerst nützlich sind.

Ich bin besonders froh darüber, daß mit diesem Buch erstmalig ein erfahrener Verkaufstrainer, der über ausreichende Kenntnisse aus dem Bäckerhandwerk verfügt, sein Praxiswissen in dieser Form allen unseren Verkäuferinnen zur Verfügung stellt.

Wichtig für unsere Meistersfrauen und Verkäuferinnen ist, daß sie das Buch nicht nur lesen, sondern die guten Tips auch anwenden. Ich bin davon überzeugt, daß dann dem Verkaufspersonal in unseren Fachgeschäften das Verkaufen noch mehr Freude bereitet und daß sich die konsequente Anwendung des Gelernten auch positiv auf den Umsatz in der Bäckerei auswirkt.

Hans Bolten
Präsident des Deutschen Bäckerhandwerks

INHALT

INHALT

Ein Fachbuch der D•B•Z

EINLEITUNG

Wenn Sie, liebe Leserinnen und Leser, dieses Buch durcharbeiten und auch nur ein Kapitel, einen Abschnitt oder einen Hinweis aus diesem Buch in Ihrem Verkaufsgespräch umsetzen, hat sich die Anschaffung dieses Buches bereits gelohnt.

Ich bin als Autor aber davon überzeugt, daß Sie nicht nur einen Abschnitt, sondern eine Reihe von Punkten in Ihrer täglichen Verkaufspraxis verwerten und einsetzen werden.

Weiterbildung ist heute wichtiger denn je, erst recht beim Verkauf in der Bäckerei. Dieses wird niemand bestreiten können, der sich ernsthaft mit diesem Thema auseinandersetzt.

> NUR WER SICH WEITERBILDET, STEHT AUF DER GEWINNERSEITE!

AN WEN SICH DIESES BUCH RICHTET

Dieses Buch richtet sich an alle diejenigen Personen in Bäckereien, die in irgendeiner Weise mit dem Verkauf zu tun haben. Zuallererst wurde es für die Meistersfrau und die Bäckereifachverkäuferin geschrieben. Von großem Nutzen ist es aber auch für den/die Bäckermeister/-in, den/die Verkaufleiter/-in, den/die Filialleiter/-in und alle mit Ausbildungsfragen befaßte Personen.

Das Buch ist ein Lehr- und Übungsbuch für den Verkauf im Bäckerfachgeschäft, ebenso aber ein Nachschlagewerk und ein Ideenfundus. Es vermittelt gezielt Informationen und beantwortet Praxisfragen. Es soll neue Impulse, Denkansätze, Anregungen und Ideen anbieten.

An manchen Stellen wurde bewußt auf eine vertiefende Betrachtung verzichtet und an Stelle dessen eine Breitenbetrachtung vorgenommen. Breitenbetrachtung heißt, es wurden nach Möglichkeit alle Situationen und Punkte erfaßt, die dem Profiverkauf in der Bäckerei zugeordnet werden können.

EMPFEHLUNGEN FÜR DIE ARBEIT MIT DIESEM BUCH

Die Arbeit mit diesem Buch wird jeder Leser unterschiedlich vornehmen. Sie wird von seinen Zielen, Fragen, Problemen, Lesegewohnheiten und Lerngewohnheiten abhängig sein. An dieser Stelle soll gesagt werden, daß die Arbeit mit einem Fachbuch in der Regel mehr Konzentration erforderlich macht, als das Schmökern in einer Zeitschrift oder in einem Roman. Manchmal muß man sich sogar ein wenig selbst motivieren, um endlich zu beginnen.

Sie können das Buch in einem Zug von der ersten bis zur letzten Seite lesen. Sie können es aber auch von Kapitel zu Kapitel durcharbeiten, je nach dem, welches aktuelle Problem Sie zu lösen haben oder was Sie wissen oder lernen wollen. Am Ende sollten Sie jedoch alles gelesen haben, denn viele Kapitel stehen im Zusammenhang mit einem anderen Kapitel oder setzen sogar das Wissen anderer Kapitel voraus. Sie können dieses Buch auch mehrmals lesen, denn es sollte Ihnen als treuer Wegbegleiter durch Ihre Verkaufswelt dienen. Eines sollten Sie jedoch nicht versäumen. Schauen Sie sich bitte in Ruhe das umfangreiche Inhaltsverzeichnis an. Es gibt Ihnen bereits, ohne daß Sie das gesamte Buch lesen müssen, einen Überblick über den Profiverkauf im Bäckerfachgeschäft.

NICHTS IST VOLLKOMMEN

Der Autor, seine Testleser und seine Fachberater haben sich darum bemüht, nichts zu übersehen, alles zu erfassen, nichts zu vergessen und vollkommen zu sein. Zugegeben, mit der Vollkommenheit ist es nur teilweise gelungen. Der eine Testleser sagte dies, der andere Testleser meinte das. Der eine Fachberater sah seinen Schwerpunkt hier und der andere Fachberater sah seinen Schwerpunkt dort.

Der eine sagte, an dieser Stelle steht zuviel Theorie, der andere sagte, an dieser Stelle steht zu wenig Theorie und der dritte sagte, die Theorie ist gerade richtig. Wir haben dem Rechnung getragen, um ein möglichst optimales Buch für den Verkauf im Bäckerfachgeschäft zu schreiben. Dennoch möchte ich anmerken:

> NICHTS IST VOLLKOMMEN. AUCH WIR SIND NICHT VOLLKOMMEN.
> BITTE HABEN SIE VERSTÄNDNIS DAFÜR!

Haben Sie noch Fragen, dann fragen Sie bitte! Wollen Sie uns Ihre Meinung sagen, dann tun Sie es bitte!

Bitte nehmen Sie diese Aufforderung wahr und stellen Sie uns alle Fragen, die Sie berühren, die offen geblieben sind. Wir versuchen Ihnen die gewünschte Antwort zu geben. Wir benötigen Ihre Fragen und Anregungen. Denn wir wollen auch wissen, was wir verbessern oder anpassen müssen.

Wir wünschen Ihnen viel Spaß bei der Arbeit mit diesem Buch.

Dieter Lucks

1. Was ist Verkaufen?

1.1 Das erste Unternehmensziel

Die betriebswirtschaftlichen Grundlagen kennen verschiedenste Unternehmensziele, und zwar ein Bündel von Zielen. Zu diesen Zielen zählen auszugsweise Organisationsziele, Personalziele, Führungsziele, Finanzziele, Planungsziele, Kostenziele, Produktionsziele, Marketingziele, Produktziele, Preisziele, Distributionsziele, Werbeziele, Verkaufsförderungsziele, Imageziele, sowie Umsatz-, Absatz-, oder Verkaufsziele.

UMSATZ ALS UNTERNEHMERISCHE ZIELFORMULIERUNG

Den Aktionär interessiert nur die Dividende, den Unternehmer nur der Gewinn. Aus diesem Grunde ist Verkaufen oder Umsatz machen das erste Unternehmensziel; denn Gewinne werden über den Umsatz erzielt. Vereinfacht dargestellt muß der erzielte Umsatz die Ausgaben für Rohstoffe oder Wareneinkauf, Löhne, Gehälter und weitere Betriebskosten jeder Art decken, sowie einen angemessenen Gewinn abwerfen.

Ist der im Jahresumsatz enthaltene Gewinn den Vorstellungen entsprechend wird von einem guten Ergebnis gesprochen. Werden kaum Gewinne erzielt, ist das ein schlechtes Ergebnis. Werden gar Verluste ausgewiesen, ist das als Katastrophe zu bezeichnen. Soll ein Betrieb trotz Verlust weiterhin betrieben werden, müssen Eigenkapitaleinlagen oder Bankkredite zur Verfügung stehen. Des weiteren sollte über Kostenabbau und Umsatzsteigerungen nachgedacht werden. Oftmals steht der Kostenabbau im Vordergrund und die Gewinnsteigerung durch Umsatzsteigerung wird vernachlässigt.

ZUERST UMSATZ – DANN GEWINN

Je nach Branche, Konkurrenzsituation, eigener Kostenstruktur und aus anderen Gründen kann der Gewinnanteil vom Umsatz hoch bis niedrig sein. Wie dem auch sei, Gewinne können nur erzielt werden, wenn ausreichende Umsätze erwirtschaftet werden. Die folgenden Beispiele sollen dies verdeutlichen helfen.

Bäckerbetrieb Kluge machte 500.000 DM Jahresumsatz. Seine Kosten für Rohstoffe, Produktionskosten, Miete, Löhne und andere betrugen in diesem Zeitraum 450.000 DM und lagen innerhalb der branchenüblichen Vergleichswerte. Er erwirtschaftete dabei die angestrebten 10% Gewinn vom Umsatz oder 50.000 DM.

Bäckerfachbetrieb Schnell machte 400.000 DM Jahresumsatz. Seine Kosten für Rohstoffe, Produktionskosten, Miete, Löhne und andere betrugen in diesem Zeitraum 400.000 DM und lagen innerhalb der branchenüblichen Vergleichswerte. Sein Gewinnanteil wurde ebenfalls mit 10% kalkuliert, aber er erwirtschaftete keinen Gewinn. Wo liegt das Problem?

Es fehlte Umsatz. Während Bäcker Kluge von Beginn des Geschäftsjahres auf Umsatz drängte und alles unternahm, um diesen so hoch wie möglich zu schrauben, vernachlässigte Bäcker Schnell seine monatlichen Umsatzziele. Erst gegen Jahresende stellte er fest, daß er sein Jahresumsatzziel – von dessen Erreichung die Erreichung seines Gewinnzieles abhängig war – nicht mehr erreichen konnte. Er hatte einfach übersehen: Die Umsätze vieler Monate sind keine echten Gewinne, sondern sie dienen bis zur Erreichung der Gewinnschwelle nur der Kostendeckung.

1.2 EINE FÜHRUNGSAUFGABE

Es ist schon etwas ungewohnt, eine Verkäuferin als Führungskraft zu bezeichnen. Wird allerdings Kundenführungskraft gesagt, trifft das den Nagel auf den Kopf. Mitarbeiter führen, ist eine Managementaufgabe und bedeutet Organisieren, Delegieren, Motivieren und Kontrollieren. Kunden führen, ist eine Verkäuferaufgabe und bedeutet den Kunden zu einer ungeplanten Kaufhandlung (ver)führen. Und das ist leichter gesagt, als getan.

Der Kunde ist kein bezahlter Mitarbeiter des Unternehmens. Demnach ist er bei seinem Einkauf nicht weisungsgebunden, sondern er macht bzw. kauft, was er will. Es sei denn, er wird von einer fähigen Verkäuferin zum Umsatz oder Einkauf motiviert, geführt oder verführt. Im Vergleich dazu ist die innerbetriebliche Führung der Mitarbeiter schon einfacher, weil diesen Anordnungen erteilt und Aufgaben zugewiesen werden können. Würde an einen Kunden die Anordnung ergehen, „Sie müssen jetzt kaufen", wäre der Streit mit dem Kunden perfekt und ein Verkauf für alle Zeiten geplatzt.

Zur Beeinflussung oder zur Teilnahme an der Meinungsbildung der Kunden bleibt der Verkäuferin demnach nur ein Führungsinstrument, die Motivation. Stünde einem Vorgesetzten nur die Motivation als Führungsinstrument zur Verfügung, würden viele Aufgaben unerledigt bleiben. Ist das nicht Grund genug dafür, Verkäufer zu vollwertigen Kundenführungskräften zu machen?

1.3 Kopfarbeit, Lernarbeit, Fleißarbeit

Verkaufen hat wenig bzw. nur bedingt mit körperlichen Fähigkeiten oder Anstrengungen zu tun. Verkaufen findet in den Köpfen des Verkäufers und des Kunden statt und zwar in Form einer geistigen Auseinandersetzung, wobei die Hauptarbeit der Verkäuferin zukommt. Aus diesem Grunde ist Verkaufen Kopfarbeit.

KOPFARBEIT

Der Kopf oder richtiger gesagt, das Gehirn kann nur das leisten, wozu es fähig ist, was es gelernt und trainiert hat. Aus diesem Grunde kann im Verkaufsgespräch nur auf das fest im Gedächtnis verankerte Verkaufs- und Produktwissen zurückgegriffen werden. Denkpausen oder Auszeiten sind im Verkaufsgespräch ebenso unmöglich, wie ein Blick in das Verkäuferhandbuch. Wird der Kunde nicht motivierend genug behandelt oder geführt, gibt es für den Verkäufer anstelle guter Punkte sogar Punkteabzug. Selbst vor einem eigenproduzierten knock out (k.o.) ist die Verkäuferin nicht geschützt. Dieser Umstand kann eintreten, wenn der Kunde verärgert und auf Nimmerwiedersehen das Geschäft verläßt und obendrein negative Mundpropaganda betreibt.

LERN- UND FLEISSARBEIT

Um sich vor diesen unerwünschten Folgen zu schützen und um hochkarätige Verkaufsarbeit gewährleisten zu können, steht der Verkäuferin die Lernarbeit hilfreich zur

Verfügung. Lernen heißt Wissen suchen, anerkennen, verstehen, aufnehmen, üben, anwenden, kritisieren, korrigieren und so weiter. Weil Lernarbeit geistige Kraft und Zeit erfordert, wird sie zur Fleißarbeit und disziplinarischen Übung. Keine Verkäuferin sollte sich bei ihrer Lernarbeit behindern lassen, es sei denn ihr genügt die verkäuferische Durchschnittlichkeit.

1.4 EIN WARENVERTEILUNGSVORGANG

Die einfachste Form des Verkaufens ist der Tauschvorgang Ware gegen Geld. Das gilt auch heute noch und ist oft zu beobachten. Die vom Kunden angeforderte Ware wird durch den Verkäufer oder das Verkaufsregal bereitgestellt, verteilt oder verkauft und dann kassiert. Ein ähnlicher Vorgang, wie er beim Automatenverkauf für Getränke, Zigaretten, Fahrkarten, Parkscheinen, Kaugummi oder anderen Produkten beobachtet werden kann. Der Verkäufer oder das Verkaufsregal wird in diesem Falle durch den Automaten ersetzt.

Die Hauptmerkmale dieser Verkaufsform heißen, die angeforderte Ware bereitstellen, verteilen oder übergeben und kassieren. Deshalb wird diese Verkaufsform auch Verteilungsverkauf, das entsprechende Verkaufsgespräch auch Verteilungsverkaufsgespräch und der entsprechende Verkäufer auch Verteilungsverkäufer genannt. Daraus ergibt sich die folgende Definition:

Der Verteilungsverkauf ist ein reiner Warenverteilungsvorgang, in dessen Mittelpunkt die Übergabe von angeforderten Waren gegen Geld steht. Die Übergabe der verlangten Produkte kann durch die Selbstbedienung, aber auch durch das Verkaufspersonal erfolgen.

(So soll es nicht sein!)

Käuferin (K): Fünf Brötchen bitte.
Verkäuferin (V): Sonst noch was?
K: Nein Danke.
V: 2.50

K: Fünf Brötchen bitte.
V: Die sind ausverkauft.
K: Na dann schaue ich mich mal um, was ich sonst noch finde.
V: Wer ist der Nächste?

So nicht

Wissenswert: Der größte Teil aller Automaten ist stumm, aber einige können dank der modernen Technik schon „Guten Tag" und „Danke für Ihren Einkauf" sagen. Mit diesen Fähigkeiten sind sie bereits leistungsfähiger als einige Verteilungsverkäufer. Diese verzichten auf die zwischen Menschen übliche Begrüßung und sagen zur Verabschiedung nur zweifünfzig, womit der Kaufpreis in DM gemeint ist.

1.5 Ein Verkaufsvorgang – Profiverkauf

Eine andere oder erweiterte Form des Verkaufens liegt vor, wenn die Verkäuferin mehr als die Verteilung und das Kassieren der angeforderten Ware vornimmt. Voraussetzung ist die Fähigkeit der Verkäuferin, den Kunden zu weiteren oder ungeplanten Käufen zu veranlassen.

Die Hauptmerkmale dieser Verkaufsform heißen, (1) die angeforderte Ware verteilen, (2) den Kunden durch Anbieten weiterer Produkte zu weiteren Käufen (ver)führen und (3) kassieren. Weil diese Verkaufsform verkäuferisches Wissen und Können voraussetzt, wird sie professioneller Verkauf oder Profiverkauf genannt. Das entsprechende Verkaufsgespräch ist das Profiverkaufsgespräch und die entsprechende Verkäuferin ist die Profiverkäuferin. Daraus ergibt sich die folgende Definition:

Der Profiverkauf ist ein Kommunikationsprozeß mit dem Ziel der Teilnahme an der Meinungsbildung der Kunden, die zu einer Kaufhandlung (ver)führen soll.

V: Guten Tag
K: Guten Tag, fünf Brötchen bitte.
V: Gerne. Hier sind sie. Wissen Sie schon daß wir heute ein besonderes Angebot für Sie haben?
K: Das ist ja interessant. Was ist es denn?

V: Guten Tag
K: Guten Tag, fünf Brötchen bitte.
V: Die sind wegen großer Nachfrage schon ausverkauft.
   Ich kann Ihnen aber frische Roggenbrötchen oder Baguettebrötchen anbieten.
   Ist das was für Ihren Appetit?
K: Ja. 2 Baguettebrötchen und drei Roggenbrötchen bitte.

ERLÄUTERUNGEN ZUM PROFIVERKAUF

Eine Definition besteht aus ableitungsfähigen Sätzen und Worten. Die Auflösung dieser Sätze und Worte in einen einfachen und verständlichen Sinnzusammenhang ist deshalb der nächste Schritt. Die Definition des Profiverkaufs liest sich wie folgt: Verkaufen – ist ein Kommunikationsprozeß – mit dem Ziel der Teilnahme an der Meinungsbildung – der Kunden – die zu einer Kaufhandlung (ver)führen soll.

▼ Verkaufen

Verkaufen kann das Verkaufen von Backwaren sowie von Produkten und Dienstleistungen jeder Art sein. Aber auch das Verkaufen oder Vermitteln von Ansichten, Meinungen, Wertvorstellungen, Zielen, Wünschen, Träumen oder sonstigen für den Kunden oder Gesprächspartner interessanten Gedanken.

▼ ist ein Kommunikationsprozeß

Kommunizieren bedeutet verbinden, informieren und informiert werden. Ein Kommunikationsprozeß ist ein Vorgang, der die Gesprächspartner, wie die Verkäuferin und den Kunden, miteinander verbinden soll.

Der Kunde muß keinen Beitrag leisten um die richtige Verbindung, den richtigen Draht zur Verkäuferin herzustellen. Es sei denn, er ist auf die Verkäuferin angewiesen, weil das gewünschte Produkt Mangelware ist und die Verkäuferin nach ihrem Gutdünken eine Kundenauswahl treffen kann. Dies war häufig in der ehemaligen DDR der Fall und die Verkäufer erhielten für die Vorzugsbehandlung sogar ein Trinkgeld.

Die Verkäuferin stellt durch ihre verkäuferischen Fähigkeiten, ihre Persönlichkeit, ihre Freundlichkeit und ihre Höflichkeit den richtigen Draht zum Kunden her.

▼ mit dem Ziel

Jede Art von Kommunikation, also auch die Verkaufskommunikation (das Verkaufsgespräch), besitzt ein Ziel. Ist kein Ziel vorhanden, hört sich das im Bäckerfachgeschäft oder beim Verkauf an gewerbliche Bäckerkunden wie folgt an:

(So soll es nicht sein!)

Ich hätte gerne 10 Brötchen. Sonst noch was? Nein danke. Macht 4 Mark. Haben Sie es nicht kleiner? Heute bezahlt ja jeder mit einem Hundertmarkschein ...

Ich komme gerade zufällig vorbei, ich rufe an, weil ich Ihnen die Belieferung mit unseren Brötchen anbieten möchte. Ach, Sie haben schon einen Lieferanten ...?! Das konnte ich ja nicht wissen. Entschuldigen Sie bitte die Störung ...

So nicht

▼ der Teilnahme an der Meinungsbildung

Meinungen, Ansichten, Wertvorstellungen, ausgenommen Religion, Sport, Politik und andere manifestierte Bereiche, sind unter gewissen Umständen veränderbar. Ebenso sind auch die Einkaufswünsche der Kunden im Bäckerfachgeschäft veränderbar und können durch den Profiverkäufer vermehrt werden.

Diese gewissen Umstände sind gegeben, wenn der (Profi)Verkäufer sein Verkaufsgespäch beherrscht und den Kunden zu weiteren oder ungeplanten Käufen motivieren oder (ver)führen kann.

Ich hätte gerne 10 Brötchen. Bitte sehr. Ach wissen Sie schon, wir haben heute ofenfrischen Pflaumenkuchen? Schauen Sie bitte, hier ist er. Sieht er nicht zum reinbeißen aus? Oh ja, das stimmt. Ich wollte eigentlich nur Brötchen kaufen, aber da kann ich nicht widerstehen. Vier Stück bitte, aber mit viel Sahne!

▼ der Kunden

Die Partner im Verkaufsgespräch sind die Kunden. Aber nicht nur Kunden, sondern auch Ehepartner, Freunde, Bekannte, Nachbarn, Vorgesetzte, Mitarbeiter, Lieferanten oder wildfremde Menschen können mit diesem „Verkaufsrezept" zu einer von ihnen nicht geplanten Handlung oder einer Meinungsänderung (ver)führt werden.

▼ die zu einer Kaufhandlung (ver)führen soll

Eine Kaufhandlung bedeutet nicht nur Sofortkauf erzielen, sondern sie bezieht auch den Folgekauf, Wiederholungskauf, den Kauf beim nächsten Besuch und den Empfehlungskauf mit ein. Die Verführung findet durch die verkäuferischen Fähigkeiten der Verkäuferin statt. Sind diese wenig ausgeprägt oder nicht vorhanden, bleibt es beim Verteilungsverkauf.

▼ Ergänzung

Verkaufen wird zu häufig aus der Sicht der Verkäuferin und nicht aus der Sicht des Kunden betrachtet und interpretiert. Verkaufen ist das Gegenteil von Kaufen und deshalb sollte die Sicht und die Erwartungshaltung des Kunden im Vordergrund einer verkäuferischen Betrachtung stehen. Die Fragen, was will der Kunde hören und wie möchte er behandelt werden, damit er sich veranlaßt fühlt, viel Umsatz zu machen, sollten deshalb nicht vernachlässigt werden.

1.6 Eine Ansichtssache

Verkaufen ist auch eine Ansichtssache, und die Ansichten können recht unterschiedlich sein. Das Verkaufstalent sagt, zum Verkäufer muß man geboren sein. Der Profiverkäufer sagt, Verkaufen ist ein andauernder Lernprozeß. Der ehrgeizige Verkäufer sagt, ich muß noch viel lernen. Der Verteilungsverkäufer sagt, Verkaufen ist doch keine Kunst.

Manch ein Unternehmer sagt, Verkäufer verursachen Personalkosten. Die Kunden sagen, ein Regal kann nicht sprechen und nicht bedienen. Der Selbstbedienungshandel hat keine Verkäufer und trotzdem verlangen manche Kunden auch dort einen Verkäufer.

1.7 Eine Philosophie

Jeder Mensch hat seine Lebensphilosophie. Jeder Unternehmer hat seine Unternehmensphilosophie, seine Personalphilosophie, seine Marketingphilosophie, seine Produktphilosophie und seine Verkaufsphilosophie. Eine Philosophie kann nur im Kopf vorhanden sein oder auf Büttenpapier geschrieben sein.

Nicht die Qualität des bedruckten Papiers ist für den Wert einer Philosophie entscheidend, sondern ihre Inhalte, ihre Ziele und ihre Umsetzung. Es genügt, wenn die herrschende Philosophie jedem Mitarbeiter bekannt ist, darüber gesprochen und an der Erreichung ihrer Ziele gearbeitet wird. Eine Verkaufsphilosophie spiegelt die Einstellung der Geschäftsleitung zu ihren Kunden und zu ihren Verkäuferinnen wider. Sie sollte ehrlich und verbindlich sein, vor allen Dingen auch eingehalten werden.

Unsere Verkaufsphilosophie

1. Unsere Kunden sind uns wichtig. Unsere Verkäuferinnen sind uns wichtig. Deshalb schätzen wir beide sehr.

2. Unsere Kunden bringen den Umsatz und werden entsprechend behandelt. Zuvorkommend, höflich, nett und freundlich.

3. Unsere Verkäuferinnen machen den Umsatz und deshalb ist ihr Ansehen hoch. Sie werden nach besten Kräften ausgebildet, weitergebildet und gefördert.

4. Wir erwarten von unseren Verkäuferinnen ihren vollen Einsatz und bieten unseren vollen Einsatz für ihre Interessen und Belange.

1.8 GESTERN, HEUTE UND MORGEN

Verkaufen hat eine lange Tradition und blieb über Jahrtausende in seinen Strukturen beinahe unverändert. Eine erste gravierende Veränderung trat ein, als im letzten Jahrhundert der Ausbildungsberuf der Verkäuferin und des Verkäufers kreiert wurde. Die Ursachen für diesen Vorgang waren die wirtschaftliche Entwicklung, die allgemein steigende Kaufkraft, das allgemein steigende Angebot an Produkten und die damit verbundene Gründungswelle von Einzelhandelsfachgeschäften und Kaufhäusern. Während bis zu dieser Zeit die Ausbildung des Verkäufers dem Verkäufer oder seinem Dienstherren überlassen blieb, wurden nun klare Anforderungen gestellt. Anforderungen, die sich an den Kundenwünschen orientierten, weil die Konkurrenz zunahm und weil der Kunde König war.

Eine nächste gravierende Veränderung trat ein, als das Zeitalter der Massenmedien, des Rundfunks und des Fernsehens seinen Siegeszug begann und der Verkäufer an Stellenwert verlor. Seine qualifizierten verkäuferischen Aufgaben wurden jetzt weitestgehend durch das Werbefernsehen, die Rundfunkwerbung, die Zeitungswerbung, die Werbung auf Plakatwänden, die Werbung durch Werbebriefe und andere moderne Medien übernommen. Weil der Umsatz beinahe wie von selbst lief, wurde aus dem Profiverkäufer ein Verteilungsverkäufer und seine Fähigkeiten, den Kunden zum Kauf zu verführen, verkümmerten zusehends. Es wäre dabei geblieben, wenn sich die wirtschaftliche, unternehmerische und gesellschaftliche Entwicklung nicht verändert hätte. Sie veränderte sich aber. Die Kaufkraft stieg nicht mehr, die Konkurrenz nahm sogar noch zu, auch im Bäckerhandwerk, die Kunden wurden kritischer, wollten sogar wieder Könige sein und persönlich umworben werden.

Derzeit findet ein Umbruch oder eine Rückkehr zu den alten Werten des Profiverkaufs statt und einige Verkäufer werden, wenn sie ihre verkäuferische Aufgabe hochwertig erfüllen wollen, umdenken und umlernen müssen. Diese Tendenz wird anhaltend sein, weil keine gravierende Veränderung der gesamtwirtschaftlichen Lage zu erwarten ist, weil der Konkurrenzdruck nicht abnimmt, sondern zunimmt. Weil die Kunden kritischer geworden sind und wissen, daß sie das wahre Kapital eines Unternehmers, auch eines Bäckerfachgeschäftes, sind, werden ihre Ansprüche weiter wachsen.

1.9 Für das Privatleben ein Gewinn

Wer professionell Verkaufen kann, hat nicht nur für sein Berufsleben, sondern auch für sein Privatleben gelernt. Im Mittelpunkt des Verkaufsgeschehens steht der Kunde oder der Mensch. Im Mittelpunkt des Privatlebens steht auch der Mensch. Hier heißt er nicht Kunde, sondern Partner, Kind, Verwandter, Freund, Nachbar, Kollege oder Bekannter.

Die Mitmenschen des Privatlebens sind zwar unterschiedlich, aber dennoch auch recht gleich. Auch sie können in problemlose und schwierige Mitmenschen unterschieden werden. Auch sie reagieren auf die unterschiedlichen Formen der Ansprache. Auch sie lassen sich von den Stimmungen ihres Gesprächspartners beeinflussen. Auch sie können sich manchmal nicht entscheiden und erwarten einen Rat. Auch sie haben ihre Probleme, die ihre eigene Stimmung und die Stimmung ihres Umfeldes beeinflussen kann. Auch sie können das eigene Leben angenehm oder unangenehm beeinflussen. Die Parallelen zu Kunden sind vielfältig, deshalb können sie auch wie Kunden behandelt werden.

Nicht ohne Grund heißt es: Wer verkaufen kann, kann mit Kunden umgehen. Wer mit Kunden umgehen kann, kann mit Menschen umgehen. Wer mit Menschen umgehen kann, lebt besser!

1.10 Die Verkaufssituation im Bäckerfachgeschäft

Die Verkaufssituation im Bäckerfachgeschäft könnte professioneller und damit umsatzträchtiger sein. Es wird noch zuviel verteilt und zu wenig verkauft.

DER VERTEILUNGSVERKAUF

Der Verkauf im Bäckerfachgeschäft startet häufig mit dem Verteilungsverkauf (–)*. Die Verkäuferin fragt nach dem Kaufwunsch des Kunden, was kann ich für Sie tun, und stellt die gewünschte Ware bereit. Im Anschluß daran fragt die Verkäuferin so oft nach weiteren Kaufwünschen, haben Sie sonst noch einen Wunsch, bis der Kunde nein sagt.

*) (–) steht für negativ
    (+) steht für positiv

V: Wer ist jetzt dran? (–)
K: Fünf Brötchen bitte.
V: Sonst noch was? (–)
K: Nein Danke.
V: 2.50 (–)

So nicht

DER DURCHSCHNITTSVERKAUF

Auch ein Mix aus Verteilungsverkauf und Profiverkauf ist zu beobachten, der Durchschnittsverkauf. Mal wird verteilt(+)* und mal wird richtig verkauft (+).

(So sollte es auch nicht sein!)

V: Guten Tag, wen darf ich jetzt bedienen? (+)
K: Guten Tag, 5 Brötchen bitte.
V: Sonst noch was? (–)
K: Ja, vier Stück Apfelkuchen.
V: Der ist ausverkauft. (–)
K: Tja, dann nehme ich, hmm, ach lassen
   wir das. Ein Roggenmischbrot bitte.
V: Bitte sehr, Ihr Roggenmischbrot. Es ist noch ganz
   frisch und wird Ihnen schmecken. (+)
K: Haben Sie Erdbeerkuchen im Angebot, weil da ein Schild ist?
V: Ja, die ganze Woche noch. (–)
K: Dann möchte ich zahlen.
V: Gerne, das macht 6.50 DM bitte. 10.00 DM. Danke sehr und
   3.50 DM zurück. (+)
K: Auf Wiedersehen.
V: Wen darf ich jetzt bedienen? Es tut mir leid, daß Sie warten
   mußten. Aber jetzt bin ich für Sie da. (–) (+)

So nicht

DER PROFIVERKAUF

Der Profiverkauf (+) ist zu selten zu beobachten. Er ist die einzig echte und richtige Verkaufsform.

(So sollte es sein!)

V: Guten Tag, wen darf ich jetzt bedienen? Es tut mir leid, daß Sie warten mußten, aber wir haben Hochbetrieb. Jetzt bin ich aber für Sie da. (+)

K: Guten Tag, 5 Brötchen bitte.

V: Gerne. Hier sind ihre Brötchen bitte, sie sind noch ganz frisch. (+)

K: Und vier Stück Apfelkuchen bitte.

V: Wir hatten eine unerwartete Riesennachfrage nach Apfelkuchen, deshalb ist er schon ausverkauft. Seien Sie deswegen nicht traurig, ich habe noch frischen Erdbeerkuchen für Sie da oder leckeren Aprikosenkuchen. Hier sind sie. Ist das was für Ihren Appetit? (+)

K: Ja, die sehen auch gut aus. Von jedem zwei Stück bitte.

V: Möchten Sie die Schlagsahne auf einem Schälchen oder direkt auf den Kuchen? (+)

K: Ach, an die habe ich gar nicht gedacht, auf einem Schälchen bitte.

V: Hier ist Ihr Kuchen mit Sahne und jetzt schon einen guten Appetit. (+)

K: Danke schön und ein Roggenmischbrot bitte.

V: Bitte sehr, Ihr Roggenmischbrot. Es ist noch ganz frisch und wird Ihnen schmecken. (+)

K: Dann möchte ich gerne zahlen.

V: Gerne, das macht 18.40 DM bitte. Entschuldigung, haben Sie auch nichts vergessen, es ist ja Wochenende. Da kann das schon mal passieren.(+)

K: Ja, richtig Kaffee. Danke, daß Sie daran erinnert haben.

V: So, jetzt haben wir auch Ihren Kaffee.

K: Jetzt zahle ich aber wirklich, sonst kaufe ich noch den halben Laden leer (und lacht dabei).

V: Das macht dann bitte 28.20 DM. 30.00 DM und 1.80 DM zurück. Danke für Ihren Einkauf und ein schönes Wochenende. (+)

K: Für Sie auch, bis Montag.

V: Wen darf ich jetzt bedienen? Es tut mir leid, daß Sie warten mußten. Aber jetzt bin ich für Sie da. (+)

2. DIE KUNDEN

2.1 JEDER EINZELNE KUNDE IST WICHTIG

Ein Bäckerfachbetrieb wird nicht zum Selbstzweck, sondern für die Kunden gegründet und betrieben. Nur für die Kunden wird investiert und unternehmerisches Risiko eingegangen. Nur für die Kunden wird gebacken, das Verkaufslokal eingerichtet. Nur die Kunden bringen Umsatz und den angestrebten Gewinn.

Jedes Unternehmen benötigt eine Mindestanzahl an Kunden, die einen Mindestumsatz erbringen müssen, damit der Betrieb rentabel ist und dauerhaft aufrecht erhalten werden kann. Geht ein Kunde verloren, geht auch Umsatz verloren. Die Frage, auf welchen Kunden verzichtet werden kann, heißt deshalb, auf keinen Kunden kann verzichtet werden. Geht nur ein Kunde verloren oder wird ein möglicher Kunde nicht erobert, bedeutet das dauerhaften Umsatzverlust.

Kunden sind knapp, nicht beliebig vermehrbar und deshalb das wichtigste Betriebskapital. Aus diesem Grunde sollten sie gehegt und gepflegt werden. Fühlen sich die Kunden vernachlässigt, wechseln sie zur Freude der Konkurrenz zur Konkurrenz.

Die Konkurrenz schläft nicht und wartet nur darauf, jedem anderen Konkurrenten Kunden und Umsatz abjagen zu können. Dies beweisen beispielsweise Baguetteshops, die einen vom Bäckerhandwerk vernachlässigten Markt ungeniert an sich rissen. Brezelabbackstände auf Bahnhöfen und in sonstigen gut frequentierten Lagen, die pro Tag mehr Laugengebäck verkaufen, als manches Bäckerfachgeschäft im Jahr sind Konkurrenten, aber auch Tankstellen und Kioske, die Brötchen abbacken und das sogar außerhalb der gesetzlichen Ladenöffnungszeiten. Wann wird wohl der nächste Angriff auf die knappen Kunden starten?

2.2 PRIVATE UND GEWERBLICHE KUNDEN

Das Kundenpotential des Bäckerhandwerks besteht aus zwei Kundengruppen, den privaten Kunden oder Konsumenten und den Lieferkunden oder gewerblichen Kunden. Zum Zwecke einer deutlichen Abgrenzung wird in den weiteren Ausführungen der Begriff gewerbliche Kunden verwendet.

BRINGUMSATZ – HOLUMSATZ

Private und gewerbliche Kunden unterscheiden sich im wesentlichen durch die Art der Umsatzholung. Während die privaten Kunden den Umsatz in das Bäckerfachgeschäft bringen, muß der Umsatz der gewerblichen Kunden mühsam eingeholt werden. Daraus ergeben sich die Begriffe Bringumsatz und Holumsatz.

DIE GEWERBLICHEN KUNDEN

Zu den gewerblichen Kunden zählen Verwender und Wiederverkäufer. Die Verwender haben einen großen Bedarf an Backwaren und dieser soll preisgünstig und nicht zu den üblichen Ladenpreisen gedeckt werden. Verwender sind Hotels, Pensionen, Kantinen, Altenheime, Erholungsheime, Krankenhäuser und andere. Wiederverkäufer sind Kioske, Lebensmittelgeschäfte, Metzger und andere.

Von wenigen Ausnahmen abgesehen, müssen diese Kundengruppen akquiriert, das heißt gesucht, besucht, mit einem Angebot angesprochen und zum Kauf motiviert werden. Dieser Vorgang unterscheidet sich extrem von dem problemlosen Verkauf an Konsumenten. Es wird dabei um Liefermengen, Rabatte, Zahlungsbedingungen gerungen und gegen die Konkurrenz gekämpft.

VOR- UND NACHTEILE DER GEWERBLICHEN KUNDEN

In der Regel stellt sich die Frage, ob und in welchem Umfang die Akquisition und Belieferung von gewerblichen Kunden sinnvoll und rentabel ist.

Mögliche Gründe für die Belieferung gewerblicher Kunden sind der Verzicht auf ein kosten- und personalintensives Verkaufslokal, die kontinuierliche Abnahme von hohen Stückzahlen, die Auslastung von freien Produktions- und Personalkapazitäten, die Unabhängigkeit vom Verkaufsstandort und die Vermehrbarkeit der gewerblichen Kunden. Vermehrbarkeit bedeutet, daß die Zahl und Qualität der gewerblichen Kunden von den akquisitorischen Bemühungen stark beeinflußt werden kann. In manchen Situationen können die gewerblichen Kunden eine recht interessante Problemlösung sein. Mögliche Gründe gegen die Belieferung von gewerblichen Abnehmern sind die Abhängigkeit von wenigen Abnehmern, geringere Verkaufserlöse, zu hoher Aufwand oder die herrschende Umsatz- und Ertragslage.

Die Entscheidung darüber, ob und in welchem Umfang gewerbliche Abnehmer beliefert werden oder nicht, sollte jedoch nicht zufällig, sondern gezielt und am jeweiligen Einzelfall geprüft und entschieden werden.

2.3 Stammkunden und Laufkunden

Die privaten Kunden eines Bäckerfachgeschäftes setzen sich aus Stammkunden und Laufkunden zusammen. Der Stammkundenanteil ist in Wohngegenden oder Stadtrandlagen gewöhnlich höher als in den Citylagen. Die Stammkunden kaufen regelmäßig und beinahe ausschließlich in „ihrem Bäckerfachgeschäft". Laufkunden kaufen unregelmäßig, selten oder einmalig. Sie kaufen z. B. weil sie gerade am Bäckerfachgeschäft vorbeikommen, weil sie plötzlichen Appetit oder Hunger haben, weil ein Sonderangebot lockt, weil der Geschäftsschluß naht, weil sie eine Empfehlung erhalten haben oder aus anderen Gründen. Stammkunden sind die Grundlage und Laufkunden das Sahnehäubchen für den Umsatz. Dennoch müssen beide Kundengruppen gleichermaßen gehegt und gepflegt werden, die Stammkunden, damit sie auch Stammkunden bleiben; die Laufkunden, damit sie zu Stammkunden werden.

Auch die gewerblichen Kunden können in Stammkunden und Laufkunden unterschieden werden, wobei der Begriff Laufkunden gegen Gelegenheitskunden auszutauschen ist. Gelegenheitskunden tätigen Gelegenheitskäufe dann, wenn bei ihrem Hauptlieferanten die gewünschte Ware ausverkauft ist oder wenn sie Sonderangebote nutzen wollen, aber auch, wenn sie ein Produkt benötigen, welches ihr Hauptlieferant nicht anbieten kann, oder wenn sie mit ihrem Hauptlieferanten irgendwelche Probleme haben.

2.4 WARUM IM BÄCKERFACHGESCHÄFT EINGEKAUFT WIRD

Ein Einkauf von Backwaren kann im Selbstbedienungshandel für Lebensmittel oder im Bäckerfachgeschäft stattfinden. Der Konsument kennt verschiedene Gründe, um seinen Backwarenbedarf im Supermarkt, beim Discounter oder im Bäckerfachgeschäft zu decken. Für seinen Einkauf im Bäckerfachgeschäft sprechen Frische, Qualität, Auswahl, Bedienung und Beratung.

FRISCHE, QUALITÄT, AUSWAHL

Die Frische von Brot und Brötchen ist für 81% der Verbraucher sehr wichtig. Aus dieser Kundenmeinung erklärt sich auch, warum 75% der Konsumenten ihre Brötchen und ihr Brot bevorzugt im Bäckerfachgeschäft einkaufen.

Qualität ist für den Bäckerkunden nicht diskutierbar, sie wird einfach erwartet. Stimmt die Qualität nicht oder wird gar Brot vom Vortag als frisch verkauft, zählt das als Vertrauensbruch, der zum Einkaufsverzicht führt.

Wird das Backwarensortiment des Selbstbedienungshandels mit dem eines Bäckerfachgeschäftes verglichen, werden die Unterschiede in der Auswahl und zum Vorteil des Bäckerfachgeschäftes deutlich erkennbar.

BEDIENUNG UND BERATUNG

Ob es einem eiligen Kunden unbedingt liegt, auf die Bedienung zu warten, soll dahingestellt bleiben. Einen Vorteil allerdings wissen alle Bäckerkunden zu schätzen: Bäckereifachverkäuferinnen können sprechen und sind deshalb wertvoller als leblose stumme Regale. Bäckereifachverkäuferinnen können informieren, beraten, Fragen beantworten, Empfehlungen aussprechen und sogar einige private Worte wechseln.

88% der Bevölkerung legt Wert auf freundliche Verkäuferinnen. Ob eine hochmoderne und teure Ladeneinrichtung eine freundliche und fachkundige und lebendige Verkäuferin ersetzen kann, ist nicht bekannt.

2.5 KUNDEN MACHEN KOSTENLOSE WERBUNG

Angenommen, Ihre beste Freundin war in Berlin, besuchte dort ein Konditoreicafe und verzehrte mit Hochgenuß zwei Stück Marzipantorte. Jedesmal wenn Sie gemeinsam Kaffee trinken sagt sie zu Ihnen, „wenn Du in Berlin bist, vergiß bloß nicht diese hervorragende Marzipantorte zu essen und mir zwei Stück davon mitzubringen." Das ist Mundpropaganda pur.

MUNDPROPAGANDA IST EIN LEBENSBESTANDTEIL

Mundpropaganda, auch Klatsch genannt, entspringt dem Mitteilungsdrang und dem Drang auf die Meinung seiner Mitmenschen Einfluß nehmen zu wollen. Dieses Ziel wird mehr oder weniger oft erreicht. Mundpropaganda findet unsichtbar kaum wahrnehmbar statt und hat auch für ein Bäckerfachgeschäft Bedeutung, im positiven, aber auch im negativen Sinne.

VERBREITUNG DER MUNDPROPAGANDA

Mundpropaganda kann sich zahlenmäßig sehr umfangreich verbreiten und deswegen wird von einer sogenannten Meinungsmultiplikation gesprochen. Wird unterstellt, daß jeder Mensch wenigstens zwei Kontaktpersonen besitzt, denen er eine Nachricht übermitteln kann, könnte die Verbreitung einer schlechten Nachricht über die „Bäckerei am Marktplatz" in Zahlen betrachtet wie folgt aussehen:

```
 1 Person   + 2          neue Personen =  3 Personen
 3 Personen + 4 (2 x 2)  neue Personen =  7 Personen
 7 Personen + 8 (4 x 2)  neue Personen = 15 Personen
15 Personen +16 (8 x 2)  neue Personen = 31 Personen
```

und so weiter. Je nach Sensationswert des Ereignisses kann sich die Mundpropaganda sogar wie ein Lauffeuer verbreiten.

WAS PROPAGIERT WIRD

Schlechte oder aufregende Nachrichten haben einen hohen Sensationswert und werden deshalb besonders gerne und schnell verbreitet. Gute Nachrichten sind nicht so interessant und benötigen neben einem außergewöhnlichen Wert auch einen längeren Zeitraum für ihre Verbreitung.

„Also wissen Sie Frau Müller, da war ich doch gestern in der Bäckerei am Marktplatz und die hatten vielleicht eine wohlschmeckende Käsesahnetorte. Und teuer war sie auch nicht. Die müssen Sie auch einmal probieren. Ich bin überzeugt davon, diese Käsesahnetorte wird Ihnen auch schmecken."

„Also wissen Sie Frau Müller, nie wieder betrete ich die Bäckerei am Marktplatz. Ich habe dort am Dienstag für unser Damenkränzchen Kuchen gekauft und dabei wurde mir ein Stück Kuchen vom Vortag eingepackt. Als ich mich am nächsten Tag beschwerte, sagte mir die Verkäuferin einfach, ‚daß kann doch mal passieren'. Was sagen Sie denn dazu, Frau Müller?"

WIE MUNDPROPAGANDA BEEINFLUSST WERDEN KANN

Schlechte Nachrichten sind für die Mundpropaganda ein beliebtes Thema, gute Nachrichten dagegen nicht. Aus diesem Grunde sollte der Vermeidung von Ereignissen, die zu einer schlechten Nachricht werden können, die Hauptaufmerksamkeit gelten.

Schlechte Nachrichten sind beispielsweise die Ablehnung einer Reklamation, unfreundliche Verkäuferinnen, Preiserhöhungen, Frischeprobleme, Qualitätsprobleme, lange Wartezeiten, ausverkaufte Ware, Unzuverlässigkeit bei Auslieferungen oder Vorbestellungen und anderes mehr. Wenn den schlechten Nachrichten der Nährboden entzogen werden kann, ist der Weg frei für gute Nachrichten.

Die guten Nachrichten müssen, weil sie ansonsten wenig Beachtung finden, betont und herausgestellt werden. Hierzu eignen sich verschiedene Maßnahmen, wie großzügige Abwicklung von Reklamationen, besondere Sonderangebote, besonderer Service für Senioren, Lieferservice für Jedermann, ein funktionierender Telefonbestellservice, regelmäßige Produktverkostungen und Verteilung von Produktproben, die Wahl der freundlichsten Verkäuferin, außergewöhnliche Schaufensterdekorationen, Malwettbewerb für Kinder, Schaubacken, Tag der offenen Tür, Preisausschreiben, Geburtstagskarten für die Kunden, Spenden für den Sportverein oder das Altenheim und andere geeignete Maßnahmen mehr. Der Kreativität und dem Ideenreichtum sind keine Grenzen gesetzt. Die Hauptsache ist, den Kunden gefällt es und sie machen positive Mundpropaganda damit.

„Haben Sie schon gehört Frau Müller, da hat doch die Bäckerei am Marktplatz für die Adventsfeier des Seniorenclubs einen riesengroßen Weihnachtsstollen gespendet? Ja das habe ich auch schon gehört und ich finde, das ist eine sehr sympathische Geste. Sogar die Stadtteilzeitung hat darüber berichtet und der Bürgermeister war auch dabei. Übrigens, der Stollen soll sehr gut geschmeckt haben. Wollen wir uns in der Bäckerei am Marktplatz ein Stück Stollen und eine Tasse Kaffee spendieren? Eine wirklich gute Idee..."

Übrigens, eine einfache Imageanalyse kann schon mit einem Kurzfragebogen und der Kernfrage, „Was denken Sie über uns", vorgenommen werden. Die Verteilung des Fragebogens kann im Geschäft durch die Verkäuferinnen erfolgen und zur Belohnung für die Beantwortung und Rückgabe des Fragebogens kann eine Verlosung von eigenen Backwaren kein Fehler sein.

2.6 GRUNDLAGEN DER KUNDENTYPOLOGIE

Die Kunden sind unterschiedlich, aber dennoch sollte jeder Kunde so individuell wie möglich und seinen persönlichen Erfordernissen entsprechend, bedient werden. Deshalb bietet es sich an, Kunden entsprechend ihrer Persönlichkeitsmerkmale und ihres Einkaufsverhaltens in Gruppen einzuteilen, zu typologisieren. Die wichtigsten Einteilungen der Kunden sind nach dem Alter, dem Geschlecht, der Nationalität und den Persönlichkeitsmerkmalen der Kunden vorzunehmen.

Wenn eine Verkäuferin die unterschiedlichen Kundentypologien nicht kennt oder nicht richtig mit ihnen umgehen kann, sind nachteilige Auswirkungen zu erwarten. Dies kann Unzufriedenheit der Kunden zur Folge haben, die in einen Einkaufsverzicht mündet oder anders gesagt, den Einkauf bei der Konkurrenz auslöst.

NICHT JEDER KUNDE KANN EIN WUNSCHKUNDE SEIN

So wie einige Kunden ihre Lieblingsverkäuferin haben, haben einige Verkäuferinnen ihre Lieblingskunden. Lieblingskunden sind meist recht anspruchslos, haben keine Sonderwünsche, übersehen auch einen Fehler der Verkäuferin und entsprechen dem Kundenbild der Verkäuferin. Ist ein Kunde dagegen kritisch, gewissenhaft oder entspricht er nicht dem Kundenbild der Verkäuferin, kann es sehr schnell passieren, daß er in die Kategorie schwieriger oder unsympathischer Kunde eingestuft wird und er das auch zu spüren bekommt.

Sogar die äußere Kundenerscheinung, wie Haarfrisuren oder bestimmte Kleidungsstücke, können bei der Bildung von Vorurteilen durch die Verkäuferin eine Rolle spielen. Dabei ist auch die Körpersprache nicht zu vergessen. Um überflüssige Komplikationen zu vermeiden, sollte jede Verkäuferin ihre Kunden vorurteilsfrei und als Mitmenschen betrachten. Nur so ist gewährleistet, daß jeder Kunde mit der ihm gebührenden Aufmerksamkeit bedient wird und sich beim Einkauf auch wohlfühlt.

KUNDEN SIND NICHT IMMER GLEICH

Es kann ohne weiteres passieren, daß die ansonsten so freundliche Kundin einen schlechten Tag hat und kaum wiederzuerkennen ist. Für diesen Zustand können die Ursachen Ärger in der Familie, Parkplatzprobleme und Zeitnot, aber auch Kopf- oder Zahnschmerzen sein. Die Verkäuferin sollte auch in dieser Situation freundlich, höflich und zuvorkommend sein. Paßt sie ihr Verhalten dem Verhalten der schlecht gelaunten Kundin an, können vermeidbare Probleme und Mißverständnisse auftreten.

AUCH VERKÄUFERINNEN SIND NICHT IMMER GLEICH

Weil es an diese Stelle paßt, soll es auch erwähnt werden. Verkäuferinnen sind auch nur Menschen und ebenso wie die Kunden wechselnden Gefühlen ausgesetzt. Deshalb kann es möglich sein, daß eine Verkäuferin dieselben Kunden heute so und morgen anders betrachtet oder empfindet. Die Ursachen für die unterschiedliche Bewertung können Streß, private Probleme, körperliches Unwohlsein oder die schlechte Laune der Verkäuferin sein, aber auch die Tageszeit, das Wetter oder das Betriebsklima.

Kontrolliert eine Verkäuferin im Verkaufsgespräch ihre persönlichen Gefühle nicht, kann aus einer freundlichen Verkäuferin ungewollt und unwissend eine gereizte Verkäuferin werden und aus netten Kunden werden gereizte Kunden. Auf diesem Wege entsteht ein ungewollter Konflikt zwischen der Verkäuferin und den Kunden. Dann fallen sogar Worte, wie „dem habe ich die Meinung gesagt, diese Reklamation habe ich abgewimmelt, auf den sind wir doch nicht angewiesen, das muß ich mir doch nicht gefallen lassen". Sogar Kunden sollen schon mit diesen Worten attackiert worden sein.

(So soll es nicht sein!)

K: Guten Morgen.
V: Was darf es sein?
K: Ein Roggenbrot.
V: Sonst noch was?
K: Nein Danke.

2.7 DER KUNDE BLEIBT KÖNIG

Zur Zeit unserer Großeltern stand aus gutem Grund fest, der Kunde ist König. Er wurde stets freundlich empfangen und begrüßt, nach seinen Wünschen gefragt, mit Zuvorkommenheit bedient und mit freundlichen Worten verabschiedet. Hatte er einen Sonderwunsch oder gar eine Reklamation, so wurden diese ohne Murren gerne erfüllt. So fühlten sich die Kunden wohl und hielten ihrem Geschäft, auch ihrem Bäckerfachgeschäft, über Jahre die Treue.

DIE VERÄNDERUNG

Mit dem zunehmendem Wirtschaftswachstum der siebziger Jahre wurde der Kunde König immer unbedeutender, denn wegen der hohen und stets wachsenden Nachfrage konnte mehr verteilt werden als in früheren Zeiten mühsam verkauft werden mußte. Der Kunde kam, kaufte, ging, kam wieder und das ohne nennenswerte Unterbrechungen.

Auch die Verkäufer(innen) gerieten in diesen Sog, sie wurden immer weniger gefordert und sie verlernten sogar das Verkaufen.

DIE RÜCKBESINNUNG

Ein deutscher Universitätsprofessor hält ein öffentliches Seminar mit dem Titel, „Vom Kundenmißbrauch zum Kundenmanagement". „Der Spiegel" sorgte für Aufruhr in deutschen Landen, als er das Thema „Störenfried Kunde – Vom König zum Bittsteller" zum Titelthema machte. RTL-Television schlägt mit seiner Sendung „Wie bitte?" in dieselbe Kerbe und findet damit massenhaft Zuschauer und Zuspruch. Andere Fernsehsender legen mit ähnlichen Sendungen nach. Selbst die renommierte Fachzeitschrift der Werbewelt „werben & verkaufen" weiß in der Ausgabe Nr. 44/94 zu berichten, „Der Kunde wird jetzt wieder König".

Die neuen Umsatzzauberworte heißen Qualitätsmanagement, Beschwerdemanagement, Kundenzufriedenheit, Kundenbindung und münden in die Aussage, „Jeder unzufriedene Kunde ist gefährlich". Richtig, wenn man dabei an die Mundpropaganda und Kundenabwanderung denkt. Aber dennoch, es ist alter Wein in neuen Schläuchen.

Viele Dienstleistungsunternehmen, besonders die Systemgastronomie und das Hotelgewerbe hatten auch in der Vergangenheit kaum Probleme damit laut und deutlich zu verkünden: Unser Kunde ist König.

3. DIE BÄCKEREIFACHVERKÄUFERIN

3.1 BEDEUTUNG UND AUFGABEN

Können Sie sich ein Bäckerfachgeschäft ohne Bäckereifachverkäuferinnen, also als reines Selbstbedienungsgeschäft für frische Backwaren, vorstellen?

Brötchen, Brot, Kuchen und Torten jeder Art würden hygienisch einwandfrei vorverpackt in den Regalen, der Kühltruhe oder in der Tiefkühltruhe liegen. Die Brötchen und das Brot würden nicht mehr knusprig sein und Schlagsahne gäbe es nur noch aus der Sprühdose. Der Duft nach frischen Brötchen, die herrlichen und verführerischen Auslagen mit frischem Brot, Hefeteilchen, Kuchen und Torten würden der Vergangenheit angehören.

Ein Gespräch zwischen Verkäuferinnen und Kunden würde, wenn überhaupt, nur noch an der Kasse stattfinden. Ein Computer könnte präzise alle Kundenfragen, wie „was ist das Besondere am Mehrkornbrot", beantworten und sogar ausdrucken. Sonderangebote würden nur noch über Lautsprecherdurchsagen und Hinweisschilder bekanntgemacht werden. Alternativkäufe und Zusatzkäufe müßten die Kunden selbst vornehmen.

Die Backstube und der Bäckermeister wüßten nicht mehr, was die Kunden über die neue Brotsorte, über die Sonderangebote oder die Preise denken. Niemand würde dem Bäckermeister mitteilen, wenn bereits gegen 16.00 Uhr ein Produkt ausverkauft ist und anderes mehr.

BEDEUTUNG FÜR DIE KUNDEN

Für die Kunden, insbesondere die Stammkunden, ist die Verkäuferin mehr als nur eine Verkäuferin, sie ist beinahe ein Lebensbestandteil. Wer freut sich nicht auf seine Lieblingsverkäuferin? Wer ist schon erfreut, wenn die „unsympathische" Verkäuferin nach den Kaufwünschen fragt? Soll es doch Menschen geben, die jahrelang nur deshalb zu ihrem Stammfriseur gehen, weil dieser ihnen besonders sympathisch ist. Nicht anders ist es im Bäckerfachgeschäft. Neben den richtigen Produkten und Preisen sowie der fachlichen Beratung suchen die Kunden auch eine gewisse Vertrautheit, ein soziales Umfeld und Akzeptanz als Kunden. Übrigens, auf diesem Wege werden Kunden wohltuend gepflegt und Laufkunden zu Stammkunden gemacht.

BEDEUTUNG FÜR DAS UNTERNEHMEN

Für die Bäckerei hat die Verkäuferin eine vielfache Bedeutung. Sie ist die Schnittstelle zur Kundschaft, die erste Repräsentantin des Bäckerfachgeschäftes, eine Backwarenspezialistin, aber auch das Sprachrohr der Kundschaft. Ein Garant für Umsatz, für die Kundengewinnung und die Kundenbindung. Ein Ratgeber für die Produktpolitik und die Preispolitik, ein Profi für Werbung und Verkaufsförderung im Bäckerfachgeschäft, eine Schaufenstergestalterin, eine Plakatmalerin und eine Verpackungsspezialistin.

BEDEUTUNG FÜR DEN UMSATZ

Die Verkäuferin kann den Umsatz beeinflussen, nach oben oder nach unten. Sie kann die Kunden überzeugen oder es einfach bleiben lassen. Sie kann am Umsatz interessiert sein oder nicht. Sie kann zusätzlichen Umsatz machen oder ihn ausfallen lassen. Sie kann stets freundlich sein oder ihr Gefühlsleben kundenschädlich ausleben. Sie kann überzeugt und aus Liebe zum Beruf verkaufen oder nur lieblos verteilen und kassieren, ganz nach ihrer Einstellung oder nach ihrem Belieben.

3.2 ANFORDERUNGEN UND HANDWERKSZEUG

Die Anforderungen an eine Bäckereifachverkäuferin sind vielfältig. Neben den körperlichen Voraussetzungen sind persönliche Eigenschaften, fachliche Kenntnisse und andere Voraussetzungen zu erfüllen.

PERSÖNLICHE EIGENSCHAFTEN

Die wichtigsten persönlichen Eigenschaften für eine erfolgreiche Verkäuferin sind Freude am Umgang mit Menschen und Spaß am Verkaufen, des weiteren Kontaktfreudigkeit, Zielstrebigkeit, selbst etwas schauspielerisches Talent ist gefragt. Selbst vor Kritik, Angriffen und Ablehnung darf eine Verkäuferin nicht kapitulieren, sondern sie sollte selbstkritisch und selbstsicher mit ihnen umgehen können. Zu guter Letzt steht die Persönlichkeit und das bedeutet freundlich, sympathisch und angenehm sein. Sind diese persönlichen Eigenschaften vorhanden, ist auch die Grundlage zur erfolgreichen Ausübung eines verkäuferischen Berufes vorhanden.

FACHLICHE KENNTNISSE UND FÄHIGKEITEN

Wer im Verkauf erfolgreich sein will, muß Verkaufswissen und Produktwissen besitzen. Nur die kombinierte Anwendung dieser beiden Wissensbereiche befähigen die Verkäuferin, ihre Produkte kundengerecht anzubieten und Höchstumsätze zu erzielen. Die Praxis sieht allerdings anders aus, denn nicht selten steht der Wert des Produktwissens vor dem Verkaufswissen. Dabei ist doch bekannt, daß mit einem guten Verkaufswissen ein schlechteres Produktwissen überspielt werden kann. Umgekehrt ist das nicht möglich. Ein Verkaufsprofi jedoch beherrscht beide Wissensbereiche gleich gut.

WEITERBILDUNG

Keine Verkäuferin, auch die angehende Bäckereifachverkäuferin nicht, kann so umfassend ausgebildet werden, daß die Ausbildung für ein ganzes Verkäuferleben reicht. Die Wissensbereiche werden nicht kleiner, sondern größer. Die Kunden werden nicht anspruchsloser, sondern anspruchsvoller. Der Wettbewerb wird nicht geringer, sondern härter. Aus diesen Gründen ist Weiterbildung ein absolutes Muß.

3.3 VERKÄUFERINNENTYPOLOGIE

Eine Verkäuferin kann nach verschiedenen Merkmalen bewertet werden. Bewertet werden die persönlichen Eigenschaften, die Persönlichkeit, die Umsätze, das Verkaufswissen, das Produktwissen und andere Merkmale. Aber nicht nur innerbetrieblich werden Bewertungen vorgenommen, sondern auch die Kundschaft bewertet die Verkäuferinnen, allerdings nach eigenen Maßstäben.

BEWERTUNG AUS UNTERNEHMENSSICHT

Innerhalb des Unternehmens werden die Verkäuferinnen im Rahmen einer Mitarbeiterbeurteilung bewertet. Diese dient der Gesamtbeurteilung, der Verbesserung der Leistung, aber auch als Grundlage für gezielte Weiterbildungsmaßnahmen.

Während Ausbilder oder Vorgesetzte mit ihrer Mitarbeiterbewertung das Einzelwohl und das betriebliche Gemeinwohl im Auge haben, erstellen die Kunden ihre Bewertung nach anderen Kriterien.

BEWERTUNG AUS KUNDENSICHT

Wenn Verkäuferinnen von Kunden bewertet werden, kann das problematisch sein und sich in der Form darstellen, wie Verkäuferinnen ihre Kunden bewerten. Vorurteile, körperliches und persönliches Wohlbefinden spielen auch bei der Bewertung von Verkäuferinnen durch die Kunden eine Rolle. Nicht jede Verkäuferin kann eine Lieblingsverkäuferin sein und das machen manche Kunden auch deutlich.

Je nachdem wie sensibel eine Verkäuferin auf ihre versteckte oder offene Bewertung durch einen Kunden reagiert, kann es zum verborgenen oder offenen Konflikt zwischen Verkäuferin und Kunden kommen. Aus diesem Grunde, aber auch aus Umsatzgründen, kann nur empfohlen werden, generell freundlich zu sein und keine übertriebene Reaktion auf scheinbar negative Bewertungen durch Kunden zu zeigen. Es soll sogar vorkommen, daß sich schlecht gelaunte Kunden von der guten Laune der Verkäuferin anstecken lassen.

3.4 WIE MAN GUTE VERKÄUFERINNEN FINDET

Die schlechte Nachricht ist die: Gute Verkäuferinnen sind kaum zu finden. Die gute Nachricht: Aus einer durchschnittlichen Verkäuferin oder Berufsanfängerin kann eine Profiverkäuferin gemacht werden.

PROBLEM UND PROBLEMLÖSUNG

Eine gute Verkäuferin hat in der Regel kein Arbeitsplatzproblem und infolgedessen auch keine Veranlassung ihren Arbeitsplatz zu wechseln, es sei denn, sie ist mit ihrem Einkommen, dem Betriebsklima oder den gegebenen Karrieremöglichkeiten unzufrieden. Entscheiden Sie sich deshalb im Bedarfsfall für eine durchschnittliche Bewerberin und achten Sie auf folgende Punkte:

Persönliche Eigenschaften: Freude am Umgang mit Menschen, Spaß am Verkaufen, Kontaktfreudigkeit, Persönlichkeit, gesamtes Erscheinungsbild und Verkaufserfahrung.

Gründe für die Bewerbung: Fragen Sie, warum wollen Sie wechseln, warum wollen Sie bei uns arbeiten und welche beruflichen Ziele haben Sie. Hinterfragen Sie weiterhin alle Punkte, die Störfaktoren sein können, wie ein weiter Weg zum Arbeitsplatz, Versorgung von Kindern, Meinung des Ehemannes oder Partners und andere.

Soziale Verträglichkeit: Wie paßt die Bewerberin in das Verkaufsteam? Wird sie angenommen? Wird sie sich selbst bemühen, angenommen zu werden? Kann sie sich integrieren? Sind eventuelle Konflikte zu erwarten?

Selbsteinschätzung, Ehrgeiz, Motivation: Stellen Sie die folgenden Fragen und Sie erhalten Informationen, die zur Risikominimierung und zum Schutz vor unerwarteten Folgen, beispielsweise im Kundenkreis, unbedingt benötigt werden.

▲ Was halten Sie von Weiterbildungsmaßnahmen?
▲ Benötigen Sie Weiterbildungsmaßnahmen?
▲ Sind Sie bereit auch in Ihrer Freizeit an Weiterbildungsmaßnahmen teilzunehmen?
▲ Weitere Fragen

WEITERE VORGEHENSWEISE

Werfen Sie Ihre neue, noch nicht professionelle Verkäuferin, nicht sofort in das berühmte kalte Wasser. Stellen Sie ihr eine Patenverkäuferin zur Verfügung, damit sie eine Vertrauensperson besitzt und bei Problemen professionelle Hilfe in Anspruch nehmen kann. Die Patenverkäuferin sollte großes Fachwissen besitzen und auch professionell verkaufen können. Das Fachwissen oder Produktwissen ist deshalb von großer Bedeutung, weil es die Kunden mehr und mehr verlangen.

Planen Sie die weitere Vorgehensweise, auch in bezug auf die versprochene Weiterbildung, mit der neuen Verkäuferin gemeinsam. Nennen Sie Termine und achten Sie auf die Einhaltung derselben. Führen Sie regelmäßige Personalgespräche durch, geben Sie dabei eine ehrliche Beurteilung ab und vergessen Sie dabei auch ein Lob nicht. Ein Lob ist oft mehr wert als bares Geld, es hebt das Selbstwertgefühl und die Motivation der Verkäuferin. Ein Lob kann auch durch die Übertragung von Verantwortung und Selbständigkeit übertragen werden.

Der aufgezeigte Weg kostet neben persönlichem Einsatz auch bares Geld. Aber in jedem Falle weniger Geld, als die Gewinn- und Umsatzverluste, die auch im Bäckerhandwerk wegen mangelnder verkäuferischer Qualifikation entstehen, ausmachen. Außerdem ist dieser Weg eine Existenzsicherungsmaßnahme und eine sinnvolle Investition für die Zukunft des Unternehmens.

Es sollte keine Gründe geben, die gegen Qualifizierungsmaßnahmen für Verkäuferinnen sprechen. Die Praxis zeigt jedoch, die Bereitschaft in den Maschinenpark, den Fuhrpark, die Büroausstattung oder die Geschäftsausstattung zu investieren ist ungleich höher, als die Bereitschaft für im Vergleich dazu geringe Ausgaben zur Qualifikation des Verkaufspersonals. Aus welchen Gründen eigentlich?

4. DIE VERKAUFSSTRATEGIE

Kein Bäckermeister, der das Ziel hat, 100 Brötchen zu backen, käme auf die Idee, sich eine beliebige Menge Mehl und andere beliebige Zutaten zu nehmen, daraus eine beliebige Menge Teig zu kneten, den Teig in beliebige Formen mit beliebigen Gewichten zu bringen und bei einer beliebigen Temperatur abzubacken. Er würde diese Backwaren auch nicht in sein Geschäft bringen und dann sagen, hier sind 100 Brötchen. Ein Bäckermeister, der 100 Brötchen, mit gleichem Aussehen, gleichem Gewicht und gleichem Geschmack backen möchte, verwendet deshalb ein erprobtes Rezept, ein Backrezept für Brötchen.

Keine Profiverkäuferin, die das Ziel hat, die Kunden und sich selbst zufrieden zu stellen, käme auf die Idee, sich unvorbereitet hinter den Bedienungstresen zu stellen. Sie wüßte vorher, welche Backwaren sie zu verkaufen hat, wie sich diese zusammensetzen und welches ihre Besonderheiten sind. Sie weiß auch, wie sie Backwaren am erfolgreichsten verkaufen kann. Dafür hat auch sie ihr Rezept und zwar ein Verkaufsrezept. In der Fachsprache wird das Verkaufsrezept als Verkaufsstrategie bezeichnet und deshalb ist Verkaufen ohne Strategie wie Backen ohne Rezept.

Strategie hat immer etwas mit Theorie zu tun. Theorie kann manchmal trocken sein und auch anstrengend, aber auch Spaß machen. Theorie gab es schon immer und es wird auch so bleiben. Was wäre denn ein Bäckermeister oder eine Verkäuferin ohne theoretisches Wissen?

Deshalb sollten Sie auch die theoretischen Punkte der Verkaufsstrategie lesen und Sie werden Ihren Vorteil daraus ziehen können. Sie werden lesen und lernen, wie ein Verkaufsgespräch aufgebaut wird, wie es angepaßt wird, am Ende können Sie sogar ein Verkaufsgespräch für Ihren Freund entwickeln, der vielleicht Metzger ist und von einer richtigen Verkaufsstrategie noch nicht viel weiß.

4.1 Vorsicht mit schwierigen Verkaufsformeln

Eine bekannte Verkaufsformel heißt AIDA, eine weitere Dibaba und so weiter. Jede dieser Verkaufsformeln ist schwierig zu verstehen, weil sie nur teilweise brauchbar sind und teilweise unbrauchbar.

BRAUCHBARKEIT UND UNBRAUCHBARKEIT

Brauchbar deswegen, weil verschiedene Aussagen oder Ansätze verwertbar sind. Will man sie jedoch verstehen und anwenden, müssen sie geändert, ergänzt, angepaßt, vereinfacht und umgeschrieben werden. Unbrauchbar deswegen, weil einige Vorgaben und Denkansätze in der Verkaufspraxis nicht durchführbar sind. Des weiteren, weil Verkaufen entweder unangemessen einfach oder hochgradig kompliziert dargestellt wird.

Die AIDA wird sehr häufig als einfache Verkaufsformel angepriesen, obwohl sie keine brauchbare Verkaufsformel ist. Deshalb soll am Beispiel der AIDA kurz erläutert werden, warum sie keine Verkaufsformel, kein Verkaufsrezept und somit auch keine Verkaufstrategie ist.

DAS BEISPIEL AIDA

Die Verkaufsformel AIDA kommt aus dem amerikanischen und hat nichts mit der Oper Aida von G. Verdi gemeinsam. AIDA heißt im englischen Originaltext (A)ttention, (I)nterest, (D)esire (A)ction und in der deutschen Übersetzung

(A)ufmerksamkeit
(I)nteresse
(D)rang nach Besitz oder Kaufwunsch
(A)ktion, Handlung oder Kauf.

Die folgende Kommentierung der AIDA ist teilweise beabsichtigt überzeichnet, aber eine brauchbare Anleitung für ihre Verwendung im Profiverkauf ließe sich nur über Umwege darstellen.

 (A)ufmerksamkeit

Hier heißt das Ziel „Aufmerksamkeit erwecken oder erregen". Wenn eine Verkäuferin oder Verkäufer das erreichen will, könnten sie laut und deutlich „Hallo" oder „Sie da" rufen. Aufmerksamkeitsstarke Instrumente sind weiterhin außergewöhnliche Haartrachten, am besten bunt. Kleidungsstücke wie bayerische Lederhosen und Smoking für den Verkäufer oder ein raffiniert geschnittenes Abendkleid für die Verkäuferin. Dem kreativen Spielraum sind keine Grenzen gesetzt.

(I)nteresse

Mit Interesse ist Interesse für das Produkt und nicht für die aufmerksamkeitsstarken Verkäufer(innen) gemeint. Das Problem heißt an dieser Stelle, wie kann ein Produkt, zum Beispiel ein normales Vollkornbrötchen, hochinteressant gemacht werden.

 (D)rang nach Besitz, Kaufwunsch

Die Kernfrage lautet, was kann unternommen werden, damit der Kunde das Vollkornbrötchen unbedingt kaufen und verzehren möchte.

 (A)ktion, Handlung, Kauf

Ist hiermit vielleicht die Abschlußfrage, „Möchten Sie nun das kerngesunde Vollkornbrötchen kaufen oder nicht" gemeint?

AIDA IST KEINE VERKAUFSFORMEL, SONDERN...

Die AIDA wurde ursprünglich nicht als Verkaufsformel, sondern als Gestaltungsformel für Schaufenster, Produktverpackungen, Autobeschriftungen, Plakate, Anzeigen, Fernsehwerbung, Werbebriefe und anderes mehr entwickelt. Wie das folgende Beispiel Schaufenster zeigt, war und ist dieser Gedanke einfach genial.

 (A)ufmerksamkeit

Ein Werbeschild an der Hausfront verkündet weithin sichtbar leuchtend „Bäckerei zum Stadttor". Ein Fußgänger oder Autofahrer weiß sofort Bescheid, dort ist eine Bäckerei. Er beschließt, sie näher anzuschauen, weil seine Aufmerksamkeit erregt wurde.

(I)nteresse

Das Schaufenster bietet eine ansprechende Dekoration und eine appetitliche Auswahl an verschiedenen Backwaren. Weil der Betrachter des Schaufensters seinen Lieblingskuchen entdeckt, kommt der Appetit auf und er wird interessiert.

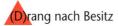(D)rang nach Besitz

Der Appetit des Betrachters verstärkt sich und deshalb beschließt er, diesen Kuchen muß ich haben und zwar gleich.

(A)ktion

Er geht in das Geschäft, kauft den Kuchen und verzehrt ihn voller Genuß auf der Stelle.

Wie erkennbar wird, besitzt die AIDA für verschiedene Bereiche des Marketings eine entsprechende Bedeutung. Wer sich das mit der Verkaufsformel AIDA wohl erdacht hat?

4.2 WISSENSWERTES ÜBER STRATEGIEN

Eine Strategie ist die geplante, gezielte und durchdachte Vorgehensweise, die zur Erreichung eines oder mehrerer konkreter Ziele führen soll. Strategien oder strategisches Denken wurden schon vor langer Zeit, und besonders im militärischen Bereich entwickelt und immer wieder verfeinert. Im Laufe der Zeit nahm die Bedeutung des strategischen Denkens immer mehr zu und hat sich zu einem unverzichtbaren Bestandteil des Geschäftslebens, aber auch des Privatlebens, entwickelt.

UNTERNEHMERISCHE STRATEGIEN

Strategien, auch Konzepte genannt, sind das A und O des unternehmerischen Daseins und es gibt viele von ihnen. Sie sollen bestimmte Probleme lösen und bestimmte Ziele erreichen. Zu den gängigen Unternehmensstrategien zählen die Personalstrategie, die Finanzstrategie, die Einkaufsstrategie, die Investitionsstrategie, die Marketingstrategie, die Verkaufsstrategie, die Verkaufsgesprächsstrategie und andere.

STRATEGIEN IM PRIVATLEBEN

Nicht nur im Unternehmerleben, sondern auch im Privatleben werden Strategien zur Lösung von Problemen und zur Erreichung von Zielen eingesetzt. Strategien werden geschmiedet zur Durchsetzung der eigenen Meinung oder zur Abwehr anderer Meinungen. Auch beim Kauf eines Autos, eines Hauses oder einer Pauschalreise, denn diese werden oft preiswerter, wenn die richtige Einkaufsstrategie angewendet wird. Sogar eine Heiratsstrategie für die Findung des Partners nach Maß, modern auch Heiratsmarketing genannt, soll seit Jahrhunderten im Umlauf sein. Sogar flirten nach Plan oder mit Strategie wird in öffentlichen Seminaren angeboten und auch besucht.

WIE EINE STRATEGIE ENTSTEHT

Eine Strategie wird in mehreren Phasen entwickelt. In der 1. Phase wird die Ausgangslage und das Problem formuliert und das Ziel festgelegt. In der 2. Phase wird darüber nachgedacht, wie und mit welchen Instrumenten das Ziel erreicht werden kann. In der 3. Phase wird das Ergebnis in einem Strategiepapier oder Konzept niedergeschrieben. In der 4. Phase wird die Strategie realisiert, das bedeutet, in der Praxis durchgeführt.

Angenommen, Sie bekämen die Aufgabe gestellt, für das nächste Schützenfest einen Verkaufsstand für frisch gebackene Berliner mit Konfitürenfüllung und für frisch gebackene Waffeln nebst heißen Kirschen und Schlagsahne zu organisieren. Eine Kleinigkeit? Na dann wollen wir einmal sehen.

Erste Phase: Ausgangslage, Problem und Ziel formulieren
Ausgangslage oder Bedingungen:

▲ Das Schützenfest findet vom 1. bis zum 10. Juni mit einem Wochenende statt.

▲ Die Schützenfestleitung macht zur Bedingung, daß der Verkaufsstand, unabhängig von Wind, Wetter und Besucherzahl von 14.00 Uhr bis 23.00 besetzt ist und die vereinbarten frischen Backwaren anbietet.

▲ Die gewünschten Backwaren sind frisch gebackene Berliner und frisch gebackene Waffeln nebst Schlagsahne und heißen Kirschen. Damit solle verhindert werden, daß, wie es der Vorgänger im Vorjahr machte, bereits gebackene Ware aus seinem Betrieb angeliefert und verkauft werden kann. „Berliner und Waffeln sollen frisch gebacken sein, dann schmecken sie doch am besten", bemerkte der Vorstand vom Schützenverein dazu.

▲ Die Verwendung von Papp- oder Plastiktellern ist wegen der Verschmutzung des Festplatzes und wegen der Verschwendung von Rohmaterialien nicht erlaubt. Servietten sind jedoch erlaubt.

▲ Der Verkaufsstand nebst Strom- und Wasseranschluß ist vorhanden. Den Auf- und Abbau des Standes und die Dekoration des Verkaufsstandes übernimmt der Schützenverein. Eine Zufahrt für Fahrzeuge bis an den Stand ist während der gesamten Öffnungszeit möglich.

▲ Die Besucherzahl im vergangenen Jahr betrug bei durchwachsenem Wetter mit einigen Regenstunden und keinen sommerlichen Temperaturen im Tagesdurchschnitt 4.000 Besucher und am Wochenende Samstag, Sonntag 6.000 Besucher. Besucherzahlen nach Tagesstunden sind nicht bekannt.

Problem

▲ Unbekannte Umsatzprognose
Pfannkuchen, Waffeln, Sahne, heiße Kirschen.

▲ Personal im Betrieb
Tätigkeiten, wer, an welchem Tag, zu welcher Uhrzeit.

▲ Personal am Verkaufsstand
Tätigkeiten, wer an welchem Tag, zu welcher Uhrzeit.

▲ Ersatzpersonal
Wer kann wen vertreten oder für ihn einspringen.

▲ Teig
Produktionsstätte, Produktionsmenge, Transport zum Verkaufsstand, Bevorratung am Verkaufsstand, Nachschub für den Verkaufsstand.

▲ Schlagsahne
Menge, Beschaffung, Bevorratung im Betrieb und am Verkaufsstand, Zubereitung, Nachschub.

▲ Heiße Kirschen, Konfitüre
Menge, Beschaffung, Bevorratung im Betrieb und am Verkaufsstand, Nachschub.

▲ Geschirr (Teller, Kuchengabeln, Servietten)
Menge, Beschaffung, (Reinigung).

▲ Transport
Vom Betrieb zum Verkaufsstand und zurück. Fahrzeug und Fahrer.

▲ Sonstiges
Geräte und sonstige Utensilien für den Verkaufsstand. Kassenführung am Verkaufsstand, Wechselgeld, Abrechnung und andere.

Zielformulierung

▲ Erstellung einer (vorläufigen) Umsatzprognose
Sie wird während des Schützenfestes angepaßt. Sie dient als Grundlage für die Herstellung der Teige, die Beschaffung von Sahne, heißen Kirschen, Konfitüre, Geschirr, der Bevorratung am Verkaufsstand und der Personalplanung

▲ Erstellung einer Tätigkeitsanalyse
Sie dient ebenfalls als Grundlage für die Personalplanung für fest eingeplantes Personal und Ersatzpersonal.

▲ Erstellung eines Personalbesetzungsplans
Für den Betrieb, für den Dienst am Verkaufsstand, für die Kassenführung am Verkaufsstand, für Nachschublieferungen, für Ersatzpersonal mit Zuordnung der auszuführenden Aufgaben.

▲ Erzielung von Kundenzufriedenheit, Zufriedenheit des Schützenvereins und Höchstumsätzen.

Und so geht es weiter

Es folgt die Festlegung der Vorgehensweise zur Erreichung der Ziele mit personeller und zeitlicher Zuordnung. Das Realisationskonzept kann geschrieben werden und das Schützenfest kann beginnen. Es wird erfolgreich sein, weil gut geplant und vorbereitet wird und weil nichts dem Zufall überlassen bleibt.

Weil auch im Verkauf nichts dem Zufall überlassen bleiben darf, sollte auch ein Verkaufsgespräch strategisch geplant und systematisch vorbereitet werden.

Tip: Trainieren Sie Ihre strategischen Fähigkeiten durch Planspiele im unternehmerischen, aber auch privaten Leben. Viel Spaß damit und viel Erfolg dabei.

4.3 DAS VERKAUFSGESPRÄCH IM BÄCKERFACHGESCHÄFT

Ein Verkaufsgespräch ohne Strategie ist wie Backen ohne Rezept.

DAS UMSATZPROBLEM

Das Problem kann heißen, Bäckermeister Schnell macht einen Jahresumsatz von 400.000 DM. Sein Sortiment, seine Preise, sein Standort entsprechen dem Durchschnitt seiner Konkurrenten, die aber einen Jahresumsatz von wenigstens 500.000 DM machen. Hin und wieder hört Bäckermeister Schnell, daß die Verkäuferinnen seiner Konkurrenten besser verkaufen können als seine Verkäuferinnen und das läßt ihn nicht zur Ruhe kommen. Er stellt eigene Beobachtungen an und hat das Gefühl, da ist was dran.

DAS UMSATZZIEL

Bäckermeister Schnell formuliert sein Ziel und das heißt, mit verkaufsstarken Verkäuferinnen und einer verkaufsstarken Verkaufsstrategie mindestens 500.000 DM Umsatz machen. Deshalb beschließt er seine jetzige Verkaufsstrategie dem neuesten Verkaufswissensstand anpassen zu lassen.

4.4 DIE GRUNDLAGEN – BAUSTEINE UND VORGEHENSWEISE

Die Notwendigkeit eines Verkaufsgesprächs wird nicht in Frage gestellt, aber über seine Strategie herrscht keine Übereinstimmung. Manchmal entsteht der Eindruck, als würde jede Verkäuferin ein eigenes, ihren Vorstellungen entsprechendes Verkaufsgespräch entwickeln und verwenden. Dem kann abgeholfen werden, wenn als Richtlinie ein an der Höchstumsatzerzielung orientiertes Verkaufsgespräch als Maßstab genommen wird und dann die wertvollen Erfahrungen der Verkäuferinnen eingebracht werden.

Ein Verkaufsgespräch besteht aus mehreren Teilen und diese Teile werden Bausteine genannt. Die Bausteine eines Verkaufsgesprächs sagen, „was ist zu tun" und heißen in der Reihenfolge ihrer Bearbeitung Vorbereitung:

BAUSTEINE

1. Vorbereitung
2. Kontaktaufnahme
3. Bedarfsanalyse
4. Angebot
5. Verhandlung
6. Abschluß
7. Nachbearbeitung

Die verschiedenen Vorgehensweisen zur Erreichung eines Verkaufsziels zur Erfüllung einer Verkaufsaufgabe werden häufig nur angedeutet und nicht mit Leben gefüllt. Aus diesem Grunde wird den Vorgehensweisen in den weiteren Betrachtungen ausführliche Beachtung geschenkt. Es ist zum Beispiel recht schwierig für eine Verkäuferin einen Zusatzverkauf abzuwickeln, wenn sie mit der richtigen Vorgehensweise nicht vertraut ist.

Ein „einheitliches" Verkaufsgespräch kann auch zur Aus- und Weiterbildung, zur Überprüfung, Verbesserung oder Anpassung des Verkaufswissens der Verkäuferinnen dienen.

4.5 Weg vom Durchschnittsverkauf – Hin zum Profiverkauf

Werden verschiedene Verkaufsgespräche, von verschiedenen Verkäuferinnen in verschiedenen Bäckerfachgeschäften unter die Lupe genommen, sind auch verschiedene Qualitäten erkennbar.

Die eine Verkäuferin führt ein professionelles Verkaufsgespräch. Die andere Verkäuferin führt ein durchschnittliches Verkaufsgespräch und die nächste Verkäuferin beherrscht die Grundlagen des Verkaufs nicht. Schlechte Verkaufsgespräche gibt es zuviel, durchschnittliche Verkaufsgespräche zu häufig und professionelle Verkaufsgespräche zu wenig.

Mancher Alternativverkauf beginnt professionell, wird aber wegen des fehlenden Verkaufswissens nicht zu Ende geführt. Zusatzverkäufe sind, weil sie nicht beherrscht werden, selten zu finden. Begrüßungen (Guten Tag) und Verabschiedungen (Auf Wiedersehen) werden aus Bequemlichkeit ausgelassen. Die Worte, Danke für Ihren Einkauf, sind eine Rarität geworden.

Es entsteht der Eindruck, dieser untragbare Zustand stört auch niemanden, solange nur genug Kunden kommen und der Gewinn nur halbwegs stimmt. Sinkt der Umsatz und der Gewinn, stehen die Schuldigen schon lange vorher fest. Die wachsende Konkurrenz mit ihren Sonderangeboten, die Verbrauchermärkte mit ihren Kampfpreisen, die schlechte Konjunkturlage, die bösen Steuererhöhungen und so weiter. Nur die schlechte Qualität der Verkaufsgespräche wird geflissentlich übersehen.

4.6 ANLÄSSE FÜR VERBESSERUNGSMAßNAHMEN

Verbessern bedeutet erneuern, bearbeiten, aufarbeiten, optimieren, weiterbilden und den Umsatz erhalten oder erhöhen. Anlässe für Verbesserungsmaßnahmen sind neue Erkenntnisse der Verkaufsforschung. Ebenso gehört dazu die aktuelle Umsatzsituation, die veränderte Konkurrenzsituation, die unausgesprochene Kundenunzufriedenheit und versteckte Schwachstellen im Verkauf.

NEUE ERKENNTNISSE DER VERKAUFSFORSCHUNG

Auch in den Verkaufsberufen bleibt die Entwicklung nicht stehen, selbst wenn keine Riesensprünge wie in der Datenverarbeitung gemacht werden können. Wie überall sind auch in der Verkaufsforschung unzufriedene Geister anzutreffen, die nach neuen Ideen und Verbesserungsmöglichkeiten suchen. Sich diesen anzuschließen, kann einfach nicht falsch sein, denn zuviel Verkaufswissen hat bisher noch keiner Verkäuferin geschadet. Zuwenig Verkaufswissen dagegen schadet täglich, weil es täglich Umsatz kostet. Es kann sogar die Existenz kosten, wie viele gestrandete Existenzgründer und Konkurse in den verschiedensten Branchen immer wieder beweisen.

DIE UMSATZSITUATION

Umsätze können rückläufig, gleichbleibend oder steigend sein. In allen Fällen, selbst bei steigenden Umsätzen, sollten die Verkäuferinnen weiterführend qualifiziert werden, denn die Verkäuferinnen üben einen nicht zu unterschätzenden Einfluß auf den Umsatz aus.

DIE KONKURRENZSITUATION

Wenn festgestellt wird, daß die Verkäuferinnen der Konkurrenz bessere Verkaufsgespräche führen als die eigenen Verkäuferinnen, sollte die Stunde zur Verbesserung der eigenen Verkaufsgespräche gekommen sein. Selbst wenn noch keine negativen Umsatzauswirkungen erkennbar sind, sie könnten schon auf dem Vormarsch sein.

Wenn sich ein Konkurrent niederläßt, empfiehlt es sich nicht nur, auf dessen Produkte, Preise und Verkäuferinnen zu achten, sondern auch auf die eigenen Verkäuferinnen und den eigenen Umsatz. Ein verbessertes Verkaufsgespräch kann eine bemerkenswerte Hilfe zur Schadensbegrenzung sein.

DIE VERSCHWIEGENE KUNDENUNZUFRIEDENHEIT

Woran erkennt man Kundenunzufriedenheit? Sie zu erkennen ist ein schwieriges Unterfangen, denn ein unzufriedener Kunde macht keine Mitteilung über seine Probleme, sondern er bleibt einfach weg. Sogar die Verkäuferinnen halten sich mit Mitteilungen über Kundenunzufriedenheit aus verschiedenen Gründen zurück. Selbst wenige Kundenbeschwerden sind kein Maßstab für Kundenzufriedenheit, weil die meisten Kunden aus Bequemlichkeitsgründen auf eine Beschwerde verzichten. Übrigens, unzufriedene Kunden sind gefährliche Kunden, weil sie zumeist auch negative Mundpropaganda betreiben.

SCHWACHSTELLEN IM VERKAUF

Schwachstellen im Verkaufsgespräch können durch Beobachtungen des Verkaufsablaufs, regelmäßige Personalbeurteilungen, Umsatzerfassung nach einzelnen Verkäuferinnen und durch Konkurrenzbeobachtung sichtbar gemacht werden. Aber auch durch die aktive Mithilfe der Verkäuferinnen, indem sie ihre Probleme nicht unter den Tisch kehren, sondern offen darüber sprechen und mit der Geschäftsführung gemeinsam nach Problemlösungen suchen.

4.7 VORAUSSETZUNGEN FÜR VERBESSERUNGSMAßNAHMEN

Damit die Verbesserungs- oder Weiterbildungsmaßnahmen auch zum gewünschten Verkaufserfolg führen, sind bestimmte Voraussetzungen zu erfüllen. Diese Voraussetzungen sind der ungebrochene Wille zur Verbesserung, motivierte Verkäuferinnen und die spätere Anwendung des neuen Wissens in der Verkaufspraxis.

DER WILLE ZUR ANPASSUNG

Soll eine Verbesserungsmaßnahme ihre Ziele erreichen, ist an erster Stelle der Wille zur Verbesserung und die Suche nach neuen Wegen sicherzustellen. Sehen die Geschäftsführung, die Filialleiterinnen oder die einzelnen Verkäuferinnen in einer Verbesserungsmaßnahme nur eine Alibifunktion, eine Art von Betriebsausflug oder ein paar Stunden, die man nur absitzen muß, darf schon im Vorfeld die Frage nach dem Sinn der Verbesserungsmaßnahme gestellt werden.

Eine ehrgeizige und motivierte Verkäuferin wird aus der Verbesserungsmaßnahme den größtmöglichen Nutzen ziehen, eine weniger ehrgeizige und weniger motivierte Verkäuferin dagegen keinen. Aus diesem Grunde sollte bereits vor der Anpassungsmaßnahme über den Sinn und Zweck sowie über die Inhalte der Maßnahme gesprochen werden. Des weiteren darf nicht versäumt werden, die Verkäuferinnen nach ihrer Meinung, nach ihren Problemen oder nach ihren Wunschthemen zu befragen. Werden die Verkäuferinnen in die inhaltliche Ausgestaltung der Verbesserungsmaßnahmen einbezogen, steigt auch ihre Motivation zur Teilnahme an der Verbesserungsmaßnahme. Die Übertragung von neuer Verantwortung und Selbständigkeit, die auch ein Lob für die Verkäuferinnen ist, kann durch Verbesserungsmaßnahmen gesteigert werden.

DIE ANWENDUNG DES NEUEN WISSENS IN DER PRAXIS

Neues Verkaufs- oder Produktwissen nutzt nichts, wenn es nicht in die Verkaufspraxis gelangt. Selbst motivierte und versierte Verkäuferinnen können wegen jahrelanger Gewöhnung an ihrer alten Vorgehensweise Probleme mit der Anwendung neuen Wissens haben. Deshalb sollte neues Verkaufswissen immer wieder besprochen, vertieft und konsequent zum Einsatz gebracht werden.

4.8 THEMEN FÜR VERBESSERUNGSMASSNAHMEN

Die Themen für eine Verbesserungsmaßnahme werden in das Produkt- und Verkaufswissen unterschieden. Eine weitere Unterscheidung erfolgt nach Grundlagen, Vertiefungen und besonderen Themen, eine Aufteilung wie sie auch in der Gliederung dieses Buches vorgenommen wurde. Je nach Aktualität, Problemstellung und Zielsetzung wird hier die erste Auswahl getroffen, wobei selbst Wiederholungen auf der Tagesordnung stehen dürfen.

DIE GRUNDLAGEN

Die Grundlagen sind das Basiswissen für Vertiefungen und besondere Themen. Oftmals genügt eine Auffrischung der Grundlagen, weil eine gestandene Verkäuferin die Zusammenhänge schnell versteht und zuordnen kann. Es sollte jedoch Wert darauf gelegt werden, daß kein Punkt der Grundlagen übergangen wird und daß diese dann wirklich beherrscht werden.

DIE VERTIEFUNGEN

Die Vertiefungen behandeln ausgewählte Themen oder konkrete Punkte des Verkaufsgesprächs. Sie besitzen deswegen schon einen gewissen Stellenwert für den Verkauf und haben schon einen gewissen Schwierigkeitsgrad, wie der Zusatzverkauf und andere Punkte. Hier genügt es nicht mehr zu wissen was ist Zusatzverkauf, sondern wie wird er erfolgreich durchgeführt. Auch hier können die Praxiserfahrungen der Verkäuferinnen einfließen. Es sollte jedoch darauf geachtet werden, daß die verbesserten, neuen Vorgehensweisen auch tatsächlich in der Praxis Verwendung finden. Es darf nochmals betont werden, Übung macht den Meister und nicht die Einstellung „es funktioniert ja doch nicht und deswegen kann ich es gleich bleiben lassen".

AKTUALITÄT, PROBLEMSTELLUNG, ZIELSETZUNG

Je nach Aktualität, Problemstellung oder Zielformulierung können sich verschiedene Schwerpunktthemen ergeben. Hierzu einige Beispiele. Der Zusatzverkauf soll allgemein gefördert werden, ein höheres Umsatzziel wird angestrebt, die Retouren sollen durch verstärkte Zusatzangebote an die Kunden vermindert werden, der Alternativverkauf soll verbessert werden, die Verabschiedung soll noch freundlicher werden und viele andere Themen.

WIEDERHOLUNGEN

Eine Wiederholung ist eine Vertiefung des bereits besprochenen Stoffes und gleichzeitig eine Lernerfolgskontrolle. Sie sind besonders dann angebracht, wenn neuer Stoff besprochen wurde und dieser in der Verkaufspraxis verwendet wird. Aber auch längst abgehandelter Stoff kann zur Auffrischung wiederholt werden, damit er nicht in Vergessenheit gerät.

ERFAHRUNGSAUSTAUSCH

Besonders dann, wenn eine neue Vorgehensweise besprochen und in die Verkaufspraxis eingeführt wurde, ist ein Erfahrungsaustausch zwischen den Verkäuferinnen dringend notwendig. Die eine Verkäuferin hat diese und die andere Verkäuferin jene Erfahrung gemacht. Werden diese Erfahrungen ausgetauscht und besprochen, wissen alle Verkäuferinnen Bescheid und nicht nur eine Verkäuferin. Des weiteren ist der Erfahrungsaustausch ein Instrument der gegenseitigen, kollegialen Motivation. Während die eine Verkäuferin Schwierigkeiten mit der neuen Vorgehensweise hat, hat die andere Verkäuferin keine Schwierigkeiten oder umgekehrt.

1. Ausgangslage und Problemstellung

Eine von vielen Anforderungen an eine Verkäuferin lautet „freundlich sein". Als freundlich wird ein Mensch dann bezeichnet, wenn er einfach formuliert, das Stimmungsbild seiner Gesprächspartner positiv belebt oder anders gesagt, sie nicht in schlechte Laune versetzt.

Die Verabschiedung der Kunden soll einheitlicher und freundlicher werden. Es werden Kriterien gesucht, die von den Kunden als „freundlich sein" verstanden werden. Es wird vorgeschlagen, bei der Verabschiedung des Kunden nicht allein „Auf Wiedersehen" zu sagen, sondern den Zusatz „ich wünsche Ihnen noch einen schönen Tag, einen schönen Abend oder ein schönes Wochenende", oder gleichartige Formulierungen zu verwenden.

2. Zielformulierung

Überprüfung des Vorschlages auf seine Tauglichkeit und Wirkung sowie die Beantwortung der Frage, ob er nach einer Testphase von einer Woche als neuer Textbaustein in das Standardverkaufsgespräch übernommen werden kann.

3. Vorgehensweise

Jede Verkäuferin wird angewiesen, angepaßt an die Tageszeit und den Wochentag den kompletten neuen Textbaustein anzuwenden, dabei zu lächeln und auf die Reaktion der Kunden zu achten. Weiterhin wird aus der Gruppe der Verkäuferinnen täglich eine neue Projektleiterin bestimmt. Ihre Aufgabe ist es, auf die Einhaltung der Vorgabe zu achten, die Kunden zu beobachten, mit den Verkäuferinnen über ihre Erfahrungen zu sprechen, die Ergebnisse auf einem Formular festzuhalten.

4. Realisation und Ergebnisse

Die Realisation erfolgte in jeder Beziehung problemlos, obwohl sich einige Verkäuferinnen erst an den neuen Textbaustein und das Abschlußlächeln gewöhnen mußten. So gut wie jeder Kunde erwiderte die Verabschiedung mit einem Gegenwunsch wie, ich Ihnen auch, das ist ja nett und andere. Es wurde sogar festgestellt, daß einige Kunden diesen Textbaustein samt Lächeln für die ihrerseitige Verabschiedung von der Verkäuferin übernahmen.

5. Entscheidung

Die Entscheidung, den getesteten Textbaustein (siehe Hinweis) als Vorgabe zu übernehmen, fiel keiner Verkäuferin schwer. Insbesondere deshalb, weil sie sich an diesen Textbaustein schon längst gewöhnt hatten und Lächeln auch die eigene Seele belebt. Weiterhin wurde festgestellt, daß einige Kunden dem Anschein nach immer freundlicher wurden. Übrigens, finanzielle Kosten sind für diese Maßnahme nicht angefallen. Das heißt, Verkaufsförderung, Werbung, Imagebildung, Kundenbindung, Weiterbildung und ein besseres Betriebsklima wurden zum Nulltarif erzielt.

Hinweis: Textbausteine sind Worte und Sätze, die ständig wiederkehrend verwendet werden können, weil keine weiteren oder besseren Alternativen bestehen. Eine ausführliche Besprechung der Textbausteine findet unter Punkt 6.3 Text- und Handlungsbausteine im Verkaufsgespräch statt.

5. DIE GRUNDLAGEN FÜR DEN PROFIVERKAUF

Nachdem Sie sich mit der Strategie des Verkaufsgesprächs bekannt gemacht haben, geht es langsam auf die Praxis zu. Sie werden die Inhalte der einzelnen Bausteine eines Verkaufsgesprächs kennenlernen und mit ihnen umzugehen wissen. Sie werden die ersten Verkaufsdialoge aus der Verkaufspraxis lesen und nachvollziehen können. An späteren Stellen werden diese Dialoge dann entsprechend vertieft.

5.1 DIE BAUSTEINE DES PROFIVERKAUFS

Der Profiverkauf ist die Grundlage für den dauerhaften Verkaufserfolg im Bäckerfachgeschäft. Er ist ein verbindender Kommunikationsprozeß zwischen Verkäuferin und Kunden. Er hat das Ziel durch die Teilnahme an der Meinungsbildung der Kunden Höchstumsätze zu erzielen.

Im Vergleich zum Textileinzelhandel oder zum Kaufhaus gibt es im Bäckerfachgeschäft so gut wie keinen Kunden der unschlüssig, nur mal „schnuppern" oder sich mal umsehen möchte. Dieser Vorgang, sprich auch sich Appetit holen, findet besonders bei Laufkunden oder spontanen Kunden bereits vor dem Betreten des Geschäftes über das Schaufenster statt. Die Kunden treten mit konkreten Kaufabsichten an den Verkaufstresen, warten geduldig bis ungeduldig, bis sie bedient werden und äußern dann ihr Kaufbegehren. Die Vorgehensweise der Verkäuferinnen legt fest, ob die Kunden das Geschäft gerne betreten, in welchem Umfang sie Alternativ- oder Zusatzkäufe tätigen und ob sie zu weiteren Einkäufen wiederkommen.

Wenn die Verkäuferinnen nicht für den Profiverkauf ausgebildet sind, können sie nur ein durchschnittliches Verkaufsgespräch führen. In diesen Fällen wird beinahe automatisch und ohne den Versuch, den Kunden in seiner Meinungsbildung und Kaufhandlung beeinflussen zu wollen, nur die angeforderte Ware verteilt.

Die Bausteine des Profiverkaufs im Bäckerfachgeschäft sind die Ausgangslage für ein professionelles Verkaufsgespräch. Ein Verkaufsgespräch besteht aus mehreren Teilen, die Bausteine genannt werden. Die Bausteine eines Verkaufsgesprächs sagen „was" ist zu tun und die Vorgehensweise sagt, „wie" ist es zu tun.

Die einzelnen Bausteine eines Verkaufsgesprächs im Bäckerfachgeschäft sagen „was zu machen ist" und heißen in der Reihenfolge ihrer Bearbeitung:

1. Die Vorbereitung
2. Die Kontaktaufnahme mit dem Kunden
3. Die Bedarfsanalyse oder Ermittlung des Kaufwunsches
4. Die Angebotsabgabe und die Warenpräsentation
5. Die Verhandlung über…
6. Der Abschluß des Verkaufsgesprächs
7. Die Nachbearbeitung

Die Bausteine sollten in der angegebenen Reihenfolge abgearbeitet werden. Was hinter diesen Bausteinen steckt, ist das Thema der nächsten Punkte.

Liebe Leserinnen und Leser, die Punkte

5.1.2 Die Kontaktaufnahme mit dem Kunden
5.1.3 Bedarfsanalyse oder Ermittlung des Kaufwunsches
5.1.4 Die Angebotsabgabe und Warenpräsentation
5.1.5 Die Verhandlung
5.1.6 Der Abschluß des Verkaufsgesprächs

werden wegen ihrer Bedeutung unter Punkt 6.2 Besondere Situationen im Verkauf, vertiefend besprochen. In den folgenden Ausführungen wird Ihnen nur eine Kurzübersicht geboten. Danke für Ihre Aufmerksamkeit.

5.1.1 DIE VORBEREITUNG

Neben den üblichen betrieblichen Vorbereitungen, wie Regale auffüllen, Bestellungen aufgeben, Schaufenster gestalten und so weiter, sollte die Bäckereifachverkäuferin ihre persönlichen Vorbereitungen treffen. Zu diesen persönlichen Vorbereitungen zählen die äußere Erscheinung und das persönliche Stimmungsbild der Verkäuferin, aber auch die Beherrschung des Verkaufsgesprächs.

DIE ÄUSSERE ERSCHEINUNG

Die äußere Erscheinung einer Bäckereifachverkäuferin ist ihre persönliche Visitenkarte. Wenn keine einheitliche Arbeitskleidung zur Verfügung steht, soll die Kleidung angemessen und praktisch sein. Make-up, Duftwässer und Schmuck sind nicht verboten, sie sollten aber wegen des Nahrungsmittelumfeldes dezent und zurückhaltend verwendet werden. Die Haarfrisur soll ebenfalls zum Umfeld eines Bäckerfachgeschäftes passen. Zwischendurch soll eine freie Minute genutzt werden, um einen Kontrollblick in den Spiegel zu werfen. Die Fingernägel sollten möglichst nicht lackiert sein. Ein gepflegtes Äußeres gehört zu einer guten Verkäuferin.

DAS PERSÖNLICHE STIMMUNGSBILD

Das persönliche Stimmungsbild beeinflußt nicht nur die eigene Stimmung, sondern es steckt auch die Stimmung der Kunden und die Kolleginnen an. Handelt es sich um gute Laune, sollte diese in jedem Fall erhalten werden. Schlechte Laune dagegen sollte vor der Tür bleiben.

5.1.2 DIE KONTAKTAUFNAHME

 (Siehe dazu auch Punkt 6.2. Besondere Situationen im Verkauf)

Die Begrüßung ist die übliche Gesprächseinleitung beim Treffen zweier oder mehrerer Menschen. Eine Begrüßung kann kurz und knapp oder umfangreich sein, abweisend höflich oder herzlich. Typische Begrüßungsworte sind Guten Morgen, Guten Tag, Guten Abend oder ein lockeres Hallo. Eine vergessene Begrüßung gilt sogar als Akt der Unfreundlichkeit. Selbstverständlich darf ein freundliches, lächelndes Gesicht und der Augenkontakt zum Kunden nicht fehlen.

DIE KUNDENBEGRÜSSUNG IM EINZELHANDEL

Die meisten Verkäufer kommen direkt und ohne Umschweife zur Verkaufssache und vergessen die Begrüßung. Die üblichen Begrüßungsformeln, die eigentlich keine sind, heißen, „Kann ich Ihnen helfen, was kann ich für Sie tun" oder andere sparsame und kaufhindernde Wortschöpfungen. Werden Verkäufer auf diese Vorgehensweise angesprochen, reagieren sie häufig aggressiv, hilflos, gereizt und ertappt. Die üblichen Stellungnahmen lauten dann, was soll ich denn sonst sagen oder das sagen doch alle Verkäufer.

DIE AUSNAHMEN

Im Telefonverkehr mit einigen internationalen Unternehmen ist seltsames zu erleben. Dort hört man zur Begrüßung nicht ein kurzes und präzises „Firma XY", sondern eine zeitraubende Begrüßung mit den Worten „Firma XY, guten Tag. Sie sprechen mit Sabine Müller. Was kann ich für Sie tun?" Rückfragen ergaben, diese telefonische Begrüßungsformel ist volle Absicht und soll dem Anrufer ein freundliches Bild vermitteln.

5.1.3 BEDARFSANALYSE ODER ERMITTLUNG DES KAUFWUNSCHES

(Siehe dazu auch Punkt 6.2. Besondere Situationen im Verkauf)

Der Begrüßung folgt die Bedarfsanalyse. Anders als im Textilgeschäft, wo der tatsächliche Bedarf oft erst mühsam ermittelt werden muß, ist die Bedarfsanalyse im Bäckerfachgeschäft mit den Worten, „Was kann ich für Sie tun?" ausreichend vollzogen. Denn jeder Kunde, der auf eine Verkäuferin wartet, besitzt auch einen konkreten Kaufwunsch, einen geplanten Bedarf. Dennoch sollte bekannt sein, daß der Kunde auch einen ungeplanten Bedarf haben kann.

DER GEPLANTE UND UNGEPLANTE BEDARF

Jeder Kunde hat einen geplanten und einen ungeplanten Bedarf oder Kaufwunsch. Der geplante Bedarf steht auf dem Einkaufszettel oder im Kopf geschrieben, und der ungeplante Bedarf ergibt sich aus der jeweiligen Situation. Aus dem geplanten Bedarf kann schnell ein ungeplanter Bedarf werden, wenn die gewünschte Ware ausverkauft oder nicht im Sortiment vorhanden ist. Der Alternativverkauf ist deswegen eine spezielle Vorgehensweise, eine Bedarfsanalyse zur Ermittlung und Weckung des ungeplanten Bedarfs.

Der geplante Bedarf heißt 5 Brötchen, 4 Mehrkornbrötchen und ein Roggenmischbrot. Die Brötchen und das Roggenmischbrot sind vorhanden. Die Mehrkornbrötchen sind aber ausverkauft. Der geplante Bedarf von 5 Brötchen und 1 Roggenmischbrot kann erfüllt werden. Die Verkäuferin bietet alternativ oder ersatzweise ein Weizenmischbrot an. Der ungeplante Bedarf wird angesprochen, ermittelt oder geweckt.

Auch der Zusatzverkauf spricht den ungeplanten Bedarf des Kunden an, weil das zusätzlich angebotene Produkt nicht auf seinem Einkaufszettel steht. Deswegen ist auch hier eine spezielle Vorgehensweise, eine Bedarfsanalyse zur Ermittlung und Weckung des ungeplanten Bedarfs, nötig.

Habe ich Ihnen schon gesagt, daß wir heute Hefeteilchen im Angebot haben? Wissen Sie schon, daß wir ab morgen wieder frischen Pflaumenkuchen backen?

Die aufgezeigten Beispiele machen deutlich, die Bedarfsanalyse im Bäckerfachgeschäft dient der Ermittlung des geplanten oder der Weckung des ungeplanten Bedarfs. Die Ermittlung des geplanten Bedarfs benötigt keine besondere Vorgehensweise, wohl aber die Ermittlung und Weckung des ungeplanten Bedarfs. Denn nur eine besondere Vorgehensweise führt zum Alternativ- oder Zusatzverkauf.

5.1.4 Die Angebotsabgabe und Warenpräsentation

Die Grenzen zwischen der Bedarfsanalyse und der Abgabe eines Angebotes sind in der Verkaufspraxis nicht so scharf wie es hier dargestellt wird, sondern eher übergangslos und fließend. Diese scharfe Trennung wird vorgenommen, damit deutlich wird, daß über unterschiedliche Bausteine gesprochen wird.

Die Verkäuferin gibt erstmalig ein Angebot ab, wenn die vom Kunden gewünschte Ware ausverkauft ist und sie einen Alternativverkauf einleitet. Damit der Kunde die Ware auch sieht und Appetit darauf bekommt, muß diese präsentiert werden.

Das Angebot: Die Mehrkornbrötchen sind wegen großer Nachfrage ausverkauft, aber ich kann Ihnen noch ganz frische Sesambrötchen anbieten. Was halten Sie davon?

Die Präsentation: Schauen Sie bitte, hier sind die Sesambrötchen. Sehen sie nicht appetitlich aus?

Ein weiteres Angebot wird von der Verkäuferin im Rahmen des Zusatzverkaufs gemacht. Damit der Kunde die Ware auch sieht und Appetit darauf bekommt, sollte diese präsentiert, in diesem Falle zum Probieren angeboten werden.

Das Angebot: Wissen Sie schon, daß wir heute Heidesandplätzchen im Angebot haben? Die Präsentation: Bitte, probieren Sie doch einmal.

Es ist leicht erkennbar und verständlich, Alternativangebote retten Umsatz. Zusatzangebote verschaffen zusätzlichen Umsatz. Deshalb sollte der Angebotsbaustein nicht vernachlässigt werden. Die Präsentation der angebotenen Produkte ist von Bedeutung, weil der Kunde auch sehen oder probieren kann, was ihm alternativ oder zusätzlich angeboten wird.

5.1.5 DIE VERHANDLUNG

Nicht nur in der großen Politik oder bei großen Geschäften wird verhandelt, auch im Bäckerfachgeschäft. Im Bäckerfachgeschäft wird nicht über Preise, Rabatte oder Liefermengen verhandelt, wie es bei den gewerblichen Kunden üblich ist, sondern nur über die Kundenzustimmung zum Alternativ- oder Zusatzangebot der Verkäuferin. Eine Verhandlung findet immer dann statt, wenn der Kunde sich unschlüssig darüber ist, ob er das Alternativ- oder Zusatzangebot annehmen soll oder nicht. Wenn die Verkäuferin allerdings keine Verhandlung einleitet, kann auch nicht verhandelt werden. Verhandeln hat, wie das folgende Beispiel zeigt, nichts mit Überreden zu tun, sondern bedeutet gemeinsam mit dem Kunden eine Problemlösung finden.

Alternativangebot ohne Verhandlung

V: Die Mehrkornbrötchen sind leider schon ausverkauft, aber ich
kann Ihnen noch ganz frische Sesambrötchen anbieten. Hätten Sie
darauf Appetit?
K: Nein, eigentlich nicht.
V: Na dann schauen Sie sich doch einfach mal um.

Alternativangebot mit Verhandlung

V: Die Mehrkornbrötchen sind leider schon ausverkauft, aber ich
kann Ihnen noch ganz frische Sesambrötchen anbieten. Hätten Sie
darauf Appetit?
K: Nein, eigentlich nicht.
V: Erlauben Sie mir bitte eine Frage?
K: Selbstverständlich.
V: Mögen Sie keine Sesambrötchen?
K: Eigentlich schon. Aber ich habe vorhin würzigen Schnittkäse
gekauft und wollte ein würziges Brötchen dazu haben.
V: Darf ich Ihnen einen Vorschlag dazu machen?
K: Ich habe nichts dagegen.
V: Ich kann Ihnen noch ganz frische Laugenbrötchen anbieten. Mit
Butter und Käse schmecken die besonders gut. Was halten Sie
davon?
K: Das ist ja eine ganz tolle Idee, darauf wäre ich nicht
gekommen. 6 Stück bitte…

5.1.6 Der Abschluß des Verkaufsgesprächs

(Siehe dazu auch Punkt 6.2. Besondere Situationen im Verkauf)

Der Abschluß des Verkaufsgesprächs beinhaltet die Punkte Schlußfrage, Kassiervorgang und Kundenverabschiedung.

DIE SCHLUSSFRAGE

Nach jeder Erledigung eines Kaufwunsches wird eine neue Bedarfsanalyse gemacht. Hauptsächlich werden dazu die Fragen, „Haben Sie sonst noch einen Wunsch

oder darf es sonst noch etwas sein", verwendet. An diesen Fragen führt kein Weg vorbei. Aber dennoch kann dieses Frageverfahren etwas aufgelockert werden und zwar dadurch, daß keine Bedarfsfrage gestellt wird und der Kunde selber ansagt, was er noch möchte.

Dies ist möglich, wenn dem Kunden die Ware mit dem Hinweis, „und das ist ihr Zwiebelbrot" auf den Verkaufstresen gelegt wird und im Geiste langsam bis drei gezählt wird. Hat der Kunde noch einen Kaufwunsch, wird er ihn in jedem Falle äußern. Hat er dagegen keinen Kaufwunsch mehr, wird er auch dies mit den Worten, „Das ist alles", bekanntgeben.

DER KASSIERVORGANG

Oft wird übersehen, daß selbst der Kassiervorgang noch ein Bestandteil des Verkaufsgesprächs ist und einen Einfluß auf die Meinungsbildung des Kunden ausübt. Ein Kassiervorgang kann freundlich, aber auch unfreundlich und beinahe ruppig vorgenommen werden.

Freundlich:
Das macht zusammen 4.80 DM. Können Sie mir vielleicht etwas Kleingeld geben? Das ist aber nett von Ihnen. 5.20 DM zurück und vielen Dank für Ihren Einkauf.

Unfreundlich:
Macht 4.80. Haben Sie es nicht kleiner?

So nicht

Die Profiverkäuferin placiert sogar ihr Zusatzangebot für den Zusatzverkauf direkt vor den Kassiervorgang. Hat sie ihr Zusatzangebot schon vorher abgegeben, kennt sie noch einen Weg, um keinen Pfennig Umsatz zu verschenken.

K: Das ist alles.
V: Habe ich Ihnen schon gesagt, daß wir ab heute Kaffee im Sonderangebot haben? Er ist 1,– DM billiger als sonst. Was halten Sie davon?
K: Das wußte ich noch gar nicht, den nehme ich morgen mit.
K: Das ist alles.
V: Sie sehen so nachdenklich aus. Haben Sie auch nichts vergessen? Kaffee, Filtertüten…
K: Genau, da war doch noch was. Kaffee, den hätte ich fast vergessen. 1 Pfund bitte.

Die Kundenverabschiedung ist der letzte aktive Teil eines Profiverkaufsgesprächs und hat das Ziel, den Kunden mit einem guten Gefühl zu entlassen. Das Gefühl muß so gut sein, daß er keinesfalls auf die Idee kommt auch nur ein Brötchen bei der Konkurrenz zu kaufen.

Je nachdem ob ein Stammkunde oder ein Laufkunde verabschiedet wird, fällt die Verabschiedung unterschiedlich aus. Während ein Stammkunde auch mit persönlichen Worten verabschiedet werden kann, fällt die Verabschiedung des Laufkunden unpersönlicher, aber dennoch herzlich aus.

Verabschiedung Stammkunde: Kommen Sie gut nach Hause, Herr Weber, und grüßen Sie Ihre Frau von mir. Verabschiedung Laufkunde: Ich wünsche Ihnen noch einen schönen Feierabend und lassen Sie sich die Brötchen gut schmecken. Selbstverständlich wird der Blickkontakt gesucht und ein freundliches, lächelndes Gesicht gemacht.

Welcher Kunde läßt sich nicht von diesen freundlichen Worten beeindrucken und kommt dann auch gerne wieder?

5.1.7 DIE NACHBEARBEITUNG

Die Nachbearbeitung kann sich im Bedarfsfall auf den Verkaufstag, aber auch auf andere Zeiträume wie eine Woche, zwei Wochen oder auf einen Monat beziehen, aber auch auf bestimmte Situationen im Verkauf. Hier kommt es jedoch darauf an, daß eine Nachbearbeitung vorgenommen wird. Fällt die Nachbearbeitung aus, fällt auch ein wichtiger Baustein des Profiverkaufs aus.

Die Nachbearbeitung betrifft die einzelne Verkäuferin, alle Verkäuferinnen gemeinsam, aber auch das Management. Die einzelnen Punkte sind die Umsatzanalyse, die Verkaufsgesprächsanalyse sowie sonstige Punkte, Probleme oder Fragen.

UMSATZANALYSE

Die Erfassung des Umsatzes ist die Grundlage, um feststellen zu können, ob die Umsatzziele erreicht worden sind. Die Erfassung kann sich auf den Gesamtumsatz, aber auch auf den Umsatz pro Verkäuferin, auf bestimmte Produkte oder Sonderangebote, beziehen. Anschließend wird der Umsatz bewertet, das heißt, es wird geprüft, in welchem Umfang die Umsatzziele erreicht worden sind. Wurden die angestrebten Umsatzziele nicht erreicht, sollte besprochen werden, warum die Umsatzziele nicht erreicht werden konnten und wo die Fehlerquellen oder Schwachstellen liegen können.

VERKAUFSGESPRÄCHSANALYSE

Im Mittelpunkt der Analyse des Verkaufsgesprächs sollte die kritische Betrachtung des aktuellen Verkaufsgesprächs stehen. Hierbei sind vier Fragen zu stellen und zu beantworten.

Erstens. Welche Vorgaben bestehen für die Durchführung des Verkaufsgesprächs? Bestehen keine Vorgaben und kann jede Verkäuferin ihr „handgestricktes" Verkaufsgespräch führen, ist die Gefahr der Umsatzverhinderung und der Kundenverärgerung gegeben.

Zweitens. Welche Qualität besitzen die Vorgaben für das Verkaufsgespräch? Wenn die Vorgaben nicht den Anforderungen des Profiverkaufs entsprechen, sollte dies bald nachgeholt werden.

Drittens. Werden die Vorgaben für das Verkaufsgespräch auch eingehalten? Sind Vorgaben, gleich welcher Qualität vorhanden, und werden sie nicht eingehalten, sollte eine Einhaltung der Vorgaben gefordert werden. Werden die Vorgaben nicht eingehalten, ist das Verkaufsgespräch wiederum „handgestrickt" und jede Anpassungsmaßnahme, die neue Vorgaben enthält, von Beginn an fragwürdig.

Viertens. Werden die Verkaufsgespräche von den Verkäuferinnen zwecks Verbesserungen überdacht, hinterfragt, besprochen und diskutiert? Ist dies nicht der Fall, sollte diese Maßnahme als Dauermaßnahme bald eingeführt werden.

5.2 DIE VORGEHENSWEISE IM PROFIVERKAUF

Nachdem Sie Bausteine des Verkaufsgesprächs ausführlich kennengelernt haben, können Sie Ihrem Partner schon einen abendfüllenden Vortrag über die Verkaufsstrategie und ihre Bausteine halten. Er wird Ihnen staunend zuhören und kräftigen Applaus spenden.

Die Vorgehensweise des Profiverkaufs macht Angaben darüber, „wie und mit welchen Inhalten gefüllt" der Profiverkauf durchgeführt werden soll. Die Reihenfolge der folgenden Punkte hat nur ordnende Bedeutung. Sie stellt auch keine Bedeutung nach Wichtigkeit dar, weil jede Vorgehensweise gleich wichtig und somit unverzichtbar ist. Die Qualität der Kontaktaufnahme, der Bedarfsanalyse, der Angebotsabgabe, der Warenpräsentation, der Verhandlung und des Abschlusses des Verkaufsgespräches wird vom Einsatz der einzelnen Vorgehensweisen stark geprägt und deshalb sollte auf keine der aufgeführten Vorgehensweisen freiwillig verzichtet werden. Es sei denn, ein Qualitätsverlust des Verkaufsgespräches würde bewußt in Kauf genommen werden.

5.2.1 DAS VERKAUFSGESPRÄCH

Wenn sich zwei oder mehrere Menschen unterhalten, nennt man das ein Gespräch oder einen Dialog. Wenn nur einer von zwei oder mehreren Menschen spricht, ist das eine Rede oder ein Monolog. Spricht ein Mensch vor vielen Menschen ist das je nachdem eine Ansprache, eine Rede, eine Vorlesung oder ein Monolog. Wenn eine Verkäuferin einen Kunden bedient und dabei mit dem Kunden spricht, führt sie zum Zwecke des Verkaufs ein Gespräch, ein Verkaufsgespräch.

GESPRÄCHSELEMENTE

Die Grundlage eines Gespräches, einer Unterhaltung ist das Zusammenspiel von Fragen, Aussagen, Antworten und Zuhören der Beteiligten. Erst mit dem kombinierten Einsatz dieser Elemente wird ein Gespräch zum echten Gespräch und zum Gedankenaustausch. Deshalb soll sich auch ein Verkaufsgespräch aus diesen Elementen zusammensetzen.

GESPRÄCHSFORMEN

Es gibt erfrischende, belebende, spritzige, launige, humorvolle und amüsante Gespräche. Langweilige, ermüdende, sinnlose und zeitraubende, ebenso sachliche und unsachliche, ziellose und gezielte, vermeidbare und unvermeidbare Gespräche.

GESPRÄCHSZIELE

Jedes Gespräch hat ein Ziel. Ein Mensch der etwas fragt, etwas sagt, etwas antwortet oder zuhört, hat ein Ziel. Diese Ziele können unterschiedlich sein. Mit einer Frage werden Gespräche eingeleitet und Informationen in Form einer Antwort erwartet. Mit einer Antwort werden Informationen zu einer Frage gegeben, gleich ob diese ehrlich sind oder nicht. Mit einer Aussage werden Feststellungen getroffen, die der andere teilen, kommentieren oder nur wahrnehmen soll. Zuhören können heißt, andere reden und ausreden lassen können. Diese Fähigkeit verschafft nicht nur dem Verkäufer, sondern auch dem Privatmenschen Sympathien und eine Fülle brauchbarer Informationen. Das Ziel eines Verkaufsgesprächs heißt Höchstumsätze erzielen.

5.2.2 FRAGEN STELLEN

Nicht ohne Grund stehen die Fragen am Anfang der Betrachtung eines Gespräches oder Verkaufsgespräches. Sind es doch die Fragen, die ein Gespräch aber auch das Leben erst lebendig werden lassen.

Was wäre zum Beispiel eine Begrüßung ohne eine verbindende Frage? „Guten Tag" – „Guten Tag". Werden diese Worte nur im schnellen Schritt auf der Straße ausgetauscht wird signalisiert, „Ich habe Dich wahrgenommen, aber unterhalten möchte ich mich nicht". Bleiben beide Personen stehen, eröffnet eine von ihnen das Gespräch in der Regel mit einer Frage, „Wie geht es Ihnen, haben Sie schon gehört, wissen Sie schon und so weiter."

WER FRAGT, DER FÜHRT

Wer fragt, der führt. Besonders für ein Verkaufsgespräch ist diese Aussage zutreffend, denn der Verkäufer lebt von Informationen. Will er doch sein Ziel, die Teilnahme an der Meinungsbildung die zu einer Kaufhandlung (ver)führen soll, erreichen. Nach der Begrüßung folgt die „Warm up" Frage, „Wie geht es Ihnen?" In der Bedarfsanalyse folgt die Bedarfsfrage, „Was kann ich denn heute für Sie tun?" Im Angebot die Frage, die neugierig machen soll, „Wissen Sie schon, daß wir heute…?" In der Verhandlung folgt die Informationsfrage, „Wie gefällt Ihnen mein Vorschlag?"

KEINE FRAGE OHNE ZIEL

Keine Frage ohne Grund und keine Frage ohne Ziel. Mit den richtigen Fragen werden die benötigten Informationen gewonnen, aber auch Sympathien geschaffen, weil auch der Gesprächspartner reden darf. Selbst die Gesprächsatmosphäre wird durch Fragen positiv oder negativ beeinflußt. Verkäuferinnenfragen sollten inhaltlich so gestaltet sein, daß sie zur Informationsgewinnung, zur Sympathiebildung, zur Motivation und zum guten Stimmungsbild beitragen. Nur dann sind sie ein Schritt zum Höchstumsatz.

FRAGEFORMEN

Mehr als 20 Frageformen sind bekannt. Auch daran kann die Bedeutung von Fragen erkannt und gemessen werden. Die Profiverkäuferin kennt die folgenden Frageformen und kann auch mit ihnen umgehen.

▲ Die geschlossene Frage
▲ Die offene Frage
▲ Die Alternativfrage
▲ Die Informationsfrage
▲ Die motivierende Frage
▲ Die Kontrollfrage
▲ Die Abschlußfrage
▲ Mixformen

Die geschlossene Frage

Die geschlossene Frage läßt sich meist nur mit ja, nein, oder einem Wort beantworten. Deshalb ist sie zur Gewinnung von einfachen Informationen geeignet. Sie ist immer noch die häufigste Frageform im Bäckerfachgeschäft – und im gesamten Einzelhandel.

Essen Sie gerne Käsesahnetorte? Möchten Sie ein Brot vorbestellen? Wie hat Ihnen das Mehrkornbrot geschmeckt? Wieviel Brötchen möchten Sie? Kommen Sie morgen wieder vorbei? Wann kommen Sie morgen vorbei? Wo treffe ich Sie morgen? Wieviel Personen kommen zu Ihrem Kaffeekränzchen?

Die offene Frage

Die offene Frage läßt sich sehr umfangreich beantworten und fragt nach dem warum, nach einem Motiv, nach Einstellungen, nach Hintergründen. Die Antworten auf eine offene Frage bieten hervorragende Ansätze für die weitere Vorgehensweise im Verkaufsgespräch. Sie ist besonders zur Gewinnung weiterführender Informationen, zur Bedarfsweckung, zur Motivation und zur Sympathiebildung geeignet. Zu beachten ist jedoch: wer offene Fragen stellt, muß auch gut zuhören können.

Können Sie mir bitte sagen, warum Sie keine Käsesahnetorte mögen? Was gefällt Ihnen denn so besonders gut an unserer Erdbeertorte? Wie stellen Sie sich eine richtige Herrentorte vor? Wie denken Sie über unser Sonderangebot? Welchen Anlaß haben Sie zu Ihrer Reklamation? Wie geht es Ihnen? Was macht Ihr Mann? Was sagen Sie denn zu diesem Wetter?

Die Alternativfrage

Die Alternativfrage ist eine besondere Form der geschlossenen Frage, weil sie nur die Auswahl zwischen zwei oder mehreren Dingen zuläßt. Sie wird verwendet, damit der Kunde auswählen kann. Auf diesem Wege werden Irrtümer und Verärgerung vermieden und der Kunde freut sich, weil er gefragt wird.

Möchten Sie lieber helle oder dunkle Brötchen? Möchten Sie lieber das Kosaken- oder das Singlebrot? Brötchen sind ausverkauft, aber ich kann Ihnen Baguettebrötchen oder Mehrkornbrötchen anbieten? Wenn Sie keinen Pflaumenkuchen mögen, was halten Sie von Erdbeerkuchen oder Heidelbeerkuchen?

Die Informationsfrage

Die Informationsfrage dient der Gewinnung von gezielten Informationen für die Bedarfsanalyse, bei der Beratung oder bei einer Einleitung des Zusatzverkaufs. Sie kann eine geschlossene oder offene Frage sein.

Was kann ich für Sie tun? Wieviel Personen kommen zu Ihrer Party? Zu welchem Anlaß möchten Sie die Kuchentafel ausrichten? Essen Sie gerne Käsekuchen? Wissen Sie schon, daß wir heute Brötchen im Angebot haben? Können Sie mir bitte verraten, warum Sie unsere Mehrkornbrötchen, unsere Erdbeertorte so gerne essen?

Die motivierende Frage

Die motivierende Frage oder Anschlußfrage spricht die Phantasie, das Vorstellungsvermögen und die Gefühle der Kunden an und ist deshalb von Wichtigkeit. Die Motivationsfrage lenkt die Gedanken des Menschen in eine bestimmte, vom Fragenden vorgegebene, Richtung. Mit ihr wird anschließend abgefragt oder geprüft, wie der Kunde über das Alternativ- oder Zusatzangebot denkt.

Was glauben Sie, würden sich Ihre Gäste über eine Eistorte freuen? Die Gedanken des Befragten werden zu seinen Gästen gelenkt und er stellt sich vor, wie diese Eistorte essen. Können Sie sich denken, daß Ihre Familie Appetit auf Erdbeerkuchen hätte? Die Gedanken des Befragten werden zu seiner Familie gelenkt und er stellt sich vor, wie jedes einzelne Familienmitglied auf Erdbeerkuchen reagieren würde.

Ich kann Ihnen noch frische Baguettebrötchen anbieten, hätten Sie Appetit darauf? Durch das Wort Appetit werden die Geschmackssinne des Befragten angeregt und er erinnert sich an den Geschmack von frischen Baguettebrötchen.

Oder: Was sagen Sie zu meinem Vorschlag? Wie gefällt Ihnen mein Vorschlag? Was halten Sie davon? Ist das eine gute Idee?

Machen Sie bitte Ihre persönlichen Erfahrungen mit der motivierenden, die Gedanken steuernden Frage und fragen Sie beliebige Personen:

Können Sie sich vorstellen, wie jetzt das Wetter in der Karibik ist? Die Antwort wird in jedem Falle das Wort Sonne enthalten. Fragen Sie bitte weiter, ob der Befragte die Sonne vor seinen Augen hatte, die Wärme der Sonne verspürte und darüber hinaus auch an das Meer, an die Wellen, an den Strand, an die Palmen und an einen exotischen Drink gedacht hat. Er hat zumindest an einen dieser Punkte gedacht.

Können Sie mir sagen, wonach ein guter Weihnachtsstollen schmecken muß? Egal wie die Antwort ausfällt, fragen Sie weiter, ob der Befragte an einen bestimmten Weihnachtsstollen, an einen bestimmten Geschmack und an einen bestimmten Bäcker gedacht hat. Er hat zumindest an einen dieser Punkte gedacht.

Ich habe neulich im Fernsehen gesehen, daß es auch Ratten gibt, die man als Haustier halten kann. Ich möchte mir eine Ratte als Haustier halten. Was sagen Sie, was sagst Du dazu? Die Antwort wird umfassend sein. Aber nur, wenn Sie den Antwortenden nicht unterbrechen, ausreden lassen und nur zuhören.

Eine Ihnen bekannte Person, die keine Spinnen mag, fragen Sie bitte: Kannst Du Dich an diese herrliche langbeinige Spinne erinnern, die wir letztens gemeinsam an der Wand gesehen haben? Wenn dann ein entsetzter Aufschrei erfolgt oder eine sonstige Abwehrreaktion, ist das völlig normal.

Die Kontrollfrage

Die Kontrollfrage wird verwendet, um Verständigungsfehler auszuschließen. Sie wird weiterhin dazu verwendet, um den Kunden bewußt wiederholen zu lassen, was er gesagt hat oder bestellt hat.

Entschuldigen Sie bitte, ich habe Sie leider nicht richtig verstehen können. Könnten Sie bitte wiederholen, was Sie zuletzt gesagt haben, wieviel Brötchen Sie möchten? Wir sprachen vorhin über Ihre Bestellung, wieviele Personen sind eingeladen? Sie sagten unsere Käsesahnetorte schmeckt Ihnen sehr gut, war das richtig?

Brötchen sind leider ausverkauft. Aber ich kann Ihnen noch frische Baguettebrötchen anbieten, hätten Sie Appetit darauf? Ich habe heute frische Hefeteilchen im Angebot, was halten Sie davon, wie denken Sie darüber, wie gefällt Ihnen das, was sagen Sie zu diesem Preis?

Die Abschlußfrage

Die Abschlußfrage bildet einen Abschluß. Einen Abschluß, wenn der Kunde am Ende seiner Einkaufsliste angelangt ist. Die Frage kann aber auch gestellt werden, um einen Abschluß zu finden, wenn ein Kunde nicht mehr aufhört zu reden oder wenn zum Abschluß der Zusatzverkauf eingeleitet wird.

Was darf ich Ihnen sonst noch geben? Ich kann verstehen, daß Ihnen die Auswahl, die Entscheidung schwer fällt, darf ich Ihnen einen Vorschlag machen? Darf ich Ihre Worte zusammenfassen? Heute ist Sonnabend, haben Sie noch genug Kaffee, Filtertüten, Kaffeesahne im Haus?

MIXFORMEN

Diese Frageformen können untereinander, aber auch mit Antworten und Aussagen gemixt oder kombiniert werden. Auf diesem Wege entstehen interessante, gekonnte und professionelle Verkaufsgespräche.

V: Guten Tag, wie geht es Ihnen?
K: Sehr gut, ich hoffe Ihnen auch?
V: Ja, heute ist ein schöner Tag.
K: Ich hätte gerne fünf Brötchen
V: Wissen Sie schon, daß wir ab heute wieder Erdbeerkuchen haben?
   Was halten Sie davon? Wenn ich mich richtig erinnere, essen Sie
   doch Erdbeerkuchen sehr gerne?
K: Was kostet denn der Erdbeerkuchen?
V: Unser Erdbeerkuchen aus frischen Erdbeeren und einem
   herrlichen Mürbeteigboden kostet 3,40 DM das Stück. Ist Ihnen das
   ein schönes Stück Erdbeerkuchen wert?
K: Sogar zwei Stück, damit mein Mann nicht leer ausgeht, aber
   bitte mit Sahne.

FRAGESTRATEGIE

Die richtige Frage zum richtigen Zeitpunkt zu stellen, ist dann kein Problem, wenn überlegt und strategisch vorgegangen wird. Die Bausteine der Fragestrategie sollten nacheinander abgearbeitet werden.

Die Bausteine einer Fragestrategie

1. Ausgangslage und Problem erkennen - Frageziel festlegen
2. Frageform auswählen und Frage formulieren
3. Frage stellen, Antwort abwarten und zuhören
4. Antwort auswerten, entscheiden und handeln

1. Ausgangslage und Problem erkennen – Frageziel festlegen

Die Ausgangslage ist der Baustein, in dem sich das Verkaufsgespräch gerade befindet. Dies kann die Begrüßung, die Bedarfsanalyse, das Angebot, die Verhandlung, der Abschluß oder die Verabschiedung sein, aber auch eine Beratung oder die Bearbeitung einer Reklamation.

Die Probleme und Ziele können unterschiedlich sein. Der Kunde soll freundlich begrüßt werden. Ein Zusatzbedarf soll ermittelt werden. Das Angebot soll verlockend sein. Die Verhandlung soll sympathisch sein. Die Beratung soll umfassend sein. Die Reklamationsbehandlung soll kundenfreundlich sein.

2. Frageform auswählen und Frage formulieren

Die Auswahl zwischen einer offenen oder geschlossenen Frage, einer Alternativfrage und so weiter wird getroffen und die Frage wird formuliert.

Es können ohne Bedenken auch Textbausteine in Form von Standardfragen verwendet werden. Beispiele dafür werden im Punkt 6.4 Text- und Handlungsbausteine im Verkaufsgespräch gegeben.

3. Frage stellen, Antwort abwarten und zuhören

Eine Frage sollte nicht monoton, sondern mit Betonung in der Stimme gestellt werden. Es empfiehlt sich, freundlich und interessiert zu wirken, den Kunden anzusehen und in seinem Gesicht zu lesen.

Wenn ein Kunde nicht sofort antwortet, denkt er nach. Dieser Denkvorgang sollte nicht mißverstanden werden, denn er ist ein gutes Zeichen. Der Denkvorgang des Kunden darf nicht durch verkäuferische Ungeduld unterbrochen werden.

Eine Antwort kann kurz und knapp, ausführlich oder langatmig, genau oder ungenau, sein. In jedem Falle sollte geduldig und genau zugehört werden. Eine Unterbrechung oder ins Wort fallen ist nicht nur unhöflich, sondern auch schädlich. Ist die Antwort nicht genau, kann mit einer Kontrollfrage Klarheit geschaffen werden.

4. Antwort auswerten, entscheiden und handeln

Jede Verkäuferfrage bringt eine Kundenantwort, ein Ergebnis. Das Ergebnis ist aber auch von der Verkäuferfrage abhängig. Es kann umfassend oder knapp, präzise oder ungenau, zustimmend oder ablehnend sein. Es kann ehrlich und in einen Einwand, aber auch unehrlich und in einen Vorwand, verpackt sein.

Die Grundlagen für die weitere Vorgehensweise ist die Antwort selbst, der Grad der verkäuferischen Zielerreichung und die Zufriedenheit des Kunden. Zu entscheiden ist darüber, ob Ergänzungen oder Nachbesserungen vorgenommen werden müssen und wie das Verkaufsgespräch weiterhin geführt werden sollte.

5.2.3 EINWAND UND VORWAND BEHANDELN

In den bisherigen Ausführungen waren die Kunden sehr liebenswert und nahmen jede Frage oder Antwort gelassen hin. In der Verkaufspraxis stellt sich jedoch ein anderes Bild dar. Kunden widersprechen, fragen kritisch zurück und sind dabei ehrlich bis unehrlich, interessiert bis abweisend. Diese Vorgehensweise ist in der Verkaufslehre, aber auch im Privatleben, unter den Begriffen Einwand und Vorwand bekannt. Mit Einwänden und Vorwänden richtig umgehen können, ist deshalb wichtig, weil bei falschem Umgang mit Einwänden und Vorwänden Mißverständnisse und Kundenverärgerung auftreten können.

DER EINWAND

V: Ich freue mich, Sie wiederzusehen. Darf ich Sie daran erinnern, daß wir gestern über Heidesandplätzchen sprachen?

K: Ach ja, das habe ich total vergessen. Können Sie mir bitte sagen, was das für ein Teig ist?

V: Das ist ein Mürbeteig.

K: Ist der Teig mit Butter oder Margarine zubereitet?

Die Kundin hat zwei Fragen gestellt, die sich auf die Heidesandplätzchen beziehen. Das heißt, sie denkt mit, sie ist interessiert und sie hat noch offene Fragen.

DER VORWAND

Einen Vorwand bedeutet eine Ausrede benutzen, nicht ehrlich oder offen sein, etwas verschweigen oder nicht interessiert sein.

V: Ich freue mich, Sie wiederzusehen. Darf ich Sie daran erinnern, daß wir gestern über Heidesandplätzchen sprachen?

K: Ach ja, das habe ich total vergessen. Aber ich möchte doch keine Heidesandplätzchen mitnehmen, weil mein Mann sie nicht mag.

Die Kundin hat am Vortag ein Plätzchen probiert und nach dem Preis gefragt. Nun lehnt sie den Kauf mit dem Vorwand ab, „mein Mann mag keine Heidesandplätzchen".

Übrigens: Nicht anwesende Ehemänner, Ehefrauen, Freunde oder Freundinnen sind oft beliebte Objekte, mit denen eine Ablehnung oder ein Vorwand, auch für einen zu hohen Preis, gerechtfertigt wird.

DIE EINWANDBEHANDLUNG

Die Einwandbehandlung hat das Ziel, dem Kunden die gewünschten Informationen zu geben, ihn aufzubauen, ihn zu motivieren und den Kaufabschluß zu erreichen.

K: Ach ja, das habe ich total vergessen. Können Sie mir bitte
    sagen, was das für ein Teig ist?
V: Das ist ein Mürbeteig.
K: Ist der Teig mit Butter oder Margarine zubereitet?

Diese Frage kann unterschiedlich beantwortet werden:

(1) Bei dem Preis können wir doch keine Butter verwenden.
(2) Das weiß ich nicht.
(3) Ja, deshalb schmecken die Plätzchen auch so gut – oder finden Sie nicht?
(4) Nein.
(5) Wir backen unsere Plätzchen nur mit guter Butter.

Die Antworten (1) und (5) sind unsachlich, vorwurfsvoll. Die Antworten (2) und (4) sind kurz und abwehrend. Die Antwort (3) ist die richtige Antwort, weil sie informiert, motiviert und weiterführt.

DIE VORWANDBEHANDLUNG

Die Vorwandbehandlung hat das Ziel den Kunden nicht zu verärgern, ihn nicht in die Ecke zu drängen und ihm seinen Vorwand zu lassen.

V: Ich freue mich Sie wiederzusehen.
    Darf ich Sie daran erinnern, daß wir gestern über die
    Heidesandplätzchen sprachen?
K: Ach ja, das habe ich total vergessen.
    Aber ich möchte doch keine Heidesandplätzchen mitnehmen,
    weil mein Mann sie nicht mag.

Auf diese Aussage kann unterschiedlich reagiert werden:

(1) Na schön, dann lassen wir es.

(2) Das verstehe ich nicht, gestern schmeckten Ihnen unsere Heidesandplätzchen doch sehr gut.

(3) Haben Sie schon daran gedacht, nur für sich ein paar Heidesandplätzchen zu kaufen? Wenn ich mich richtig erinnere schmeckten Ihnen die Heidesandplätzchen gestern doch sehr gut.

(4) Da kann man halt nichts machen. Was darf es denn sonst noch sein?

(5) Das kann ich nachvollziehen. Was kann ich Ihnen denn sonst anbieten, was Ihrem Mann und Ihnen gemeinsam zum Kaffee schmeckt?

(6) Müssen Sie Ihren Mann denn erst fragen, wenn Sie sich ein paar Heidesandplätzchen kaufen wollen?

(7) Dafür habe ich volles Verständnis.

Die Reaktionen (1) und (4) lassen auf eine lustlose, gekränkte und mit der Vorwandbehandlung nicht vertraute Verkäuferin schließen.

Die Reaktion (2) ist ein gut gemeinter, aber unglücklicher Ansatz, weil sich die Kundin womöglich in die Enge gedrängt fühlt.

Die Reaktion (3) ist professionell und hat das Ziel, trotz des Vorwandes Heidesandplätzchen zu verkaufen. Sie bietet eine mögliche Alternative an und läßt der Kundin Spielraum, ohne sie zu bedrängen.

Die Reaktion (5) deutet auf eine motivierte Verkäuferin hin, denn sie weicht geschickt auf ein Alternativangebot aus. Die Kundin wird nicht verärgert, nicht bedrängt und kann sich ohne Gesichtsverlust neu entscheiden.

Die Reaktion (6) kann richtig oder falsch sein. Richtig, wenn zwischen Kundin und Verkäuferin eine vertraute Beziehung besteht und diese provokanten Worte nicht mißverstanden werden. Falsch und provokant, wenn Kundin und Verkäuferin sich nur oberflächlich oder nicht kennen.

Die Reaktion (7) ist dann korrekt, wenn die Vorwandbehandlung nicht einwandfrei beherrscht wird.

5.2.4 DAS KUNDENALTER BERÜCKSICHTIGEN

Im Bäckerfachgeschäft sind Kunden jeder Altersgruppe anzutreffen. Kinder, Jugendliche, Erwachsene und Senioren. Kinder, Senioren und behinderte Mitmenschen bedürfen einer besonderen Behandlung und Rücksichtnahme.

KINDER SIND VOLLWERTIGE KUNDEN

Kinder sind die kleinen Kunden von heute und die erwachsenen Kunden von morgen. Sie freuen sich ganz besonders, wenn sie mit ihrem Namen angesprochen werden. Auch sie betreiben Mundpropaganda und beeinflussen damit ihre Eltern, Freunde und andere Mitmenschen. Wo sie ihr Taschengeld ausgeben, entscheiden sie selbst und sie haben Einfluß auf das Einkaufsverhalten der Eltern, Oma und Opa.

Selbst Kinder wissen eine freundliche und sympathische oder unfreundliche und unsympathische Verkäuferin zu unterscheiden, sie merken sich genau wann sie ernst genommen werden oder nicht. Spätestens dann, wenn aus Kindern Jugendliche geworden sind, kommen die Bemühungen oder Versäumnisse der Vergangenheit zum Tragen.

EINKAUFSPROBLEME AUS KINDERSICHT

Kinder haben Probleme damit, sich in der Einkaufs- und Verkaufswelt der Erwachsenen zu behaupten. Es soll passieren, daß Kinder in der Warteschlange übersehen werden oder sich rücksichtslose Erwachsene vordrängen. Um dies zu vermeiden, ist es angebracht, auf wartende Kinder besonders zu achten. Vermieden werden sollte ebenfalls, daß Kinder unfreundlich, mürrisch oder kurz angebunden bedient werden und ihre eventuelle Unentschlossenheit kritisiert wird. Ebenso sollte vermieden werden, daß Kindern Ware verkauft wird, die von Erwachsenen abgelehnt oder reklamiert worden wäre.

DER RICHTIGE UMGANG MIT KINDERN

▲ Ausverkaufte Ware soll nicht durch Alternativprodukte ersetzt werden. Ausnahme: Vermerk auf dem Einkaufszettel oder Rücksprache mit den Eltern erfolgt.
▲ Zusätzliche Kaufwünsche sollen nicht erfüllt werden.
▲ Preise sollen auf dem Einkaufszettel vermerkt werden. Wenn das Geld nicht ausreicht, nur soviel Ware aushändigen wie Geld vorhanden ist. Auf dem Einkaufszettel eine Notiz machen.
▲ Bei Unklarheiten, wenn möglich, die Eltern anrufen.
▲ Gekaufte Waren sicher verpacken.

AUCH SENIOREN UND BEHINDERTE MITMENSCHEN SIND VOLLWERTIGE KUNDEN

Senioren und behinderte Mitmenschen sind in der Regel dankbare Stammkunden. Weil sie eine vertraute Einkaufsatmosphäre benötigen, lassen sie sich gerne von ihrer Lieblingsverkäuferin bedienen. Selbst wenn sie „anstrengend sind", sollte dies nie zum Ausdruck gebracht werden. Auch sollten sie mit Angeboten vertraut gemacht werden, insbesondere deshalb, weil sie im Vergleich zu sonstigen Kunden nicht mehr so intensiv auf die Hinweisschilder achten. Selbst die Frage, „Haben Sie auch nichts vergessen" ist in diesem Falle sogar mehr als die Einleitung eines Zusatzverkaufs, sondern eine echte Erinnerung daran, daß auch nichts vergessen wird.

EINKAUFSPROBLEME AUS SENIORENSICHT

Senioren können in ganz unterschiedlicher Verfassung sein, und je nachdem haben sie mehr oder weniger Probleme. Diese Probleme können Gebrechlichkeit, Gehbehinderungen, verminderte Konzentrations- und Merkfähigkeit, verringertes Seh- und Hörvermögen, Unsicherheit und Unentschlossenheit, sowie veränderte Verhaltensweisen jeder Art sein.

DER RICHTIGE UMGANG MIT SENIOREN

Wenn Senioren einkaufen, kann es Probleme verschiedenster Art geben. Um diese Probleme zu vermeiden, sollten die folgenden Punkte beachtet werden.

▲ Wenn notwendig die Ladentür aufhalten
▲ Sitzgelegenheit anbieten, wenn möglich
▲ Auch bei Hochbetrieb Geduld haben
▲ Ein paar private Worte wechseln
▲ Besonders bei Frischwaren kleinere Mengen empfehlen

▲ Telefonische Bestellungen annehmen
▲ Lieferservice anbieten
▲ Waren direkt zeigen
▲ Wechselgeld sichtbar vorzählen
▲ Beim Einpacken der Waren behilflich sein

DER RICHTIGE UMGANG MIT BEHINDERTEN MITMENSCHEN

Auch behinderte Mitmenschen haben Einkaufsprobleme. Sie bedürfen beim Einkauf im Bäckerfachgeschäft einer besonderen Fürsorge und diese sollte durch die Beachtung der folgenden Punkte zum Ausdruck gebracht werden.

▲ Die Empfehlungen für Senioren gelten auch hier
▲ Auf die besonderen Probleme von Rollstuhlfahrern eingehen
▲ Im Bedarfsfall Platz schaffen
▲ Das Wechselgeld nicht auf den Zahlteller legen, sondern direkt in die Hand geben
▲ Es ist oft zu hören, daß behinderte Menschen nicht bemitleidet werden möchten. Deshalb sollten sie nicht mehr und nicht weniger freundlich, höflich und geduldig als andere Kunden behandelt werden.

5.2.5 DIE KUNDENNATIONALITÄT BEACHTEN

In Deutschland sind verschiedenste Nationalitäten anzutreffen. Ausländische Mitbürger, ausländische Touristen, ausländische Geschäftsleute und Bewohner aus Nachbarländern, die in Deutschland einkaufen.

Jeder ausländische Mitbürger oder Kunde sollte nach dem Gebot, „Alle Menschen und Kunden sind gleich", behandelt werden. Die Erfüllung dieses Gebotes wird durch Höflichkeit, Freundlichkeit und Geduld dokumentiert. Sprachprobleme können mit einem freundlichen Gesicht und dem Zeigen der Produkte sowie mit dem Anbieten von Proben relativ leicht überwunden werden. Verzerrte Aussagen, wie „das nicht teuer, schmeckt gut, wollen zwei Stück" und ähnliche Satzgebilde sollten jedoch vermieden werden. Es stellt sich allerdings die Frage, ob zum Beispiel in Touristenorten, in Grenzgegenden oder in Stadtteilen, in denen auch ausländische Mitbürger wohnen, eine Verkäuferin die vorherrschende Fremdsprache sprechen sollte. Diese Maßnahme ist nicht nur ein Akt der Höflichkeit, sondern auch eine Verkaufsförderungsmaßnahme erster Klasse.

5.2.6 Die Körpersprache nicht vergessen

Nicht nur das Verkaufsgespräch und die angebotenen Backwaren beeinflussen die Einkaufsatmosphäre und das Einkaufsverhalten, sondern auch die Körpersprache der Verkäuferinnen. Deshalb ist die Körpersprache sehr wichtig.

WAS IST KÖRPERSPRACHE

Die Körpersprache kann als eine „Geheimsprache" des Körpers bezeichnet werden, die mehr Auskunft über die Gefühle und Befindlichkeit eines Gesprächspartners geben kann, als seine ausgesprochenen Worte. Die Körpersprache kann deshalb auch als Spiegel der Seele und der innersten Gefühle eines Menschen bezeichnet werden. Körpersprachliche Signale werden vom Kunden an die Verkäuferin, aber auch von der Verkäuferin an den Kunden gesendet.

In den weiteren Ausführungen wird die Körpersprache überwiegend unter dem Gesichtspunkt der Körpersprache der Verkäuferin gesehen. Es kommt darauf an, daß die Verkäuferin ihre negative oder positive Körpersprache kennt und beherrscht. Und nicht darauf, daß sie die Kunden körpersprachlich, womöglich falsch, analysiert.

Das berühmte „rot werden" ist ein bekanntes Beispiel für die Körpersprache. Wenn ein Mensch rot wird, schießt ihm vor Aufregung das Blut in den Kopf. Die Aufregung kann durch Freude oder Ärger veranlaßt werden.

DAS WISSEN ÜBER DIE KÖRPERSPRACHE

Schon als Säuglinge und Kleinkinder lernen die Menschen körpersprachliche Signale zu erkennen und zu deuten. Welches Kleinkind weiß zum Beispiel nicht, daß Erwachsene mit einem lachenden Gesicht gut gelaunt und Erwachsene mit einem ernsten Gesicht schlecht gelaunt sind oder zumindest sein können. Mit zunehmender Lebenserfahrung entwickelt sich bei jedem Menschen Erfahrungswissen über körpersprachliche Signale. Dieses Wissen kann durch bewußte Beschäftigung mit der Körpersprache erheblich verbessert werden.

Ein Kunde im Bäckerfachgeschäft kann getrost auf jedes noch so einfache Wissen über Körpersprache verzichten. Eine Profiverkäuferin jedoch nicht, denn sie sollte besonders ihre eigenen körpersprachlichen Signale deuten und beherrschen können.

WAS EINE VERKÄUFERIN ÜBER KÖRPERSPRACHE WISSEN SOLLTE

Eine Verkäuferin sollte wissen, daß ihre körpersprachlichen Signale einen erheblichen Einfluß auf das Stimmungsbild der Kunden und den Umsatz nehmen können. Eine körpersprachlich schlecht gelaunte Verkäuferin ist durchaus dazu befähigt, einen gutgelaunten Kunden in einen schlechtgelaunten Kunden zu verwandeln. Aber auch der umgekehrte Fall ist möglich, denn auch gute Laune ist ansteckend. Deshalb kann auch gesagt werden:

Die freundliche Körpersprache einer Verkäuferin ist ebenso wichtig wie ihre freundlichen Worte und Gesten.

DIE WICHTIGSTEN KÖRPERSPRACHLICHEN SIGNALE

„Sein Gesicht spricht Bände". Diese Aussage verdeutlicht anschaulich, daß über das Gesicht zahlreiche körpersprachliche Signale abgegeben werden. Aber nicht nur das Gesicht, sondern auch die Stimme, die Körperhaltung, die Sitzhaltung, die Arme und die Beine geben körpersprachliche Auskunft über die Befindlichkeit des einzelnen Menschen.

DAS GESICHT

Das Gesicht eines Menschen steht immer im Mittelpunkt der Betrachtung. Deshalb werden die ersten körpersprachlichen Signale meist auch über das Gesicht wahrgenommen. Das Gesicht besteht aus mehreren Bereichen und diese können vereinfacht in den Stirnbereich, den Augenbereich, den Mundbereich unterteilt werden.

DIE STIRN

Auch die Stirn spricht ihre eigene Sprache. Eine gerunzelte Stirn oder Stirnfalten deuten an, daß die Aufmerksamkeit und die Konzentration stark in Anspruch genommen wird. Der Anlaß dazu kann Angst, Erschrecken, Unverständnis, Zweifel, Verwirrung, Verwunderung oder Überraschung sein.

DIE AUGEN

Vorab, die Augen werden als das Fenster zur Seele des Menschen bezeichnet. Sie sind aber auch ein Fenster zur Außenwelt, denn erst über die Augen nimmt der Mensch seine Umwelt sichtbar wahr. Aber Augen sprechen auch.

Schon als Kinder lernen wir, daß wir die Person, mit der wir sprechen, auch ansehen sollen. Deshalb ist der Augenkontakt mit dem Gesprächspartner nicht nur ein Zeichen für Interesse, sondern auch ein Zeichen für Höflichkeit. Dazu sollte jedoch bekannt sein, Augenkontakt haben bedeutet nicht den Partner anstarren, sondern nur in die Richtung des Partners sehen.

Es kommt vor, daß ein Mensch mitten im Gespräch und scheinbar ohne Anlaß plötzlich an die Decke oder auf die Seite blickt. Diese körpersprachliche Geste wird häufig mißverstanden. Eine Ursache kann Langeweile bedeuten, wenn zum Beispiel ein Gespräch gequält verläuft, ein ermüdender Vortrag angehört wird oder das Thema nicht von großem Interesse ist.

Denken Sie bitte darüber nach, mit welchen Worten Sie einem Kunden die Besonderheit eines Mehrkornbrotes erklären können. Konzentrieren Sie sich dabei ganz genau und erläutern Sie nach Ihrer Antwort wie Sie unter den folgenden verschiedenen Bedingungen nachdenken konnten:

1. Sie schauen in das eingeschaltete Fernsehgerät
2. Sie schauen an die Decke
3. Sie schließen die Augen

Die größte Mühe werden sie mit der Bedingung (1) gehabt haben. Das Fernsehgerät hat durch die Abgabe von Bild und Ton ihre Konzentrationsfähigkeit am stärksten beeinflußt und Ihre Suche nach der Antwort am meisten gestört.

Weniger Mühe hatten Sie mit der Bedingung (2), weil ihre Augen nicht abgelenkt wurden, sondern auf einem ruhigen Pol, der Decke, verweilen konnten. Wenn Sie dabei zusätzlich die Stirne gekraust haben, waren Sie richtig in ihren Gedanken und der Suche nach der Antwort vertieft.

Und am wenigsten Mühe hatten Sie mit der Bedingung (3), weil ihre geschlossenen Augen keine störenden Bilder oder Reize aufnehmen konnten und Sie sich voll und ganz auf die geistige Suche nach Ihrer Antwort begeben konnten.

Der Blick in den Fernseher gleicht Ihrem Blick auf den Kunden und in das Bäckerfachgeschäft. An die Decke darf nur der nachdenkliche Kunde sehen, und wenn Sie bei Ihrer Antwort die Augen schließen würden, um nach der richtigen Antwort zu suchen, wäre selbst bei einer richtigen Antwort das Mißverständnis zwischen dem Kunden und Ihnen perfekt.

DER MUND

Der Mund ist neben den Augen der zentrale Punkt im Gesicht eines Menschen, wobei die Mundwinkel die deutlichsten körpersprachlichen Worte sprechen.

Je nach ihrer Stellung geben die Mundwinkel ein sehr unterschiedliches Gesicht wider. Sind sie leicht nach oben gezogen, erscheint ein freundliches, zufriedenes Gesicht, und leicht nach unten gezogen erscheint ein unfreundliches, unzufriedenes Gesicht. Stehen die Mundwinkel in waagerechter Stellung, wirkt das Gesicht beinahe neutral oder ausdruckslos. So gesehen, ist die Stellung der Mundwinkel der Schlüssel für ein freundliches Gesicht. Verstärkend wirkt dazu, daß auch die Gesichtsmuskulatur und somit die Gesichtsmimik von der Stellung der Mundwinkel mitgestaltet wird.

Ein zusammengepreßter Mund deutet auf etwas zurückhalten, etwas nicht sagen wollen, etwas in sich „hineinfressen" hin. Ein offener Mund kann durch freudiges Erstaunen oder Erschrecken entstehen. Die Redewendung, „ihm blieb vor lauter Erstaunen der Mund offen stehen", ist genau genommen ein Ergebnis körpersprachlicher Beobachtungen. Selbst beim Verzehr von süßen oder sehr sauren Produkten verändert sich die Mundform. Süße Produkte lassen den Mund beinahe spitz und halboffen erscheinen und sehr saure Produkte ziehen ihn zusammen.

DIE STIMME

Auch die Stimme ist in der Lage, körpersprachliche Mitteilungen zu machen. Eine sehr laute Stimme deutet pauschal gesagt auf einen aufgeregten, aggressiven Menschen hin. Eine sehr leise Stimme auf einen zurückhaltenden, schüchternen, verängstigten Menschen. Das bekannte Kriegsgeschrei hatte die Aufgaben, den Gegner einzuschüchtern und sich selber Mut zu machen. Falsch wäre es jedoch anzunehmen, ein Mensch mit einer kräftigen Stimme sei generell aggressiv und ein Mensch mit einer leisen Stimme generell zurückhaltend, schüchtern oder hilflos.

DIE HÄNDE

Selbst die Hände (und Arme) sprechen ihre eigene Sprache. Fahrige Gesten mit Händen und Armen können auf Unruhe und Unsicherheit hinweisen. Einen besonders schlechten Eindruck machen Verkäuferinnen, die sich hinter dem Bedienungstresen auf ihre Hände stützen. Wenn diese Geste von Kunden im Geschäft oder Passanten vor dem Schaufenster gesehen wird, wirkt das nicht besonders freundlich und einladend. Hände, die im Verkaufslokal dazu benutzt werden, um sich die Haare zu richten, weisen auf ein gestörtes Verhältnis zu den Hygienevorschriften hin. Selbst der Pflegezustand der Hände gibt körpersprachliche Auskünfte über die Befindlichkeit der Verkäuferin und ihre Einstellung zu ihrem Beruf. Hände können positive Verstärker der gesprochenen Worte sein und motivieren, wenn sie bewußt zum Zeigen auf oder für die angebotenen Waren eingesetzt werden.

Ich habe für Sie noch Apfelkuchen oder Käsekuchen vorrätig. Schauen Sie bitte, **hier ist** der Apfelkuchen (darauf zeigen) und hier ist der Käsekuchen (darauf zeigen).

SONSTIGES

Nicht nur die genannten, sondern auch andere Körperteile und Körperbereiche und Körperhaltungen weisen auf die herrschende Stimmung oder Gemütsverfassung eines Menschen hin. Die geballten Fäuste auf innere Spannung und Kampfbereitschaft, vor der Brust verschränkte Arme weisen auf die Suche nach Schutz hin, herunterhängende oder leicht angewinkelte Arme auf Selbstsicherheit.

Die körpersprachlichen Signale dürfen nur im Zusammenhang bewertet und nicht isoliert gesehen werden. Das heißt im Einzelfall: Ein schmaler oder zusammengekniffener Mund ist noch kein Hinweis auf innere Unzufriedenheit oder Unruhe. Eine laute Stimme oder eine geballte Faust ist noch kein Indiz für Aggression oder Ärger. Entscheidend ist der Gesamteindruck des Gesichtes oder des Körpers, die herrschende Situation und auch die in diesem Zusammenhang gesprochenen Worte.

DIE KÖRPERSPRACHE VERSTEHEN UND ANWENDEN

Diese wirklich allerknappsten Ausführungen über die Körpersprache sind nur als grober Überblick gedacht. Sie sollen für die Abläufe und Inhalte der Körpersprache sensibel machen und die Bedeutung der Körpersprache für den Beruf, das Verkaufsgespräch und das Privatleben unterstreichen.

In erster Linie kommt es darauf an, daß die Verkäuferin mit ihren körpersprachlichen Signalen freundliche Eindrücke vermittelt und negative Eindrücke vermeidet. Die Deutung der körpersprachlichen Signale der Kunden sollte höchst vorsichtig vorgenommen werden. Die Möglichkeit, daß der Verkäuferin Fehler in der Deutung der Kundenkörpersprache unterlaufen, kann groß sein und stiftet dann mehr Schaden als Nutzen. Dennoch sollten die Erfahrungen mit den Kunden genutzt werden, um das eigene körpersprachliche Wissen zu vertiefen und um die eigenen körpersprachlichen Fähigkeiten zu verbessern.

AUF DIESE PUNKTE SOLLTE EINE VERKÄUFERIN ACHTEN

Bedingt durch die Verkaufstheke hat der Kunde eines Bäckerfachgeschäftes beim Einkauf nur ein begrenztes Blickfeld auf die Verkäuferin. Auch die Verkäuferin besitzt nur dieses begrenzte Blickfeld zum Kunden. Dennoch besteht die Möglichkeit den ganzen Körper der Verkäuferin zu sehen und zwar dann, wenn diese durch das Geschäft läuft oder wenn der Kunde vor dem Schaufenster steht.

Für die Verkäuferin im Bäckerfachgeschäft sind deshalb, will sie ein körpersprachlich freundliches Bild abgeben, die folgenden Punkte wichtig:

1. Blickkontakt herstellen und halten
2. Auf die lächelnden Mundwinkel achten
3. Die Stimme kontrollieren
4. Ein freundliches Gesicht machen
5. Die Körperhaltung kontrollieren
6. Die angebotenen Produkte zeigen oder darauf zeigen

Aber auch das gehört im weiten Sinne zur Körpersprache:

6. Die saubere textile Erscheinung
7. Die gepflegten Hände
8. Die korrekte Haarfrisur
9. Der Verzicht auf überflüssigen oder störenden Schmuck
10. Der Verzicht auf betörende Duftwässer

5.2.7 IMMER FREUNDLICH SEIN

„Immer nur freundlich sein", dieser Stoßseufzer kann, wenn man genau hinhört, mehrmals am Tag vernommen werden. In den Gesprächen zwischen den Verkäuferinnen, aber auch in den Verkaufsgesprächen. Selbst wenn er nicht direkt ausgesprochen wird, ist er doch wenigstens über körpersprachliche Signale deutlich zu vernehmen.

WAS HEISST DENN „FREUNDLICH SEIN"?

Freundlich sein ist die Fähigkeit, freundliche Worte zu sagen, ein freundliches Gesicht zu machen und freundliche Gesten oder Handlungen vorzunehmen.

Freundliche Worte im Verkaufsgespräch sind beispielsweise bitte, danke, gern geschehen, das mache ich doch gerne für Sie. Weiterhin Guten Tag, Guten Abend, wie geht es Ihnen, Auf Wiedersehen, vielen Dank für Ihren Einkauf, ich wünsche Ihnen einen schönen Abend. Ein freundliches Gesicht ist immer ein lächelndes Gesicht und freundliche Gesten oder Handlungen können das Aufhalten einer Tür oder zur Begrüßung die Hand reichen, sein.

„Seien Sie doch etwas freundlicher…" Jetzt kann diese Aufforderung konkret formuliert werden, weil der Nebel um den Begriff Freundlichkeit beseitigt worden ist. Verwenden Sie bitte freundliche Worte, wie bitte und danke. Machen Sie bitte ein freundliches Gesicht und lächeln Sie. Sind Sie bitte so freundlich, halten Sie der Kundin mit den Tüten die Tür auf.

Freundliche Worte und freundliche Gesten können gesammelt und dann immer wieder verwendet werden. Nur mit dem Lächeln kann es Probleme geben. Wie kann denn ein Mensch ständig lächeln, wenn ihm nicht danach zumute ist?

WER NICHT LÄCHELN KANN, SOLLTE KEIN GESCHÄFT AUFMACHEN

Wer kennt sie nicht, diese fernöstliche Weisheit, „Wer nicht lächeln (freundlich sein) kann, sollte kein Geschäft aufmachen" und dem Verkauf fernbleiben.

Mit dieser Aussage ist nicht nur gemeint, daß ein griesgrämig und unfreundlich wirkender Geschäftsbesitzer seine Kunden vergrault, sondern auch, daß ein Verkäufer, der nicht lächeln kann, kaum imstande sein wird, seine Kunden zum Einkauf zu motivieren.

WER SONST NOCH LÄCHELN KÖNNEN MUSS

Es gibt Berufe, bei denen ist gekonntes Lächeln eine Pflichtübung. Hierzu zählen der Filmschauspieler, das Mannequin, das Revuegirl, der Politiker, sowie die Verkäuferin und der Verkäufer. In den Vereinigten Staaten lernt bereits jeder junge Mensch wie man richtig lächelt. Damit er auch dann lächeln kann, wenn ihm nicht nach lächeln zumute ist.

Nicht lächeln oder nicht lächeln zu können ist dort verpönt, weil es mit Unzufriedenheit, Pessimismus und Erfolglosigkeit gleichgesetzt wird. Sogar Verkäufer werden nach ihrer Fähigkeit, lächeln zu können, beurteilt und eingestellt. Man mag über diese Einstellung denken wie man will, nur ein Mensch der nicht lächeln kann, wird kein gutes Haar an ihr finden.

CHEESE – ODER WIE MAN LÄCHELN LERNT

Nur ein Narr kann behaupten, daß ein Mensch jederzeit aus voller Überzeugung lächeln kann. Ein Mensch sollte jedoch dann lächeln können, wenn sein Lächeln wichtig ist.

Der erste Schritt um lächeln zu erlernen, ist der feste Vorsatz, ich will jederzeit lächeln können. Sollte dieser Vorsatz nur halbherzig und ohne Überzeugung gefaßt werden, ist der nächste und zweite Schritt schon überflüssig.

Der zweite Schritt besteht aus einer Übung, die jederzeit, sogar unter der Dusche, vorgenommen werden kann. Nach einiger Übung sogar vor den Kunden. Zu Beginn der Übungen empfiehlt sich jedoch, vor einem Spiegel zu üben, sein Gesicht dabei genau zu beobachten und auf seine Gefühle zu achten.

Stellen Sie sich vor einen Spiegel, holen Sie tief Luft und sagen Sie laut und deutlich Cheese (engl. Käse) und dehnen Sie das ee dabei solange Sie können. Geht Ihnen die Luft dabei aus, holen Sie erneut tief Luft und sagen erneut Cheeeese. Es ist vollkommen normal, daß man sich bei der ersten Übung „so richtig blöd" vorkommt, aber dieses Gefühl müssen Sie überwinden. Lassen Sie sich auch nicht davon abschrecken, wenn Ihr Lächeln total mißglückt und mit einer Grimasse endet, das gehört dazu. Sollten Sie dabei plötzlich loslachen ist das schon ein Gewinn, denn wer lacht, fühlt sich wohl und macht dabei automatisch ein freundliches Gesicht.

Wenn Sie Cheese beherrschen ohne loslachen zu müssen, achten Sie bitte auf Ihre Gesichtsmuskeln. Wenn Sie beginnen Cheese zu sagen, heben sich ihre Mundwinkel automatisch nach oben an und ihre gesamte Mimik verändert sich in ein freundliches Gesicht. Und noch etwas Erstaunliches können Sie feststellen, ihre seelische Befindlichkeit, ihre Laune verbessert sich ebenfalls automatisch. Dies läßt sich damit erklären, daß der Gefühlszustand auf die Körpersprache wirkt und die Körpersprache auf den Gefühlszustand – auch bei Ihnen.

Sie können die Cheese-Übung wann immer Sie wollen machen. Sogar im Pausenraum des Bäckerfachgeschäftes und wenn alle Stricke reißen sogar auf dem stillen Örtchen. Wenn Sie diese Übung mehrfach täglich machen, können sich Ihre Lachmuskeln so ausgeprägt entwickeln wie die Muskeln eines Kraftsportlers und Sie werden nur noch lächelnd vor die Kunden treten.

Sie können sogar Ihre Stimme in die Cheese-Übung einbeziehen, Cheese leise oder laut sagen, melodiös oder gleichbleibend, mit hoher oder tiefer Stimme. Abgesehen davon, daß Sie damit gleichzeitig eine sinnvolle Atemübung machen, können Sie über die Lautstärke Ihrer Stimme „Dampf oder Druck ablassen" oder sich „Mut machen". Denken Sie dabei an den Tarzanschrei, an das Kriegsgebrüll und an den Menschen, der vor lauter Ärger schreit.

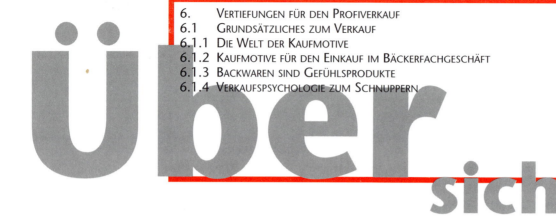

6. VERTIEFUNGEN FÜR DEN PROFIVERKAUF

6.1 GRUNDSÄTZLICHES ZUM VERKAUF

Na, wie fühlen Sie sich jetzt? Vielleicht ein wenig verwirrt, weil Sie nicht gedacht hätten, wie viele theoretische Grundlagen für ein Verkaufsgespräch vonnöten sind. Dieser Zustand wird sich jedoch mit der Zeit ändern. Schließlich ist noch kein Bäckermeister und keine Profiverkäuferin vom Himmel gefallen.

Wir haben jetzt die Grundlagen für den Profiverkauf verlassen und beginnen mit den Vertiefungen für den Profiverkauf. Vertiefungen sind Wissensbereiche, die der Verkäuferin die Möglichkeit bieten sollen, ihr Verkaufswissen über die Grundlagen des Verkaufswissens hinaus zu erweitern.

Die folgenden Punkte bieten verschiedene Hintergrundbetrachtungen an, die in den weiteren Ausführungen angesprochen oder erwähnt werden. Verkaufsdialoge werden hier nur in besonders erklärungsbedürftigen Fällen verwendet. Anstelle dessen sind einige kleine Verständnisfragen eingebaut. Viel Spaß mit dem Kapitel Wissenswertes.

6.1.1 Die Welt der Kaufmotive

Die Kaufmotive geben darüber Aufschluß, warum gekauft wird. Weil die Kaufmotive sehr vielfältig sein können, beschäftigt sich sogar die Wissenschaft, und zwar die Motivforschung, mit diesem Thema. Das Ziel der folgenden Ausführungen heißt deshalb nicht Motivforschung betreiben, sondern die Grundlagen der Kaufmotive vorstellen.

Einer Kaufentscheidung liegen mehrere Kaufmotive verschiedener Art zugrunde. Grundsätzlich entsteht ein Motiv durch einen Bedarf. Für den Einkauf im Bäckerfachgeschäft heißt das grundlegende Kaufmotiv, den Körper mit Nahrung versorgen und für den Einkauf im Textilgeschäft, den Körper vor Kälte schützen.

Weil jedoch preislich und qualitativ unterschiedliche Backwaren und Kleidungsstücke zur Verfügung stehen und gekauft werden, findet eine grundlegende Unterscheidung der Kaufmotive nach dem Grundbedarf, dem Alltagsbedarf und dem Luxusbedarf statt.

DER GRUNDBEDARF

Der Grundbedarf oder der Existenzbedarf bezieht sich auf die Erhaltung der Grundbedürfnisse oder auf die Erreichung des Minimums an Notwendigkeiten. Der Grundbedarf für Nahrung heißt Wasser und Brot oder Grundnahrungsmittel. Die Kaufmotive für die Deckung des Grundbedarfs sind extrem verstandesorientiert, weil nicht oder nur in geringem Umfang nach dem guten Geschmack der Nahrungsmittel oder nach modischen Tendenzen von Textilien verlangt wird.

▲ Ein Mensch hat Hunger und Durst. Er kauft deshalb ein einfaches Stück Brot und trinkt Wasser dazu.

▲ Ein Mensch friert. Er kauft deshalb eine wärmende Jacke ohne modische Akzente.

DER LUXUSBEDARF

Der Luxusbedarf ist nicht nur die Deckung des Grundbedarfs, sondern viel mehr als das. Die Kaufmotive für die Deckung des Luxusbedarfs sind überwiegend gefühlsorientiert. Insbesondere dann, wenn man an den Verzehr von Kaviar und Champagner, an das Tragen von wertvollsten Schmuckstücken denkt.

▲ Ein Mensch hat Hunger, Durst, Appetit und den Wunsch nach Luxus. In einem teuren Restaurant, bestellt ein teures Menü und einen teuren Wein.

▲ Ein Mensch friert und möchte supermodisch gekleidet sein. Er kauft deshalb eine teure, besonders modische Designerjacke.

▲ Ein Mensch möchte superkomfortabel motorisiert sein. Er kauft deshalb ein teures, sehr komfortables Auto.

Die Kaufmotive der Menschen werden nicht nur von ihrem Verstand oder ihren Grundbedarf beeinflußt, sondern auch von ihrem Gefühl oder ihrem Alltags- oder Luxusbedarf. Die gesamte Wirtschaft hat sich mit ihren Produkten auf die unterschiedlichen Kaufmotive eingestellt, auch das Bäckerhandwerk.

6.1.2 KAUFMOTIVE FÜR DEN EINKAUF IM BÄCKERFACHGESCHÄFT

Die Kaufmotive für den Einkauf im Bäckerfachgeschäft können, wie überall sonst auch, in verstandesorientierte oder gefühlsorientierte Kaufmotive unterteilt werden. Die folgende Übersicht soll eine Orientierungshilfe sein.

Verstandesorientierte Kaufmotive

▲ Hunger
▲ Frische
▲ Qualität
▲ Auswahl
▲ Bequemlichkeit
▲ Gesundheit
▲ Vorratshaltung
▲ Preisgestaltung
▲ Sonderangebote
▲ Bedienung
▲ Beratung
▲ Serviceleistungen
▲ Kaufanregungen
▲ Kurzer Weg
▲ Notkauf
▲ Bequemlichkeitskauf

Gefühlsorientierte Kaufmotive

▲ Appetit und Geschmackserlebnis
▲ Vertrauen
▲ Die freundliche Verkäuferin
▲ Gespräch und Unterhaltung
▲ Neugierde
▲ Rücksichtnahme
▲ Geltungsbedürfnis, Eitelkeit
▲ König Kunde sein
▲ Einkaufsatmosphäre

ANMERKUNGEN ZU DEN VERSTANDESORIENTIERTEN KAUFMOTIVEN

Der *Hunger* ist das grundlegende verstandesorientierte Motiv für den Kauf von Backwaren. Die *Frische, Qualität und Auswahl* sind weitere grundlegende Motive für den Einkauf im Bäckerfachgeschäft und sind eine unabdingbare Voraussetzung.

Die *Vorratshaltung* ist besonders an Wochenenden oder vor Feiertagen gefragt. Sie wird durch die Frische der Bäckerprodukte gewährleistet. Auch die Haltbarkeit der Produkte, die Möglichkeit des Einfrierens und des Aufbackens bestimmter Produkte ist ein Kaufmotiv. Des weiteren die Möglichkeit, Brotaufschnitt in den passenden Haushaltsmengen zu kaufen.

Serviceleistungen, wie Aufschneiden von Brot, Zurücklegen von Waren, Telefonservice, Zustellservice, Parkplätze, umfassendes Angebot bis kurz vor Ladenschluß, wechselnde Angebote und ein sinnvolles Zusatzsortiment wie Kaffee und so weiter, Außer-Haus-Verpflegung und andere Leistungen können verstandesorientiert bis gefühlsorientiert zum Einkauf motivieren.

Ein *kurzer Weg* zum Bäckerfachgeschäft kann trotz vorhandener Probleme mit den angebotenen Produkten, Preisen, Serviceleistungen oder Verkäuferinnen zum verstandesorientierten Einkauf führen. In dieser Situation werden keine Überzeugungskäufe, sondern eher Notkäufe und Bequemlichkeitskäufe getätigt. Wenn es einem aufgeweckten Konkurrenten gelingt, diese Probleme zu erkennen, sind unerwartete Folgen möglich. Der verstandesorientierte Notkauf oder Bequemlichkeitskauf findet selbst dann statt, wenn mit den Produkten, Preisen, Serviceleistungen oder Verkäuferinnen keine absolute Zufriedenheit besteht.

Erinnern Sie sich bitte an Verkaufssituationen, von denen Sie jetzt sagen können, das waren verstandesorientierte Einkäufe Ihrer Kunden.

ANMERKUNGEN ZU DEN GEFÜHLSORIENTIERTEN KAUFMOTIVEN

Der *Appetit* und das *Geschmackserlebnis* sind die grundlegenden gefühlsorientierten Motive für den Kauf von Backwaren. Das Vertrauen bezieht sich auf die gleichbleibende Frische und Qualität und den fairen Preis der angebotenen Produkte. Die *freundliche Verkäuferin* ist ein Sympathieträger und löst angenehme Kundengefühle aus. Ist sie kein Sympathieträger, verschafft sie dem Kunden Gefühlsprobleme und dem Geschäft Umsatzprobleme.

König Kunde sein und als zahlender Kunde Anerkennung, Respekt und Ansehen genießen, ist eine unbezahlbare Streicheleinheit für den Kunden. Die *Einkaufsatmosphäre* ergibt sich unter anderem auch aus der Summe der genannten gefühlsorientierten Kaufmotive.

Erinnern Sie sich bitte an Verkaufssituationen, von denen Sie jetzt sagen können, das waren gefühlsorientierte Einkäufe Ihrer Kunden.

6.1.3 BACKWAREN SIND GEFÜHLSPRODUKTE

Das sieht aber gut aus, das riecht gut und das schmeckt gut sind typische Merkmale für die Beurteilung von Lebensmitteln. Diese Beurteilung findet nicht rational, das heißt mit dem Verstand, sondern emotional, das heißt mit dem Gefühl, statt.

Damit wird ausgesagt, daß Lebensmittel einen hohen Stellenwert für das menschliche Gefühlsleben besitzen. Oftmals wird nicht nur wegen des Hungers gegessen oder wegen des Durstes getrunken, sondern nur wegen des guten Geschmacks. Der gute Geschmack ist in diesen Momenten ein Gefühlserlebnis und kann sogar jederzeit wiederholt werden.

GEFÜHLSPRODUKTE UND VERSTANDESPRODUKTE

Demnach können Backwaren als Gefühlsprodukte bezeichnet werden, denn die Nahrungsaufnahme ergibt sich bei ihrem Verzehr von selbst. Weitere Beispiele für Gefühlsprodukte oder Gefühlserlebnisse sind Blumen, Schmuckstücke, Duftwässer sowie das Hören von Musik.

GEFÜHLSANSPRACHE

Die Gefühlsansprache der verschiedenen Produkte ist ein wesentlicher Bestandteil der allgemeinen Produktpolitik und der Werbung. Zum Beispiel werden heute Kaffeemaschinen weniger nach ihrer Funktion, sondern mehr nach ihrem Design, nach ihrer Farbe und nach ihrer Form produziert und gekauft. Also nach ihren Gefühlswerten.

Auch das Bäckerhandwerk ist da nicht ausgenommen. Backwaren müssen nicht nur schmecken, sondern auch schön oder appetitlich aussehen. Bei Torten kommt die Gefühlsansprache besonders zur Geltung, wenn einmal die Kunstwerke der Konditoreikunst betrachtet werden.

Selbst im Bäckerfachgeschäft wird das Gefühl gezielt angesprochen. Durch die Backwaren selbst, durch den Duft nach frischen Brötchen, durch die Warenpräsentation, durch die Dekoration, durch die Ladeneinrichtung und letztendlich durch die freundlichen Verkäuferinnen.

Denken Sie bitte einmal über die folgenden Worte nach: Das Gefühl verführt zum Kauf, aber der Verstand lehnt ab.

6.1.4 Verkaufspsychologie zum Schnuppern

Verkaufspsychologie ist nicht nur für Außendienstverkäufer wichtig, sondern auch für jede(n) Verkäufer(in) im Einzelhandel, somit auch für die Verkäuferin im Bäckerfachgeschäft. Die Literatur über Psychologie und Verkaufspsychologie füllt ganze Bücherschränke, so daß die folgenden Ausführungen nur als kleiner Schlenker in die Verkaufspsychologie betrachtet werden können.

WAS IST VERKAUFSPSYCHOLOGIE?

Die Psychologie ist die Seelenkunde des Menschen. Verkaufspsychologie anwenden heißt, auf die Psyche, die Seele, die Gefühle, die Bedürfnisse und die Kaufmotive der Kunden eingehen. Wird auf die Psyche der Kunden nicht eingegangen, können Störungen und Probleme auftreten. Diese können sich auf die Beziehung zwischen Kunden und Verkäuferinnnen auswirken, aber auch auf die Verkaufsergebnisse. Und das soll weitestgehend verhindert werden.

ZIELE DER VERKAUFSPSYCHOLOGIE

Die Verkaufspsychologie im Bäckerfachgeschäft hat das Ziel, den Kunden so zu behandeln, daß er sich wohl und nicht unwohl fühlt. Er soll den Eindruck haben, zu meinem Bäcker, meiner Verkäuferin gehe ich gern. Hier kaufe ich am liebsten ein.

Daraus ergibt sich ganz allgemein formuliert, die richtige Verkaufspsychologie fördert die Kauflust. Wird die Kauflust nicht angesprochen, ist diese Vorgehensweise aus verkaufspsychologischer Sicht als bedenklich einzustufen.

INSTRUMENTE DER VERKAUFSPSYCHOLOGIE

Als erstes Instrument der Verkaufspsychologie ist die Verkäuferin mit ihrer Freundlichkeit, mit ihrer Körpersprache, mit ihrem äußeren Erscheinungsbild und ihrem Verkaufsgespräch zu benennen. Weiterhin auch das Image, die Preise, die Qualität, die Warenpräsentation, das Schaufenster, die Mundpropaganda, der Parkplatz und andere verkaufspsychologische Besonderheiten.

Die Verkäuferin ist im Bäckerfachgeschäft der wichtigste psychologische Bezugspunkt für die Kunden. Deshalb soll sie und ihr Verkaufsgespräch im Mittelpunkt der weiteren Betrachtungen stehen.

DIE KUNDENBEGRÜSSUNG
AUS VERKAUFSPSYCHOLOGISCHER SICHT

Wenn ein Kunde ohne Umschweife mit den Worten „Was kann ich für Sie tun" oder „Kann ich Ihnen behilflich sein", angesprochen wird, ist das ein unhöflicher Vorgang und die Kauflust steigert er auch nicht. Kaum eine Verkäuferin würde ihren Ehemann, Freund oder Lebensgefährten am Abend mit den Worten begrüßen, „Hast Du das Abendessen fertig?". Würde dies dennoch der Fall sein, würde diese Begrüßung als scherzhafte Frage eingestuft, als Provokation oder als Fortsetzung eines nicht beendeten Streits.

Würde ein Außendienstverkäufer ähnlich vorgehen und die Sekretärin seines sensiblen gewerblichen Kunden nur mit den vergleichbaren Worten, „Kann ich mal Ihren Chef sprechen" begrüßen, würde die Antwort kurz und bündig „Nein!" heißen.

Begrüßen Sie Ihre Kunden zukünftig mit einem freundlichen Guten Tag und lächeln Sie Ihre Kunden dabei an. Sie werden sehen, wie sich das Gesicht Ihrer Kunden aufhellt und sie Ihren Gruß, vielleicht auch etwas überrascht, erwidern.

DIE BEDARFSANALYSE AUS VERKAUFSPSYCHOLOGISCHER SICHT

Die verbreitete Frage „Kann ich Ihnen helfen?", ist nicht dazu geeignet, die Kauflust der Kunden zu fördern. Ein Kunde, der ein Bäckerfachgeschäft aufsucht, erwartet im Regelfall keine Hilfe, sondern eine freundliche Verkäuferin, das gewünschte Brot oder die gewünschten Brötchen. Hilfe anbieten ist lediglich dann angebracht, wenn sich ein Mensch in Not befindet oder alleine nicht zurecht kommt.

Fragen Sie Ihre Kunden doch nach der Begrüßung einfach was führt Sie zu uns, was kann ich für Sie tun, worauf haben Sie denn heute Appetit? Das Wort Appetit kann nicht oft genug verwendet werden, denn das Wort Appetit macht auch Appetit und regt obendrein die Phantasie, die Sinne und die Kauflust an.

Die Frage, „Haben Sie sonst noch einen Wunsch?", ist ebenfalls nicht dazu geeignet, die Kauflust der Kunden zu fördern, auch wenn sie sich eingebürgert hat. Jeder Mensch hat unerfüllte Wünsche. Wieviel davon könnten wohl in einem Bäckerfachgeschäft erfüllt werden?

Fragen Sie Ihre Kunden doch einfach, was steht sonst noch auf Ihrem Einkaufszettel, worauf haben Sie sonst noch Appetit oder warten Sie einfach bis der Kunde von sich aus sagt, was er noch möchte.

6.2 BESONDERE SITUATIONEN IM VERKAUF

Haben Ihnen die wissenswerten Punkte gefallen, sind Sie mit ihnen klar gekommen? Richtig, so schwierig und neu waren sie ja auch nicht. Jetzt verlassen wir den theoretischen Teil und widmen uns ganz den praktischen Gedanken und Dingen des Verkaufs. Hier wird Ihnen schon vieles bekannter vorkommen und deshalb wird es von jetzt ab leichter. Oder…?

Sind die folgenden Punkte wirklich besondere Situationen im Verkauf? Sie sind besondere Punkte, weil einige von ihnen nicht in jedem Verkaufsgespräch enthalten sind. Sie sind besondere Punkte, weil sie der Profiverkäuferin bekannt und von ihr beherrscht werden müssen.

6.2.1 BEGRÜßUNG, WARM UP UND VERABSCHIEDUNG

Wen es verwundert, daß die Begrüßung und Verabschiedung von Kunden als besondere Situation im Verkauf bezeichnet wird, der möge doch bitte versuchen sich daran zu erinnern, wann er letztmalig bei seinem Einkauf im Einzelhandel freundlich begrüßt und freundlich verabschiedet wurde. Stammkunden, die dieses Privileg eher genießen, mögen sich bitte an ihre Situation als Lauf- oder Gelegenheitskunde erinnern, und diese als Bewertungsmaßstab nehmen.

WIE WÄRE ES DENN MIT EINER GENERELLEN KUNDENBEGRÜSSUNG?

Generell kann gesagt werden, die Begrüßung und die Verabschiedung der Kunden in weiten Bereichen des Einzelhandels, auch der Bäckerfachgeschäfte, wird so gehandhabt als ob die Kunden noch dankbar dafür sein müssen, daß sie einkaufen dürfen. Da es außer Gleichgültigkeit, Arroganz oder schlechtem Benehmen keine plausiblen Gründe für die Verweigerung einer Begrüßung und Verabschiedung von zahlenden Kunden gibt, wird die höfliche Begrüßung und Verabschiedung von Kunden zu den besonderen Situationen im Verkauf gezählt.

Eine nicht repräsentative Untersuchung, an der der Autor in seiner Eigenschaft als Marketingberater und Verkaufstrainer mitgewirkt hat, brachte auf die Frage, *Können Sie mir bitte sagen, warum Sie mich nicht begrüßt haben,* folgende Ergebnisse:

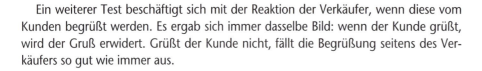

▲ Das machen doch alle so, da bin ich doch keine Ausnahme!
▲ Das machen wir nur bei Stammkunden!
▲ Da würde ich mir ja den Mund fusselig reden müssen!
▲ Diese dämliche Frage brauche ich ja nicht zu beantworten, also was wollen Sie?
▲ Wollen Sie mich provozieren ...!?
▲ Und ganz selten: Entschuldigung, das habe ich vergessen!

Ein weiterer Test beschäftigt sich mit der Reaktion der Verkäufer, wenn diese vom Kunden begrüßt werden. Es ergab sich immer dasselbe Bild: wenn der Kunde grüßt, wird der Gruß erwidert. Grüßt der Kunde nicht, fällt die Begrüßung seitens des Verkäufers so gut wie immer aus.

WAS IST EIN WARM UP?

Warm up ist ein amerikanischer Begriff und bedeutet ziemlich direkt übersetzt, sich gegenseitig anwärmen. Wird es mehr nach dem Sinn und aus Verkäuferinnensicht übersetzt, heißt es, freundlich sein und sympathisch wirken, damit sich der Kunde wohlfühlt. Denken Sie dabei an den amerikanischen Kunden, der selbst als Laufkunde die Frage, wie geht es Ihnen heute oder was haben Sie gestern abend gemacht, als völlig normal empfindet.

Ein Warm up kann aus deutscher Sicht aber auch schon mit der Begrüßung des Kunden beginnen. Dies gilt besonders dann, wenn die Begrüßung bislang ausgefallen ist. Ein vertiefendes Warm up ist nach deutschem Brauch schon die Bemerkung, ist das nicht ein mieses Wetter heute? Die Frage nach der Befindlichkeit der Kundin, deren Mann oder der Kinder berührt nach deutschem Brauch schon die Intimsphäre des Kunden und bleibt deshalb nur ausgewählten Stammkunden vorbehalten.

Tauschen Sie bitte Ihre Gedanken zum Thema Warm up aus. Teilen Sie sich Ihre vielleicht gegenteiligen Auffassungen dazu mit. Überlegen Sie bitte, bei welchen Kunden Sie jetzt schon ein Warm up machen und bei welchen nicht.

DIE VERABSCHIEDUNG

Das Verabschiedungszeremoniell seitens der Verkäufer im Einzelhandel, und so auch im Bäckerfachgeschäft, unterscheidet sich nicht von der schlechten Qualität der Begrüßung. „Auf Wiedersehen" wird seltenst gesagt, „Danke für Ihren Einkauf" sind Fremdworte und die Worte „einen schönen Abend noch" sind so selten zu hören, daß sie entweder zur Irritation oder zu einem angenehmen Schock der Kunden führen.

Auch im Verabschiedungstest ergab sich immer wieder dasselbe traurige Bild. Wenn der Kunde sich verabschiedet, wird die Verabschiedung erwidert. Verabschiedet sich der Kunde nicht, fällt die Verkäuferverabschiedung zu häufig aus. Wünscht der Kunde einen schönen Abend, bekommt er diesen Gruß erwidert. Wünscht er ihn nicht, fällt dieser Wunsch vom Verkäufer aus.

6.2.2 Kann ich Ihnen helfen?

Die Frage, „Kann ich Ihnen helfen, behilflich sein?" ist eine geschlossene Frage und kann deswegen nur mit ja, nein oder vielleicht beantwortet werden. Obwohl diese Frage viel angebrachter ist, wenn jemand gerade vom Fahrrad gestürzt ist, ist sie zur zeitsparenden Kundenbegrüßung und zur eiligen Bedarfsanalyse in der Sammlung der Textbausteine des Verkaufs ein Dauerhit. Dieses Fragekürzel ist weder freundlich, noch verbindend, motivierend oder gar umsatzfördernd.

Werden Sprachwissenschaftler um eine Beurteilung der Frage, „Kann ich Ihnen helfen, behilflich sein" gebeten, erklären diese kurz und bündig, das ist die Standardfrage hilfsbereiter Menschen für den Fall, daß sich ein Mitmensch in akuter Not oder in akuten Schwierigkeiten befindet. Sie hat sich im Verkauf eingebürgert und jeder Kunde versteht, was damit gemeint ist. Verkaufspsychologisch gesehen ist diese Fragestellung untauglich.

6.2.3 NAMENTLICHE KUNDENANSPRACHE

Zu diesem Punkt haben die Bäckereifachverkäuferinnen ein dickes Lob verdient. Es ist wirklich erstaunlich, wie sie sich Namen merken können, die sie einmal für eine Bestellung notiert haben oder im Gespräch zwischen den Kunden aufschnappen und dann immer wieder verwenden. Die Apotheker dagegen sind dem Anschein nach noch nicht einmal imstande, einen Namen vom Rezept abzulesen und den Kunden dann mit dem meist richtigen Namen anzusprechen.

Die namentliche Kundenansprache ist nicht nur ein freundlicher Akt, sondern auch eine Grundlage zur Kundenbindung. Aus diesem Grunde sollten eigentlich noch mehr Kunden mit ihrem Namen angesprochen werden. Damit die namentliche Kundenansprache forciert und bequemer gestaltet werden kann, sollen dazu einige praxiserprobte Tips gegeben werden.

Damit auch die Kunden dazu motiviert werden, die Verkäuferinnen mit ihrem Namen anzusprechen, sollte jede Verkäuferin, auch die Aushilfsverkäuferin, ein lesbares Namensschild tragen. Diese Maßnahme beflügelt manchen Kunden von sich aus, die Verkäuferin mit ihrem Namen anzusprechen und sich bei dieser Gelegenheit namentlich vorzustellen. Ist dieser Vorgang erst einmal eingeleitet, kann der Kunde den Namen der Verkäuferin sogar vergessen, denn bei seinem nächsten Besuch kann er ihn einfach ablesen.

Nun gibt es auch Kunden, die monatelang und länger einkaufen kommen, also zu den Stammkunden zählen, und namentlich noch immer nicht bekannt sind. Die angesprochene Variante, ein Kunde stellt sich selbst vor, ist eine Seltenheit und deshalb müssen die Verkäuferinnen von sich aus aktiv werden.

V: Guten Tag. (zählen)
K: Guten Tag, ich hätte gerne ein Baguette.
V: Bitte sehr hier ist es. Darf ich Ihnen bitte eine Frage stellen?
K: Ja, warum nicht?

V: Ich sehe Sie schon seit langer Zeit bei uns regelmäßig
  einkaufen kommen und würde Sie deshalb gerne mit Ihrem Namen
  ansprechen. Macht Ihnen das etwas aus?
K: Nein, überhaupt nicht. Mein Name ist Verena Müller.
V: Ich freue mich Frau Müller und mein Name ist, wie Sie hier
  lesen können, Sabine Klein.
K: Freut mich Frau Klein.

V: Guten Tag (zählen)
K: Guten Tag, ich hätte gerne ein Baguette.
V: Bitte sehr hier ist es. Darf ich Ihnen bitte eine Frage stellen?
K: Ja, warum nicht?
V: Ich sehe Sie schon seit langer Zeit bei uns regelmäßig
  einkaufen kommen und würde Sie deshalb gerne mit Ihrem Namen
  ansprechen. Macht Ihnen das etwas aus?
K: Nein, überhaupt nicht. Mein Name ist Verena Slupinzki.
V: Ich freue mich Frau Slupinzki und mein Name ist, wie Sie hier
  lesen können, Sabine Klein. Aber eine Bitte möchte ich, wenn ich
  darf, doch noch äußern.
K: Kein Problem Frau Klein.
V: Können Sie mir bitte Ihren Namen hier auf diesem Stück Papier
  aufschreiben, dann kann ich ihn mir besser merken.
K: Klar Frau Klein.

Zwei Tage später:

V: Guten Tag Frau… (Verkäuferin denkt sichtbar nach, denn sie
  zieht ihre Stirnfalten zusammen). Entschuldigung, jetzt habe ich
  Ihren Namen doch glatt vergessen.
K: Slupinzki. Ich weiß, das ist ein schwieriger Name, Frau Klein
  (wobei Frau Slupinzki unauffällig auf das Namensschild von Frau
  Klein gesehen hat).
V: Ich verspreche Ihnen, ich werde mir Ihren Namen ganz bestimmt
  noch merken, Frau Slupinzki.

Damit sich Frau Klein den Namen von Frau Slupinzki nun wirklich merken kann,
auch dazu noch einige erprobte Tips aus der Verkaufspraxis.

Den Namen, Vornamen und Nachnamen, aufschreiben lassen und später in ein
Vokabelheft oder noch besser auf eine kleine Karteikarte aus einem kleinen Karteika-

sten übertragen. Als Gedächtnisstütze sollen Notizen über Frau Slupinzki gemacht werden. Dazu bietet sich die Haarfarbe, die Frisur, die Körpergröße, die Konfektionsgröße oder ein anderes Merkmal, wie Brille etc. an. Weil der Mensch in Bildern denkt und lernt, sind Merkmale oder Besonderheiten immer eine wirksame Gedächtnisstütze. Zur Vorbereitung und Nachbearbeitung zählt dann auch die Aufgabe sein Gedächtnis für Kunden und Kundennamen zu trainieren und zu kontrollieren. Was als Gedächtnisstütze begonnen hat, kann durch weitere Notizen, wie, Kaffeetrinker, zwei Kinder, Geburtstag und so weiter, als Grundlage für die, falls noch nicht vorhandene, Kundenkartei dienen.

6.2.4 AUSVERKAUFT

Es wird sich nicht vermeiden lassen, daß gerade frische Backwaren zu einer bestimmten Tageszeit und (oftmals zu früh) ausverkauft sind. Denn unverkaufte Restbestände sind am nächsten Tag nur noch die Hälfte wert. Zu knappe Bevorratung, falsche Disposition, unvorhersehbare erhöhte Nachfrage oder der späte Einkaufszeitpunkt des Kunden können die Gründe dafür sein. Der Idealzustand, alle Kunden sind wunschgemäß bedient worden und zum Geschäftsschluß ist die frische Ware so gut wie ausverkauft, hat nach wie vor Seltenheitswert.

DIE SITUATION DES KUNDEN

Kein Kunde wird erfreut sein, wenn er im Bäckerfachgeschäft das Wort „ausverkauft" hört. Psychologisch betrachtet kann er sogar echte Probleme und Nöte bekommen, denn er hat sich darauf verlassen, seine gewünschte Ware auch zu bekommen. Was nun, ist die große Frage.

Der eine Kunde kennt sein Alternativprodukt und der andere ist irritiert. Irritiert, weil er umdenken muß, weil er nicht weiß, wie seine Familie auf ein unbekanntes Brot reagiert. Weil er sich umsonst gefreut hat, weil Backwaren Gefühlsprodukte sind und sein Gefühl rebelliert, weil das Wort ausverkauft in unserer Konsumwelt ein Fremdwort ist. Wo sonst noch kommt das Wort ausverkauft so häufig vor wie im Bäckerfachgeschäft?

Ergibt sich dann noch, daß die gewünschte Ware bereits am frühen Nachmittag ausverkauft ist, sollte es nicht verwundern, wenn die Kunden beginnen, darüber nachzudenken, was sie in diesem oder jenem Bäckerfachgeschäft überhaupt noch sollen.

Ist eine Ware ausverkauft, übernimmt die Verkäuferin bis zu einem gewissen Grad sogar die Funktion eines „Seelendoktors". Ihr obliegt es und von ihrer Fähigkeit ist es abhängig, ob der Kunde sein Heil in der Flucht, sprich in einem anderen Bäckerfachgeschäft oder im nächsten Lebensmittelmarkt sucht.

Die Enttäuschung wird noch verstärkt, wenn sich die Verkäuferin, wie im folgenden Beispiel, deutlich unprofessionell verhält.

V: Guten Tag. (zählen) (+)
K: Guten Tag, ich hätte gerne 10 Brötchen.
V: Leider (?) sind die Brötchen schon ausverkauft, denn vor
   5 Minuten habe ich die letzten 10 Stück verkauft. Ich habe
   nur noch die teuren Baguettebrötchen da. Wollen Sie welche? (–)
K: Nein!
V: Schauen Sie doch mal beim Bäcker 10 Häuser weiter, der hat um
   diese Zeit immer noch Brötchen da. Aber unsere Brötchenkunden
   sagen, die schmecken nicht so gut. (–)
K: Das weiß ich selbst!

Besser geht es professionell und zwar so:

V: Guten Tag. (zählen) (+)
K: Guten Tag, ich hätte gerne 10 Brötchen.
V: Die Brötchen sind heute wegen großer Nachfrage schon ausverkauft. (+)

Die Verkäuferin hat ohne den Kunden zusätzlich „zu bedrücken" sachlich mitgeteilt, daß und warum die Brötchen ausverkauft sind. Sie macht ihm auch sofort ein Alternativangebot.

V: Lassen Sie sich nur nicht beeindrucken, denn ich habe
   noch ofenfrische Baguettebrötchen und rustikale Roggenbrötchen
   für Sie da. Sehen Sie, hier sind sie. Machen die Ihnen keinen Appetit? (+)
K: Oh doch.

Die professionelle Verkäuferin kennt die Problematik ihrer Kunden, wenn sie sagen muß, „Ich muß Ihnen mitteilen, daß wegen unerwartet großer Nachfrage die Brötchen heute schon ausverkauft sind" und ist deshalb für den erfolgreichen Alternativverkauf und Vorverkauf bestens vorbereitet.

Lesen Sie auch dazu die Punkte 6.3.1 Alternativverkauf, 6.3.3 Vorverkauf.

6.2.5 FÜHREN WIR NICHT

Mitunter kommt es auch vor, daß nach einer Ware verlangt wird, die nicht im Sortiment ist. Für den Kunden ist diese Situation gefühlsmäßig nicht so belastend wie ausverkaufte Ware. Denn auch er weiß, ein Bäckerfachgeschäft kann nicht alles führen. Außerdem kennt er diese Situationen auch von Einkäufen in Geschäften anderer Branchen. Deshalb wird oftmals auch mit den Worten, „Haben Sie auch…" vorsichtig angefragt, ob das Bäckerfachgeschäft die gewünschte Ware auch führt.

Dennoch sollte eine Profiverkäuferin im Falle nicht geführter Ware eine freundliche und kundensympathische Antwort bereit haben und nicht nur mit einem unfreundlichen „Haben oder führen wir nicht oder Nein" antworten.

K: Haben Sie auch Kaffeesahne?
V: Da muß ich leider nein sagen. Kaffeesahne wird bei uns so gut wie nicht verlangt. Bitte haben Sie Verständnis dafür.

Kommt es jedoch häufiger vor, daß nach einer Backware oder Fremdware verlangt wird, die nicht im Sortiment ist, sollte eine Mitteilung an den Bäckermeister gemacht werden. Es könnte nämlich sein, daß die Konkurrenz diese Backware oder Fremdware führt und der Kunde zukünftig nur deswegen zur Konkurrenz einkaufen geht.

6.2.6 DAS IST ABER TEUER

„Das ist aber teuer!?" Haben Sie diese Worte nicht auch schon manchmal gedacht oder gar unvermittelt ausgesprochen, wenn Sie einen Preis gesehen oder erfahren haben? Nicht anders ergeht es einem Bäckerkunden, der die spontanen Worte, „Das ist aber teuer", ausspricht. Nicht jeder so denkende Kunde spricht diese Worte auch deutlich aus, aber er denkt sie und das ist das Problem. Seien Sie deshalb jedem Kunden dankbar, der sich nicht schämt zu sagen, „Das ist aber teuer".

ACHTUNG! GEFÄHRLICHE MUNDPROPAGANDA DROHT

Kunden die nur schlucken und den aus ihrer Sicht hohen Preis ohne Widerspruch bezahlen, weil sie sich nicht genieren wollen, haben nämlich eine gefährliche Angewohnheit. Sie beschweren sich über die „hohen Preise" nicht im Bäckerfachgeschäft, sondern bei ihren Nachbarn, ihren Kollegen im Büro oder sonstwo. Der Klatsch treibt seine Blüten und die gefährliche Mundpropaganda natürlich auch.

Schon aus diesem Grunde sollte eine Stellungnahme zu „hohen Preisen" gut überlegt und vorbereitet sein. Zu häufig wird der Kunde nicht, wie es angemessen wäre, „beruhigt", sondern es wird obendrein noch Öl in das Feuer gegossen.

Deswegen muß ganz deutlich gesagt werden, derartige Antworten, die Beispiele aus der Praxis sind, sind grundsätzlich verboten.

▲ Da kann ich doch nichts dafür!
▲ Das müssen Sie schon dem Chef sagen!
▲ Woanders ist es auch nicht billiger!
▲ Gucken Sie mal was die … woanders kosten!
▲ Ich mache die Preise doch nicht!

WIE EIN PREIS ENTSTEHT

Wer einen Preis erklären möchte, sollte auch etwas über die Entstehung von Preisen wissen. Preise werden nicht nach Belieben festgesetzt, sondern sie werden kalkuliert, das heißt errechnet. Das Kalkulationsschema im Bäckerfachbetrieb sieht vereinfacht dargestellt wie folgt aus:

(1)   Rohstoffe
(2) plus Produktionskosten
(3) plus Warenverteilungskosten
(4) plus Gewinn
(5) plus Mehrwertsteuer
          Ladenverkaufspreis

(1) Die Rohstoffe, Mehl, Zutaten und andere sind im Einkaufspreis kaum unterschiedlich. Wird jedoch die einzelne Backware, Brötchen, Spezialbrötchen, Brot, Kuchen und so weiter betrachtet, können wegen der Verwendung qualitativ unterschiedlicher Rohstoffe auch unterschiedliche Preise entstehen.

(2) Zu Produktionskosten zählen die Kosten für die Backstube, den Backofen, die Bäckergesellen und andere. Die Produktionskosten pro Backware sind ziemlich unterschiedlich. Ein Unterschied kommt etwa dann zum tragen, wenn aufwendiger Personaleinsatz betrieben werden muß, wie bei der Herstellung von Torten.

(3) Die Warenverteilungskosten beinhalten die Vertriebskosten, die Verkaufspersonalkosten, die Kosten für das Ladenlokal und andere Kosten. Gerade die Kosten für das Ladenlokal können, je nach Standort, sehr unterschiedlich und sehr hoch sein.

(4) Der Gewinn sollte so hoch sein, daß er eine marktgerechte Verzinsung des eingebrachten Eigenkapitals nicht unterschreitet. Er kann aber auch höher sein und einen Zuschlag für den guten Namen des Betriebes enthalten.

(5) Die Mehrwertsteuer in Höhe von 7% für Lebensmittel, und 15 % für andere Produkte ist bundesweit gleich und bedeutungslos, weil sie an den Staat abgeführt wird.

Wie erkennbar wird, können unterschiedliche Preise für gleichartige Produkte entstehen. Ob die kalkulierten oder vorgesehenen Preise auch erzielt werden können, ist von den Produkten selbst, der Kundenstruktur und ihrer Kaufkraft, der Lage des Geschäftes, der Konkurrenz und von den Verkäuferinnen abhängig.

Die Verkäuferin sollte sich dazu merken, Preise sind kein Zufallsergebnis, denn sie werden kalkuliert. Sie richten sich nach dem Standort des Geschäftes, der Kundenstruktur, den Konkurrenzpreisen und der Qualität der Produkte.

Unterschiedliche Preise für gleichartige Produkte (Brötchen) oder gleiche Produkte (Kaffee, Schokolade, andere) gibt es jedoch nicht nur im Bäckerfachgeschäft, sondern auch im Lebensmittelhandel und allen anderen Branchen. Insoweit machen die Bäckerfachgeschäfte da keine Ausnahme.

WARUM PREISE MONIERT WERDEN

Wie kommt ein Kunde oder Mensch dazu, einen Preis zu monieren? Die Antwort gibt eine alte Verkaufsweisheit:

> WENN EIN KUNDE EINEN PREIS MONIERT, HAT ER EINEN ANDEREN PREIS IM KOPF – ODER KEIN GELD UM DEN GEFORDERTEN PREIS ZU BEZAHLEN!

Da beim Einkauf im Bäckerfachgeschäft geringe Beträge gezahlt werden, wird unterstellt, daß „der andere Preis" wahrscheinlich ein Konkurrenzpreis oder ein vergangener Angebotspreis ist. Demnach lautet die erste Aufgabe zu erfahren, mit welchem Preis der angebotene Preis verglichen wird. Die nächste Aufgabe heißt den eigenen Preis erklären.

WIE PREISE ERKLÄRT WERDEN KÖNNEN

Vorab, Preise sollten nie argumentiert, sondern erklärt oder erläutert werden. Aus einer Argumentation kann schnell eine Diskussion werden und aus einer Diskussion eine Streiterei. Übrigens, das Thema Streitgespräch mit Kunden kann in zwei Sätzen abgehandelt werden. Wer mit Kunden streitet, hat seinen Job nicht verstanden. Ein Profiverkäufer kennt immer einen besseren Weg als Streit.

V: Guten Tag. (zählen)

K: Guten Tag. Ich möchte gerne wissen was Ihr Weihnachtsstollen kostet.

V: Unser Weihnachtsstollen, der seit Jahren seine Freunde hat,
     kostet 18,00 DM das Kilo. (zählen)

K: Das ist aber teuer!?

V: Darf ich Sie bitte fragen, mit welchem Stollen Sie unseren
     Stollenpreis vergleichen?

K: Ja, ich habe neulich auch bei einem Bäcker einen Stollen gesehen,
     der kostete nur 11,00 DM das Kilo und der sah wirklich gut aus.

V: Daran habe ich keinen Zweifel. Aber wissen Sie auch, daß
     Preise für Stollen recht unterschiedlich sind, weil die
     Qualitäten und Mengen der feinen Zutaten unterschiedlich sind?

K: Ja, davon habe ich schon gehört.

V: Bevor ich Ihnen mehr über die Qualität unseres Stollen sagen möchte,
     schlage ich vor, Sie probieren einfach ein Stück. Bitte sehr.

K: Oh, das ist ja nett (völlig freudig überrascht, weil das kaum vorkommt)

V: Achten Sie bitte jetzt auf den Geschmack nach Mandeln,
     Rosinen, auf die gute Butter, auf das gesamte Aroma und auf den
     guten Nachgeschmack. Und trocken darf ein guter Stollen auch
     nicht schmecken. (zählen)

K: Da haben Sie völlig recht, der Stollen schmeckt wirklich sehr
     gut und trocken schmeckt er auch nicht. So wie Sie hat mir noch
     niemand einen Stollen schmackhaft gemacht.

V: Und wenn Sie einmal einen guten Stollengeschmack kennen und
     schätzen gelernt haben, schmeckt Ihnen kein anderer Stollen mehr.
     Es ist wie beim Wein, Wein ist nicht gleich Wein und Stollen ist
     nicht gleich Stollen.

K: Ja, das glaube ich Ihnen jetzt gerne und vom Preis haben Sie
     mich auch überzeugt.

Das folgende Beispiel kann jede Verkäuferin in Nöte bringen.

V: Das macht dann 4,20 DM bitte.

K: Das ist aber teuer. Für vier Mehrkornbrötchen 4,20 DM?
     Dafür bekomme ich ja schon fast ein Kilo Brot ...

V: ???

so nicht

Es gibt Situationen, in denen keine Stellungnahme zum Preis abgegeben werden sollte, sondern ein diplomatischer Ausweg gesucht werden sollte. Dies gilt besonders dann, wenn ein Produkt wirklich gut kalkuliert ist oder wenn man keine plausible Antwort hat.

V: Das macht dann 4,20 DM bitte.
K: Das ist aber teuer. Für vier Mehrkornbrötchen 4,20 DM?
   Dafür bekomme ich ja schon fast ein Kilo Brot…

Jetzt wird es eng mit den richtigen Worten. Rückzug ist die beste Lösung um den Kunden nicht mit einer „dummen Antwort" zu verärgern.

V: Ich kann Ihnen versichern, daß wir unsere Backwaren mit den
   besten Zutaten herstellen. Wie ein (!) Preis zustande kommt,
   kann ich Ihnen aber leider nicht sagen.

Nicht „dieser Preis" sagen, denn das klingt, wenn der Kunde mitdenkt nach einer faulen Ausrede. Die Problemlösung:

V: Ich erkundige mich gerne für Sie und wenn Sie mich bei Ihrem
   nächsten Einkauf fragen, weiß ich Bescheid. Ist das ein Wort?

Die Antwort ist für den Kunden erstmal in Ordnung, weil sie sachlich und nachvollziehbar ist.

K: Ja, ich erinnere Sie daran.

In solchen oder ähnlichen Fällen sollte der Bäckermeister oder die Filialleiterin um Rat gefragt werden, damit die Frage auch tatsächlich beantwortet werden kann.

Auch diese Vorgehensweise ist möglich, bevor eine kundenschädliche Antwort gegeben wird:

V: Ich kann Ihnen versichern, daß wir unsere Backwaren mit den
   besten Zutaten herstellen. Wie ein (!) Preis (nicht dieser Preis)
   zustande kommt, kann ich Ihnen aber leider nicht sagen. Meine
   Filialleiterin weiß da bestens Bescheid, ich hole Sie Ihnen
   sofort. Einen Moment bitte.

Preiseinwände sind bei Backwaren glücklicherweise noch keine regelmäßigen Erscheinungen. Weil Backwaren Gefühlsprodukte sind, spielt die Frische, der Appetit oder Hunger nicht selten eine größere Rolle als der Preis. Fragt sich nur, wie lange noch?

6.2.7 Ist der Kuchen jetzt billiger?

Jeder Kunde weiß, daß frische Backwaren am nächsten Verkaufstag nur noch die Hälfte wert sind. Aus diesem Grunde fragen einige Kunden gegen Feierabend „Ist der Kuchen oder das Brot jetzt billiger?" Diese Frage läßt sich einfach beantworten, wenn eine klare Regelung vorgesehen ist.

Die Strategie des folgenden Beispiels heißt, jede Diskussion vermeiden. Freundlich und sachlich begründen, warum eine frühere Preisreduzierung nicht möglich ist. Das Problem mit der Anordnung der Geschäftsleitung begründen, denn diese ist auch für einen Kunden unanfechtbar.

V: Guten Tag. (zählen)
K: Guten Tag, ist Ihr Brot jetzt billiger?
V: Da würde ich Sie bitten, noch zehn Minuten zu warten.
K: Es fehlen ja nur noch zehn Minuten, auf die kommt es doch wirklich nicht an. Dann müßte ich ja gehen und in 10 Minuten wiederkommen...
V: Ich verstehe Ihr Problem, aber verstehen Sie bitte auch mein Problem. Ich habe von der Geschäftsleitung strikte Anweisung ab Punkt 18.00 Uhr die Preise zu reduzieren und keine Minute früher. Es werden sogar Stichproben gemacht, ob wir diese Anweisung auch einhalten.
K: Na wenn das so ist, dann warte ich. Ich möchte nicht, daß Sie meinetwegen Ärger bekommen.

Auch für das folgende Beispiel heißt die Strategie jede Diskussion vermeiden. Freundlich und sachlich begründen, warum keine Preisreduzierung möglich ist und keine (!) persönliche Stellungnahme abgeben.

V: Guten Tag. (zählen)
K: Guten Tag, ist Ihr Brot jetzt billiger?
V: Ihre Frage ist berechtigt, aber diese Regelung ist bei uns (generell) nicht vorgesehen.
K: Das verstehe ich nicht, denn ihre Konkurrenz, gleich auf der anderen Straßenseite reduziert ihre Preise eine halbe Stunde vor Geschäftsschluß.

V: Ich verstehe Ihr Problem, aber verstehen Sie bitte auch mein Problem. Wir verarbeiten nur beste Rohstoffe und bieten Ihnen hochwertige Qualitäten zu angemessenen Preisen. Aus diesem Grunde habe ich von der Geschäftsleitung die strikte Anweisung, keine Preise zu reduzieren.

K: Ich finde das blöd, verstehen Sie das?

Achtung! Das ist ein hartnäckiger Kunde. Er fordert durch eine provozierende Frage geschickt zu einer unkontrollierten Stellungnahme auf. Vielleicht ist er von Beruf Profiverkäufer oder Testkäufer, der Sie reinlegen, testen oder provozieren will?

V: Haben Sie bitte Verständnis dafür, daß ich dazu nichts sagen kann.

K: Na ja, das verstehe ich schon, Auf Wiedersehen.

V: Auf Wiedersehen.

Liebe Leserinnen und Leser,
die Bedarfsanalyse kann, wie die Verkaufsdialoge zeigen, auch ohne die Fragen, „Kann ich Ihnen helfen, Haben Sie sonst noch einen Wunsch" durchgeführt werden. Mit dem Hinweis (zählen) wurde daran erinnert. In den weiteren Verkaufsdialogen wird dieser Hinweis nicht mehr gegeben. Vergessen Sie ihn bitte jedoch nicht. Danke für Ihre Aufmerksamkeit.

6.2.8 IST DAS BROT AUCH FRISCH?

„Ist das Brot auch frisch?" Welche Verkäuferin hat diese nervende Frage noch nicht gehört, und sich dabei gewünscht, daß die Kunden doch bitte nie mehr solche dummen Fragen stellen mögen. Manche Verkäuferinnen können mit dieser Frage nicht freundlich umgehen und erwidern unhöflich:

▲ Was denken Sie denn…?!
▲ Wir verkaufen doch kein Brot vom Vortag!

So nicht

Diese Verkäuferinnen werden um etwas mehr Gelassenheit gebeten und auch darum, sich mit dem Hintergrund dieser für sie nervenden Frage zu beschäftigen.

WARUM DIE FRISCHEFRAGE GESTELLT WIRD

Die Frischefrage wird von ungefähr einem Drittel aller Bäckereikunden gestellt und ist eine Mischung aus Gewohnheit, Kontrolle und berechtigtem (?) Mißtrauen.

Wer sich einmal in die Lage des unbedarften Kunden versetzt und den Versuch unternimmt, die Frage zu beantworten, „woran erkenne ich die Frische eines im Brotregal liegenden Brotes?", wird nur schwerlich eine Antwort finden. Woran kann denn nun ein Kunde die Frische bei Brot oder Kuchen erkennen?

In jedem Falle wenn er es verzehrt, aber diese Prüfmöglichkeit ist im Bäckerfachgeschäft ausgeschlossen. Das Aussehen, die Kruste oder der Geruch bieten für den einkaufenden Laien keine deutlichen Frischehinweise. Der berühmte Drücktest, der auf Frische des Brotes schließen lassen könnte, ist nur im Regal des Lebensmittelmarktes durchführbar.

Ein Brotfabrikant forderte im Werbefernsehen mit dem Slogan „Drück mich" die Brotkunden der Lebensmittelmärkte auf, sein Brot zu drücken und damit die Frische zu testen.

Was bleibt also dem Bäckerkunden? Vertrauen in die Frische der Produkte und die nervende Frage:

K: Sagen Sie bitte, ist das Brot auch frisch?
V: Selbstverständlich, ihr Brot ist genau sechs Stunden alt, es ist heute früh, heute vormittag gebacken worden. Sollten Sie jedoch einmal das Gefühl haben, daß es nicht frisch ist, tauschen wir es anstandslos um. Auch am nächsten Tag und auch dann, wenn Sie davon schon gegessen haben,
K: Das beruhigt mich sehr.

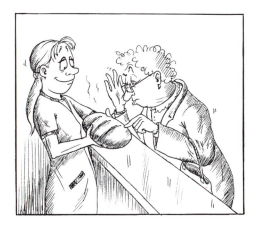

Oder? Wenn Sie bis an dieser Stelle nicht laut protestiert haben, wissen Sie auch nicht, wie man den Frische-Drück-Test im Bäckerfachgeschäft machen kann. Dieses Geheimnis einer echten Profiverkäuferin soll Ihnen jetzt verraten werden.

K: Sagen Sie Fräulein, ist das Brot auch frisch?
V: Aber selbstverständlich, drücken Sie es doch einmal.
K: Ja das stimmt. Ich nehme es.

Das kleine Geheimnis heißt: Brot in Papier einwickeln und Kundin fühlen lassen. So einfach ist das.

6.2.9 Was soll ich denn nehmen?

Der Umgang mit unschlüssigen Kunden setzt Geduld und die Beantwortung der Frage, warum ist der Kunde unschlüssig, voraus. Die Ursache für Unschlüssigkeit kann die Persönlichkeit oder das Alter des Kunden sein, aber auch das Produkt selbst, die große Auswahl, der Preis oder von jedem etwas. Die Unschlüssigkeit eines Kunden kann in einer Beratung für die Geburtstagsfeier, aber auch im normalen Verkaufsgespräch eintreten. Für eine kundengerechte Behandlung von unschlüssigen Kunden wird die folgende Vorgehensweise empfohlen:

▲ Geduldig sein, gelassen bleiben und mitdenken.
▲ Die Ursachen für die Unschlüssigkeit suchen.
▲ Empfehlungen aussprechen und begründen.
▲ Die Reaktionen auf die Empfehlung gemeinsam erörtern.

Und so kann die empfohlene Vorgehensweise im Verkaufsgespräch umgesetzt werden:

K: Ich kann mich nicht zwischen dem Erdbeerkuchen und dem Käsekuchen entscheiden…

V: Das kann ich verstehen, die sehen auch beide sehr appetitlich aus. Darf ich Ihnen einen Vorschlag machen?

K: Ja.

V: Dann nehmen Sie doch heute ein Stück Erdbeerkuchen und morgen ein Stück Käsekuchen. Wie gefällt Ihnen mein Vorschlag?

K: Der ist gut. Aber dann nehme ich lieber heute den Käsekuchen und morgen den Erdbeerkuchen.

V: Das finde ich prima. Soll ich Ihnen morgen ein Stück Erdbeerkuchen reservieren?

K: Ja bitte, aber zwei Stück.

K: Ich möchte meiner Tante gerne einen Weihnachtsstollen schenken, aber meine Tante ist verwitwet und Ihre Stollen sind so groß und ich kann mich nicht entscheiden.

V: Darf ich Sie bitte fragen, ob Ihre Tante denn gerne Weihnachtsstollen ißt?

K: Für ihr Leben gerne. Aber ich habe Angst der Stollen trocknet aus, weil sie wie viele alte Leute nicht mehr soviel wie früher ißt.

V: Das kann ich gut nachvollziehen. Darf ich ihnen dazu einen Vorschlag machen?

K: Ja bitte.

V: Wir haben jetzt zwei Möglichkeiten. Die erste Möglichkeit, ich teile Ihnen den Stollen und dann nehmen Sie die eine Hälfte…

K: Nein, das möchte ich nicht, denn ich esse auch gerne Stollen und möchte für mich schon einen großen Stollen haben.

V: Kein Problem. Die zweite Möglichkeit ist die, ich suche für Ihre Tante den kleinsten Stollen, den wir haben. Dann sagen Sie Ihrer Tante bitte, sie möchte den angeschnittenen Stollen in ein Geschirrtuch wickeln und dunkel lagern, so gibt es keine Probleme. Falls Sie es nicht schon wissen, möchte ich Ihnen gerne noch sagen, daß abgelagerter Stollen immer besser schmeckt als frischer Stollen.

K: Das habe ich auch schon gehört und Ihr Vorschlag gefällt mir auch.

K: Wir haben in der übernächsten Woche eine große Geburtstagsfeier mit über 30 Personen. Was soll ich denn bloß nehmen?

V: Können Sie mir bitte sagen, Frau Lehmann, wieviele Personen Sie zu Ihrem Geburtstag erwarten.

K: Es sind mindestens 30 Personen.

V: Und höchstens?

K: Na ja, ich denke 35 Personen.

V: Wie teilen sich denn ihre Gäste auf? Wieviele Erwachsene, wieviele Kinder, wieviele Damen, wieviele Herren, wieviele ältere Personen?

K: Sie machen mir ja richtig Arbeit…

V: Das mache ich doch gerne, Frau Lehmann, aber wenn wir dafür sorgen wollen, daß Sie nicht zuviel, nicht zuwenig und auch das richtige haben, müssen wir uns diese Arbeit machen. *Bei Kuchen und Torten rechnet man pro Person mit 2–3 Stück. Bei Brötchen benötigt man je nach Größe der Brötchen ebenfalls 2–3 Stück pro Person. Wird Brot gewünscht, ergeben 500 g Brot 10–12 Scheiben und selbst die Kaffeemenge sollte geplant sein. Pro Person werden 2–3 Tassen Kaffee gerechnet, eine Tasse Kaffee benötigt 8 g Kaffeemehl und das macht pro Person 24 g Kaffee mal 35 Personen gleich 840 g Kaffee, also rund ein Kilo zuzüglich Kaffeesahne.* Das hätten wir schon einmal. Sind Sie mit den Mengenangaben für Kuchen, Torte und so weiter einverstanden, Frau Lehmann?

K: Ja das kommt hin.

V: Dann können wir uns den Einzelheiten zuwenden.

K: Also eines muß ich Ihnen sagen Fräulein Susi, auf Sie kann man sich wirklich verlassen!

6.2.10 ICH MÖCHTE ABER VON FRÄULEIN SUSI BEDIENT WERDEN

Beim Friseur ist die Aussage eine Alltäglichkeit, im Bäckerfachgeschäft eine seltenere Erscheinung, aber es kommt vor. Deshalb sollte jede Verkäuferin auf diesen Kundenwunsch entsprechend vorbereitet sein. Eine Verkäuferin, die mit diesem Kundenwunsch konfrontiert wird, sollte souverän und ruhig reagieren. Ihre Kollegin sollten Sie, soweit sie es noch nicht selbst bemerkt hat, auf ihre Stammkundin aufmerksam machen oder sie benachrichtigen, falls sich diese nicht im Verkaufsraum aufhält.

Es kann vorkommen, daß einige Verkäuferinnen den Kundenwunsch nach einer anderen Verkäuferin als persönliche Ablehnung ansehen und dies auch offenkundig zum Ausdruck geben. Dies sollte jedoch vermieden werden, denn auf diesem Wege könnten im Verkaufsteam Spannungen und Probleme auftreten. Sollte eine solche Situation dennoch eintreten, wird empfohlen, die Geschäftsleitung um ein vertrauliches Gespräch zu bitten.

6.2.11 ICH BIN JETZT DRAN

Probleme mit vordrängelnden Kunden müßten nicht sein. Sie könnten verhindert werden, wenn jeder Kunde bei Betreten des Geschäftes eine Nummer zieht und auf seinen Aufruf wartet. In einigen wenigen Fleisch- und Wurstfachgeschäften ist diese sinnvolle Einrichtung bereits vorhanden und bringt Ruhe und Gelassenheit unter die wartenden Kunden. Wo diese Einrichtung nicht vorhanden ist, wird es immer wieder Probleme mit rücksichtslosen Kunden geben. Deshalb sollte jede Verkäuferin auf diese Situationen gut vorbereitet sein.

Ist sie nicht gut vorbereitet, könnte es Probleme geben, wie es das folgende schlechte Beispiel aus der Praxis zeigt:

V: Guten Tag, wen darf ich jetzt bitte bedienen? (+)
K1: Ich hätte gerne…
K2: Ich bin jetzt dran und nicht Sie!
K1: Da hätten Sie eben besser aufpassen müssen!
K2: Das ist doch der Gipfel, Sie sind ein unverschämter Lümmel!
K1: Das brauche ich mir von Ihnen doch nicht sagen zu lassen,
     Sie können jetzt mal warten bis ich bedient worden bin.

So nicht

Ein Fachbuch der D • B • Z

V: (zu K2) Also wenn Sie sich nicht so anstellen würden,
    hätte ich den Herrn (K1) schon längst bedient! (–)
K2: Was fällt Ihnen denn ein sich einzumischen, Sie sind doch gerade
    erst gekommen und wissen überhaupt nicht, worum es geht!
V: Jetzt werden Sie auch noch frech zu mir, das brauche ich
    mir von Ihnen nicht gefallen zu lassen! (–)

Welches war der gravierende Fehler der Verkäuferin? Richtig, sie hat sich einge-
mischt und Partei ergriffen. Eine Profiverkäuferin geht in diesen Problemsituationen
gezielt diplomatisch, vermittelnd und freundlich vor. Sie verärgert keinen Kunden,
sondern vermeidet Ärger mit den Kunden.

V: Guten Tag, wen darf ich bitte bedienen?
K1: Ich hätte gerne ...
K2: Ich bin jetzt dran und nicht Sie!
K1: Da hätten Sie eben besser aufpassen müssen!
K2: Das ist doch der Gipfel, Sie sind ein unverschämter Lümmel!
K1: Das brauche ich mir von Ihnen doch nicht sagen zu lassen,
    Sie können jetzt mal warten bis ich bedient worden bin.
V: Ich möchte Sie wirklich gerne beide bedienen,
    dazu müßten Sie sich aber bitte einigen können. (+)
K2: Ich bestehe darauf, daß Sie mich zuerst bedienen,
    denn dieser Herr hat sich richtig vorgedrängelt.
V: (zu K1) Sind Sie damit einverstanden, daß ich diesen Herrn jetzt bediene? (+)
K1: Meinetwegen, der Klügere gibt nach.
V: Danke sehr, ich bediene Sie anschließend sofort. (+)

V: Guten Tag, wen darf ich bitte bedienen?
K1: Ich hätte gerne ...
K2: Ich bin jetzt dran und nicht Sie!
K1: Da hätten Sie eben besser aufpassen müssen, und zur
    Verkäuferin gewandt, Sie haben doch gesehen daß dieser Herr
    nach mir gekommen ist, nicht wahr?
V: Es tut mir schrecklich leid, aber dazu kann ich nichts
    sagen, da war ich einen Moment unaufmerksam, entschuldigen
    Sie bitte. Ich möchte Sie ja gerne beide bedienen, aber dazu
    müßten Sie sich bitte einig werden. (+)
K2: Na wenn der Herr es so eilig hat, dann soll er sein Vergnügen
    haben. Er hat ja wohl sonst keine Freude im Leben.
V: Danke sehr, ich bediene Sie anschließend sofort. (+)

Probleme mit vordrängelnden Kunden können zeitweilig die gesamte Einkaufsatmosphäre vergiften und deshalb sollten Sie nach Möglichkeit vermieden und von der Verkäuferin in keinem Falle persönlich kommentiert werden.

6.2.12 KUNDENANDRANG UND KUNDENWARTESCHLANGE

An bestimmten Wochentagen oder zu bestimmten Tageszeiten, auch Stoßzeiten genannt, entsteht im Bäckerfachgeschäft ein starker Kundenandrang der mit einer Warteschlange verbunden ist. Ein Alptraum für viele Verkäuferinnen und für viele Kunden. Ein Segen für die Kasse, denn dann wird richtig Umsatz gemacht, aber auch verschenkt.

DAS PROBLEM

In der Warteschlange stehende Kunden werden leicht unruhig. Unruhig deshalb, weil ihre Zeit knapp sein kann oder der Ladenschluß droht. Sie verbreiten deshalb Hektik, Unruhe und Streß. Sie vergessen diesen Zustand erst, wenn sie bedient werden und beanspruchen dann genau soviel Zeit wie der trödelnde Vordermann.

Wenn sich Kundenandrang bildet, sind manche Verkäuferinnen nervöser als in ruhigen Verkaufszeiten. Es soll sogar Verkäuferinnen geben, die schon Magendrücken bekommen, wenn sie nur an Kundenandrang denken. Die bösen Folgen sind: die Verkaufsgespräche werden fehlerhaft, der Umsatz pro Kunde sinkt, Alternativverkäufe werden so kurz wie möglich gehalten und Zusatzverkäufe fallen beinahe gänzlich aus.

WARTESCHLANGEN LASSEN SICH NICHT VERHINDERN

Das Warteschlangenproblem oder der sporadische Kundenandrang im Bäckerfachgeschäft, aber auch in vielen anderen Situationen wird niemals in der Form lösbar sein, daß sich keine Warteschlangen mehr bilden. Irgendwie haben die Kunden damit auch zu leben gelernt und einige Kunden sehen den Wartezeiten schon recht gelassen entgegen. Dieser Gelassenheit sollten sich auch diejenigen Verkäuferinnen anschließen, die mit Warteschlangen oder dem Kundenandrang noch ihre kleinen oder großen Probleme haben. Deshalb sollte der erste Schritt heißen, darüber nachdenken, warum in Situationen des Kundenandrangs überhaupt Verkäuferinnenprobleme entstehen.

WARUM EINE VERKÄUFERIN PROBLEME MIT KUNDENANDRANG HABEN KANN

Es gibt zwei grundsätzliche Ursachen, die einer Verkäuferin bei Kundenandrang Probleme machen können. Eine Ursache kann im Privatleben und/oder in der Persönlichkeit der Verkäuferin liegen und eine andere in ihrer durchschnittlichen Qualifikation als Verkäuferin. Auf die Ursachen des Privatlebens kann hier nicht eingegangen werden, wohl aber auf die durchschnittliche verkäuferische Qualifikation. Obwohl es zu beachten gilt, daß sich die Probleme des Privatlebens in das Berufsleben übertragen und umgekehrt.

Bei Kundenandrang wird eine Verkäuferin, weil sie auf „Hochtouren laufen muß", bis an die Grenzen ihrer Leistungsfähigkeit gefordert. Desto niedriger oder desto durchchnittlicher ihre Qualifikation und ihre Leistungsfähigkeit ist, ihr Verkaufswissen oder ihr Produktwissen ist, desto mehr Verkaufsprobleme und persönliche Probleme wird sie bei Kundenandrang haben.

VERKÄUFERISCHE PROBLEME SOLLEN NICHT VERTUSCHT, SONDERN ABGEBAUT WERDEN

Wer stets so tut, als ob seine verkäuferischen Probleme keine Probleme wären oder als ob an seinen verkäuferischen Problemen stets die Kunden Schuld hätten, bekommt langfristig gesehen, Magengeschwüre oder andere körperliche Begleiterscheinungen. Um diesem wirklich unangenehmen, den Spaß an der Arbeit verderbenden und den Kunden verärgernden Zustand entgegenzutreten, sollten die eigenen verkäuferischen Probleme nicht vertuscht, sondern mutig erkannt und dann abgebaut werden.

DIE VORBEREITUNG AUF KUNDENANDRANG

Nur in Ausnahmefällen können die Verkäuferinnen im Bäckerfachgeschäft von Kundenandrang überrascht werden. Oftmals tritt der Kundenandrang so pünktlich ein, daß man beinahe die Uhr danach stellen könnte. Deshalb sind Profiverkäuferinnen für den Kundenandrang auch gut vorbereitet. Jeder Redner bereitet sich auf seine Rede vor, jeder Lehrer auf seinen Unterricht, jeder Bäcker auf seine Arbeit und jeder Geschäftsmann auf seine Verhandlung. Und so bereiten sich Profiverkäuferinnen auf den Kundenandrang vor:

Das Verkaufs- und Produktwissen wird ständig verbessert und die verkaufsruhigen Zeiten werden für praktische Übungen genutzt. Denn sie wissen genau, nur wer sich gewissenhaft vorbereitet, kann in stürmischen Zeiten bestehen.

VERKÄUFERISCHE VORGEHENSWEISE BEI KUNDENANDRANG

Die verkäuferische Vorgehensweise bei Kundenandrang sollte geplant und gezielt sein, sowie die folgenden Punkte berücksichtigt werden:

▲ Sich positiv einstimmen und innerlich gelassen sein
▲ Tief durchatmen und die Ruhe bewahren
▲ Die Übersicht behalten und lächeln
▲ Sich nicht vom Kundenstreß anstecken lassen
▲ Unfreundlichen Kunden freundlich begegnen
▲ Auf die eigene Körpersprache achten
▲ Die Kunden zügig bedienen

WAS HEISST EIGENTLICH ZÜGIG BEDIENEN?

Es wird immer wieder gesagt und geschrieben, daß bei Kundenandrang die Kunden zügig bedient werden sollen. Was heißt denn eigentlich zügig bedienen?

V: Kann ich Ihnen helfen? (–)
K: Vier Brötchen.
V: Sonst noch was? (–)
K: Ein Bauernbrot
V: Sonst noch was? (–)
K: Ein Baguette.
V: Die sind längst ausverkauft. (–)
K: Oh weh...
V: Wars das? (–)
K: Ja.
V: 5,60 DM, aber passend! (–)
K: Kleiner hab ich es aber nicht.
V: Wer ist der Nächste? (–)

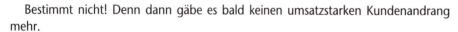

Bestimmt nicht! Denn dann gäbe es bald keinen umsatzstarken Kundenandrang mehr.

ZÜGIG BEDIENEN HEISST...

Zügig bedienen heißt weder auf den Alternativverkauf noch auf den Zusatzverkauf oder auf andere Bestandteile des Profiverkaufs zu verzichten, sondern „nur", die verkäuferischen Fähigkeiten schnell und sicher einsetzen. Entstehen Denkpausen, entstehen auch Unsicherheiten. Entstehen Unsicherheiten, entstehen auch Verkaufsfehler und denen folgt der Streß und mit ihm das Magendrücken.

Zügig bedienen heißt auch, keine Umsatzchance auslassen und die entstehenden Umsatzchancen nutzen.

Zügig bedienen heißt weiterhin, sich nicht von der Kundenhektik und dem Kundenstreß anstecken lassen und anstelle dessen seine Gelassenheit, Ruhe und Sicherheit auf die Kunden übertragen und die entsprechenden Worte verwenden.

▲ Selbstverständlich werden auch Sie sofort und aufmerksam bedient. Es wird wohl einen Augenblick dauern, aber dann bin ich für Sie ganz alleine da.
▲ Es tut mir leid, daß Sie warten mußten, aber das ließ sich nicht vermeiden. Jetzt aber habe ich Zeit für Sie. Wie gefällt Ihnen das?
▲ Mit Ihrer Erlaubnis möchte ich gerne unser Gespräch für Ihre Hochzeitsfeier in einer ruhigeren Stunde weiterführen. Wie gefällt Ihnen mein Vorschlag?

Zügig bedienen heißt darüber hinaus, freundlich sein, lächeln können, gute Laune verbreiten und alles zu tun, damit das Kundengefühl und das eigene gute Gefühl stimmt.

Wer bei Kundenandrang zügig bedienen will, muß die volle Palette des Verkaufs- und Produktwissens beherrschen.

6.2.13 Einkauf kurz vor Ladenschluß

Jeden Verkaufstag zeigt sich dasselbe Bild. Wenn es auf den Ladenschluß zugeht, werden die Kunden unruhig und die Verkäuferinnen auch. Die Kunden, weil sie sich beeilen müssen und die Verkäuferinnen, weil sie Feierabend machen müssen. Aus dieser Situation ergibt sich ein Zielkonflikt. Ein Zielkonflikt deshalb, weil die Kunden und die Verkäuferinnen kein gemeinsames Ziel, sondern unterschiedliche Ziele verfolgen. Die Konflikte oder Probleme werden deutlich, wenn die Verkäuferinnen wegen der späten Kunden schlechte Laune bekommen und die späten Kunden sich über schlecht gelaunte Verkäuferinnen ärgern.

Dieses Problem ist nicht unbekannt. Es wird jedoch gerne, und auch von den Unternehmern, unter den Teppich gekehrt. Ob dies in einer Zeit des zunehmenden Konkurrenzdrucks, des knapper werdenden Geldes, der wachsenden Sensibilität der Kunden und des Eindringens artfremder Anbieter frischer Backwaren, wie Tankstellen und Kioske, der richtige Umgang mit den Kunden ist, sei dahin gestellt. Es ist auch nicht anzunehmen, daß die zahlenden Kunden, die durch ihre Einkäufe auch die Unternehmensgewinne und Arbeitsplätze sichern, einen Beitrag zur Behebung dieses

Zielkonfliktes leisten könnten. Oder würden sie etwa durch einen freiwilligen Einkaufsverzicht, der 10 Minuten vor Ladenschluß beginnen könnte, eine Problemlösung bieten?

Deshalb darf allen Verkäuferinnen zugerufen werden:

> Auch zehn Minuten vor Feierabend sollte der Kunde noch ein König sein!

6.2.14 Reklamationen

Über Reklamationen ist sehr viel zu sagen, wenn Reklamationen abgewehrt und erschwert werden sollen. Viel weniger allerdings, wenn die herrschende Reklamationsbehandlungsphilosophie heißt: „Wir erkennen jede Reklamation an".

In vielen Bereichen des Einzelhandels hat sich die Erkenntnis durchgesetzt, daß die Ablehnung selbst einer unberechtigten Reklamation langfristig gesehen teurer ist als eine kulante Regelung im Sinne des Kunden. Ein verärgerter Kunde sorgt für Verkäuferinnenstreß, Aufregung und Diskussionen. Ein verärgerter Kunde ist ein verlorener Kunde und ein verlorener Kunde ist ein schädlicher Kunde, weil er negative Mundpropaganda betreibt. Ob diese Folgen in einem gesunden Verhältnis zum Reklamationswert, zum Beispiel eines Brotes für 3,80 DM Verkaufspreis stehen, darf ernsthaft bezweifelt werden.

Lesen Sie dazu auch bitte den Punkt 6.3.8 Rückgaberecht.

DER KUNDE UND SEINE REKLAMATION

Reklamationen können in berechtigte, unberechtigte, streitige und provokative Reklamationen unterschieden werden. Gleich welche Art von Reklamation ein Kunde vorträgt, er ist verärgert, er ist enttäuscht und er erwartet eine Problemlösung in seinem Sinne. Wird ihm diese verweigert, bleibt sein Ärger bestehen, er wird vertieft und das führt zu Kaufverzicht und negativer Mundpropaganda.

Wird seine Reklamation ohne Diskussionen anerkannt, löst sich sein Ärger in Wohlgefallen auf und schlägt sogar in Sympathie um. Reklamationen betreffen neben dem Anlaß der Reklamation auch die Gefühle des Kunden, die durch Ärger, eine laute Stimme, ein unfreundliches Gesicht oder Unsachlichkeit zum Ausdruck kommen. Aus diesem Grunde sucht der Kunde neben dem Sachergebnis auch sein Gefühlsergebnis.

Reklamationen können verschiedene Anlässe haben und diese heißen im einzelnen:

▲ Produktreklamationen. Sie stehen in direkter Verbindung zu dem verkauften Produkt.
▲ Qualitätsreklamationen. Sie beziehen sich auf Mängel in der Beschaffenheit der Ware.
▲ Verpackungsreklamationen. Sie sind die Folge einer unsachgemäßen oder schadhaften Verpackung.
▲ Preis- oder Rechnungsreklamationen. Sie haben ihre Ursache im Zahlungsvorgang an der Kasse oder in der Rechnungslegung.
▲ Bestell-, Vorbestell- oder Lieferungsreklamationen. Sie betreffen eine Bestellung, Vorbestellung, Auslieferung oder Anlieferung.

Für die Reklamationsfälle zu denen keine Problemlösung oder Übereinstimmung gefunden werden kann, hat der Gesetzgeber im Bürgerlichen Gesetzbuch (BGB) gesetzliche Regelungen, und zwar die Möglichkeit der Mängelrüge, geschaffen. Danach hat der Kunde im Falle einer berechtigten Reklamation Anspruch auf Nachbesserung soweit möglich, Kaufpreisreduzierung (Minderung) oder Warenrücknahme mit Kaufpreiserstattung (Wandlung).

Die sicherste Vorsorge gegen Streß und Ärger mit Reklamationen oder Mängelrügen heißt Sorgfalt und falls doch etwas schief gelaufen ist, Mut zur Einsicht und die Verwendung der Worte, es tut mir oder uns leid. Selbst in Zweifelsfällen kann Großzügigkeit nie verkehrt sein und wahre Wunder bewirken.

DIE REKLAMATIONSBEHANDLUNG

Reklamationen können für den Kunden und die Verkäuferin böse und mit viel Streß enden, wenn die Verkäuferin mit Reklamtionen nicht richtig umgehen kann. Das folgende Beispiel zeigt, wie es nicht sein darf:

V: Guten Tag.
K: Also ich habe da gestern ein Brot gekauft und das schmeckt ganz komisch. Ich möchte dafür ein anderes Brot haben!
V: Ich habe noch nie gehört, daß unser Brot komisch schmecken soll! Vielleicht hat Ihr Brotbelag komisch geschmeckt und jetzt soll unser Brot komisch geschmeckt haben! Wir verkaufen nur ausgezeichnete Qualität!

So nicht

K: Probieren Sie doch selbst, wie komisch Ihr Brot schmeckt!

V: Also ich finde das Brot schmeckt ganz hervorragend, ich weiß nicht, was Sie überhaupt wollen!?

K: Ich will mein Geld zurück!

V: Ich kann Ihnen doch kein Geld zurückgeben, nur weil Sie sich einbilden unser Brot schmeckt komisch! Nachher behauptet jeder unser Brot schmeckt komisch. Erst essen Sie das halbe Brot auf und dann hat es auf einmal komisch geschmeckt?! So geht das nicht!

K: So eine Frechheit, Ihren Laden betrete ich nicht mehr wieder! (Dreht sich um und geht)

V: Auf solche Kunden wie Sie, können wir verzichten! (Wendet sich an den nächsten Kunden)

V: Also was sich die Leute so einfallen lassen. Was kann ich für Sie tun?

K: Ein Weizenmischbrot (und denkt dabei, „die ist aber unfreundlich")

Die folgenden Hinweise sind praxiserprobte Maßnahmen, die dem Kunden und der Verkäuferin das Reklamationsleben erleichtern helfen.

▲ Die Reklamation nicht als Angriff auf die eigene Person betrachten.

▲ Tief durchatmen, entspannen, die Ruhe bewahren und den reklamierenden Kunden ansehen.

▲ Lächeln, freundlich sein und geduldig zuhören.

▲ Den Kunden reden und ausreden lassen, bis er seinen ersten Dampf abgelassen hat und ruhiger wird.

▲ Nicht provozieren lassen!

▲ Nachdenken und Ursache der Reklamation suchen.

▲ Für den Anlaß der Reklamation entschuldigen und für die Reklamation danken.

▲ Lösung anbieten und fragen, ob der Kunde damit einverstanden ist.

▲ Sollten keine betrieblichen Anweisungen über die Großzügigkeit zur Behandlung von Reklamationen vorhanden sein, ist Abhilfe dringend geboten.

▲ Im Zweifelsfalle oder in schwierigen Fällen die Reklamation an eine reklamationserfahrene Kollegin abgeben oder auf den nächsten Tag zurückstellen.

Die Bearbeitung von Reklamationen und ihr erster Schritt:

V: Ich bedauere sehr, daß Sie einen Anlaß zu einer Reklamation haben und möchte mich schon jetzt in aller Form dafür entschuldigen und Dank dafür sagen, daß Sie diese Reklamation auch aussprechen.

Dann heißt es selbst machen:

V: Wir werden Ihr Problem mit Sicherheit lösen. Worum geht es denn bitte?
K: Es geht um dieses und jenes und das und dies.

Oder an die erfahrene Kollegin oder Reklamationsverkäuferin abgeben:

V: Macht es Ihnen etwas aus, wenn ich Sie mit meiner Kollegin Hartmann bekannt mache und ihr das weitere überlasse, sie weiß da nämlich bestens Bescheid.

Oder auch vertagen:

V: Worum geht es denn bitte?
K: Es geht um dieses und jenes und das und dies.
V: Es tut mit wirklich leid und das kann ich verstehen. (!)

Nur diese oder ähnliche Worte verwenden und die Reklamation nicht anerkennen, sonst gibt es später neuen Ärger.

V: Ich möchte, daß Sie vollends zufrieden sind und werde die Angelegenheit meinem Chef vortragen. Ich darf nämlich nicht über Reklamationen entscheiden. Verstehen Sie das bitte. Ist das für den Moment eine Lösung für Sie?
K: Ja, das geht auch.
V: Möchten sie morgen ab 15.00 Uhr wieder vorbeikommen oder sollen wir Sie anrufen?

Die Entscheidung sollte dann auch bis zum genannten Zeitpunkt getroffen sein.

So könnte eine fachgerechte Reklamationsbehandlung aussehen:

V: Guten Tag.
K: Also ich habe gestern ein Brot gekauft und das schmeckt ganz komisch. Ich möchte dafür ein anderes Brot haben!
V: Es tut mir wirklich leid, daß Sie ein Problem mit unserem Brot haben. Und vielen Dank auch, daß Sie uns Bescheid sagen. Können Sie mir bitte sagen, wonach das Brot schmeckt?
K: Na ja, das ist so ein komischer ungewohnter Geschmack und mein Mann hat das auch gesagt.

V: Ich mache jetzt folgendes: Zuerst tausche ich Ihnen das Brot um und nachher bringe ich das Brot in die Backstube, damit sich unser Meister darum kümmern kann. Sind Sie damit einverstanden?

K: Ja.

V: So, hier ist Ihr neues Brot. Es erblickte vor drei Stunden das Licht dieser Welt und ich gehe davon aus, daß es Ihnen wie immer schmecken wird. Und entschuldigen Sie nochmals, daß Sie mit unserem Brot Kummer hatten.

K: Dafür können Sie ja nicht. Es war ja auch nicht böse gemeint.

V: Das weiß ich und wie Sie sehen, kümmern wir uns ja auch darum.

K: Ja, das finde ich auch nett von Ihnen. Dann hätte ich gerne noch zwei Stück Apfelkuchen, und, und, und.

6.2.15 KASSIERVORGANG

Der Kassiervorgang ist eine „heilige Handlung". Ist er doch das Ergebnis der Bemühungen des Bäckermeisters, der Backstube und der Verkäuferinnen. Deshalb sollte er mit Respekt vor dem Geld, mit Sorgfalt und einem Dank an den Kunden vorgenommen werden.

SCHRITTE DES KASSIERVORGANGS

Ein korrekter Kassiervorgang setzt sich aus den folgenden Schritten zusammen:

▲ Nennung der Einzelpreise und des Gesamtpreises, wie 10 Brötchen à 40 Pfennig gleich 4,00 DM. Diese Maßnahme dient der eigenen Kontrolle, der eignen Konzentration und gibt auch dem Kunden eine Kontrollmöglichkeit. Eventuelle spätere Mißverständnisse können bereits an dieser Stelle vermieden werden.

▲ Der Gesamtpreis sollte laut und deutlich genannt werden. Bei der Entgegennahme des Geldes ist es zweckmäßig auch den erhaltenen Geldbetrag anzusagen. Auf diesem Wege kann sich die Verkäuferin gegen eventuelle Wechselgeldreklamationen vorzeitig schützen.

▲ Erhaltene Geldscheine sollten bis zur Übergabe des Wechselgeldes in der Geldscheinklammer der Kasse verbleiben und erst dann in die Kasse gelegt werden. Dieser Vorgang ist besonders gut an den Kassen in Kaufhäusern zu beobachten. So wird verhindert daß ein Kunde sagen kann, „Ich habe Ihnen aber 20,00 DM und keine 10,00 DM gegeben.

▲ Das Wechselgeld ist vom Zahlbetrag bis zum erhaltenen Betrag vorzuzählen. Der Kassenbon ist auszuhändigen. Eine professionelle Verkäuferin vergißt auch die Danksagung für den Einkauf und die freundliche Verabschiedung nicht.

K: Ich hätte gerne gezahlt.
V: Gerne. Das sind 10 Brötchen zu 40 Pfennig gleich 4,00 DM.
   Zuzüglich Kaffee, 9.90 DM, gleich 13,90 DM und ein Brot für 3,10 DM.
   Das macht zusammen 17,00 DM bitte. 20,00 DM, Danke sehr.
   Und hier ist Ihr Wechselgeld. 17,00 DM plus 3,00 DM gleich 20,00 DM.
   Vielen Dank für Ihren Einkauf und kommen Sie gut nach Hause.
K: Danke sehr.

PROBLEME BEIM KASSIERVORGANG

Irrtümer bei der Geldrückgabe können bei der Verkäuferin und beim Kunden vorkommen. Die Verkäuferin kann versehentlich zuwenig oder zuviel Wechselgeld herausgeben. Der Kunde kann einen anderen als den gegebenen Zahlbetrag in Erinnerung haben. Die vorgeschlagene Vorgehensweise des Kassiervorgangs hilft diese Irrtümer zu vermeiden oder zu klären.

Es soll vereinzelt Kunden geben, die auf eine Schwachstelle beim Kassiervorgang warten um einen höheren Wechselgeldbetrag zu erhalten als tatsächlich bezahlt wurde. Die vorgeschlagene Vorgehensweise des Kassiervorgangs bietet diesen Versuchen so gut wie keine Chancen auf Erfolg. Sollte der erhaltene Geldschein allerdings schon vor der Wechselgeldrückgabe in der Kasse verschwunden sein oder wurde die Kasse zwischenzeitlich von einer anderen Verkäuferin benutzt, sieht es nicht mehr so gut aus. Auch ein Kassensturz ist kein sicheres Beweismittel gegen Versäumnisse beim Kassiervorgang und kann vom betroffenen Kunden obendrein angezweifelt werden. Aus diesem Grunde sollte bei Reklamationen über falsche Geldrückgabe, soweit es möglich ist, auch die Glaubwürdigkeit der reklamierenden Person beachtet werden.

6.2.16 LADENDIEBSTAHL

Ladendiebstähle gelten häufig noch als Kavaliersdelikt. Die Ursachen für Ladendiebstähle können echte Not, Bereicherungsabsicht, Geldmangel, Nervenkitzel oder eine echte Krankheit (Kleptomanie) sein. Die Schäden durch Ladendiebstähle betragen in Deutschland ca. 4 Milliarden DM pro Jahr, wobei ca. 300.000 Diebe ertappt werden und 200.000 Diebe als Dunkelziffer benannt werden. Aber nicht nur Kunden stehlen, sondern auch das Verkaufspersonal und sonstige Personen die einen weitestgehend ungehinderten Zugriff zu den Waren besitzen.

Im Vergleich zu Verbrauchermärkten und Kaufhäusern sind Bäckerfachgeschäfte aufgrund der Geringwertigkeit ihrer Waren, ihres Bedienungscharakters und ihrer Ladeneinrichtung vor Ladendieben weitestgehend geschützt. Dennoch nimmt auch hier die Zahl der Ladendiebstähle zu, wobei Kindern und Jugendlichen, die meist in Gruppen auftreten und eine Mutprobe abgeben wollen, besondere Aufmerksamkeit zu schenken ist.

Ein Ladendiebstahl ist noch nicht vollendet, wenn die gestohlene Ware in einer Tasche oder sonstwo verschwindet. Selbst der abgeschlossene Zahlungsvorgang ist im Zweifelsfall noch kein vollendetes Diebstahlsdelikt, solange sich der Kunde noch im Ladenlokal befindet. Erst wenn er das Ladenlokal verlassen hat und keine Möglichkeit der Bezahlung der eingesteckten Ware besteht, ist der Ladendiebstahl juristisch betrachtet, vollendet. Aus diesem Grunde kann von voreiligen Handlungen, Verdächtigungen und des Versuchs von Taschendurchsuchungen nur abgeraten werden.

Vorbeugen ist besser als Heilen. Vorbeugende Maßnahmen zur Vermeidung von Ladendiebstählen im Bäckerfachgeschäft sind:

▲ Übersichtliche Gestaltung der Ladeneinrichtung und Anbringen von Kontrollspiegeln für die Beobachtung von toten Winkeln.
▲ Verdächtig wirkende Kunden sollten genau beobachtet und so schnell wie möglich angesprochen werden, damit für sie nicht der Eindruck entsteht, sie seien unbeobachtet. Besonders begehrte oder hochpreisige Waren, wie Geschenkpackungen oder Zusatzprodukte der Kaffeelieferanten sollten dem direkten Kundenzugriff entzogen werden.

Sollte dennoch ein Diebstahl begangen worden sein oder ein Diebstahlsverdacht bestehen, sollen die folgenden Empfehlungen, besonders für die Verkäuferinnen, eine Hilfestellung bieten:

Eigenmächtige Durchsuchungen sollten vermieden und nur die Herausgabe des Diebesgutes verlangt werden, denn es könnte sonst zu Handgreiflichkeiten kommen. Diese persönliche Vorsichtsmaßnahme trifft besonders bei männlichen und kräftig erscheinenden Personen zu. Es gilt aber auch dann, wenn die Verkäuferin sich als einzige Verkäuferin im Ladenlokal aufhält.

Weigert sich der Tatverdächtige die gestohlene Ware abzuliefern, sollte zur eigenen Sicherheit die Geschäftsleitung und/oder die Polizei hinzugezogen werden.

Die weitere Verfahrensweise, wie Anzeige erstatten, Hausverbot verhängen, Kinder über ihre Handlung belehren und die Eltern benachrichtigen und so weiter, sollte den Verkäuferinnen, auch wenn sie diese Aufgaben nicht persönlich wahrnehmen, bekannt sein.

6.2.17 Verpacken und Abwiegen von Waren

Auf die Verpackung kommt es an. Diese Aussage gilt nicht nur für Parfüm, Zahncreme, Kaffee oder Schokolade, sondern auch für Backwaren aus dem Bäckerfachgeschäft. Eine Verpackung hat mehrere Funktionen: Die Schutzfunktion, die Transportfunktion, die Schönheitsfunktion und die Werbefunktion und deshalb wird im Marketing die Verpackung als Produktbestandteil betrachtet. Besonders deutlich wird diese Aussage bei Parfüms, wo verschiedene Parfümflaschen kleine Kunstwerke sind, aber auch bei Süßwarengeschäften, die aus ihren Süßigkeiten verschiedene Figuren machen. Demgemäß besitzt auch die Verpackung von Backwaren einen bedeutenden Stellenwert für das Image, die Kundenpflege und den Umsatz.

Es soll schon vorgekommen sein, daß manches Backwerk an seinem Bestimmungsort angekommen, wegen einer unsachgemäßen Verpackung einiges von seiner ursprünglichen Schönheit eingebüßt hat.

Die fachgerechte Verpackung von Backwaren sollte folgende Funktionen erfüllen können:

Schutz- und Transportfunktion

Sie dient der Abhaltung von Schmutz und Staub, dem Schutz vor Druck oder Stoß, sowie der Vermeidung von Verschmutzungen der Einkaufstaschen durch Mehlstaub, Zuckerdekor oder Fett.

Frischhalte- und Aufbewahrungsfunktion

Sie verlängert die Frischhaltung der Produkte und ist gleichzeitig ein „Aufbewahrungsbehälter".

Schönheitsfunktion

Sie spricht wegen ihrer dekorativen Elemente die Gefühle an und erhöht damit den Gefühlswert der Produkte.

Werbefunktion

Sie wird dann genutzt und erfüllt, wenn die Tüten und das Verpackungspapier mit dem Emblem des Geschäftes sowie mit Informationen bedruckt werden.

Damit diese Funktionen vollwertig gewährleistet werden können, muß das Verpackungsmaterial den Anforderungen entsprechen und die Verkäuferin mit dem Verpackungs- und Dekorationsmaterial fachgerecht umgehen kann.

Übrigens, wer in Dresden in einem Bäckerfachgeschäft einen Weihnachtsstollen kauft, erhält diesen Stollen in einem Karton mit der Aufschrift „Original Dresdner Stollen". Dieser Karton entspricht genau der jeweiligen Stollengröße von 1 bis 2 kg. Dieser Karton ist so stabil und so schön, daß der Stollen problemlos transportiert, sogar im Karton geschnitten und dekorativ aufbewahrt werden kann. Kein echter Dresdner würde einen Original Dresdner Stollen ohne Stollenkarton kaufen – so praktisch, schön und unentbehrlich ist diese Verpackung.

DAS ABWIEGEN

Das Abwiegen von losen Produkten, wie Gebäck und Pralinen erfordert ein wenig Erfahrung. Erfahrung deswegen, damit ein Überblick darüber besteht, wieviel Gebäckstücke oder Pralinen etwa 100 g ausmachen und damit auf die berühmt-berüchtigte Frage, „Darf es etwas mehr sein", verzichtet werden kann. Mit einem „Probewiegen" können diese Erfahrungen problemlos gesammelt werden. Dazu empfiehlt es sich, für jede Verkäuferin sichtbar zu notieren, wieviel Gebäckstücke oder Pralinen ungefähr 100 g ausmachen.

Aus psychologischen Gründen sollte beim Abwiegen nie mehr, sondern eher weniger als die gewünschte Menge auf die Waage gelegt werden. Hinzulegen erfreut und Wegnehmen schmerzt die Kunden. Wenn 106 g Pralinen mit einem Preis für 100 g Pralinen abgerechnet werden, zeugt das von Großzügigkeit und Liebe zum Kunden. Damit diese Geste auch ihre verkaufsfördernde und sympathische Wirkung zeigen kann, sollte sie mit vernehmlicher Stimme bekannt gegeben und bevorzugt bei Kundenandrang mit einer langen Warteschlange verwendet werden.

V: 100 g Pralinen konnte ich leider nicht genau abwiegen. Macht es Ihnen etwas aus, wenn ich Ihnen 106 g für den Preis von 100 g gebe?

Wer sagt da schon, „Oh nein, das will ich aber nicht". Positive Imagepflege und schöner Stoff für die Mundpropaganda lassen sich so erzielen.

Eine zweite Variante, die sogar einen zusätzlichen Umsatz erbringen könnte, ist:

V: Wieviel Dominosteine sollen es ungefähr sein?
Ich fülle jetzt die Tüte. Sagen Sie halt, wenn es genug ist.

Vielleicht können auf diesem Wege anstatt 100 g Dominosteine sogar 150 g Dominosteine verkauft werden. Auf die ohnehin offensichtliche Frage, darf es etwas mehr sein, kann verzichtet werden. Denn der Kunde entscheidet selbst, wieviel es mehr sein darf.

Probieren Sie diese Vorschläge doch bitte aus und tauschen Sie Erfahrungen dazu aus.

6.3 VERKÄUFERISCHE MAßNAHMEN ZUR UMSATZSTEIGERUNG

Die bisher besprochenen Kapitel und Punkte sind mehr oder weniger als das Einmaleins des Profiverkaufs im Bäckerfachgeschäft zu betrachten. Zu ihnen zählen im weiteren Sinne auch die folgenden Punkte: Der Alternativverkauf, der Zusatzverkauf, der Vorverkauf, die Bestellungsannahme, die Produktprobenverteilung, der Telefonservice, der Lieferservice und das Rückgaberecht. Diese Bereiche sind im Bäckerhandwerk noch weitgehend unentdeckte oder verkannte Bereiche. Dieser Rückstand ist jedoch ein Vorteil für diejenigen Bäckermeister, die ständig auf der Suche nach neuen Ideen für mehr Umsatz sind und sich von ihrer Konkurrenz abgrenzen wollen.

Während der Alternativverkauf, der Zusatzverkauf und der Vorverkauf ohne Probleme der Verkaufslehre zugeordnet werden können, ist die Zuordnung der Bestellannahme, der Produktprobenverteilung, des Telefonservices, des Lieferservices und des Rückgaberechts nicht mehr so eindeutig. Aus der Sicht des Marketing würden sie zur Verkaufsförderung für Konsumenten zugeordnet werden. Weil aber ihr Erfolg oder Mißerfolg zu einem bedeutenden Teil von den verkäuferischen Fähigkeiten der Verkäuferinnen abhängig ist, können sie, wie hier geschehen, auch aus der Sicht der Verkaufslehre betrachtet werden.

Ein Versprechen kann an dieser Stelle abgegeben werden, wer die folgenden Maßnahmen zur Umsatzsteigerung konsequent anwendet, kann keinen Schaden erleiden und kann nichts verlieren. Er hat nur die besten Chancen, seinen Umsatz in Richtung Höchstumsatz zu steigern und sich gegen die Konkurrenz positiv abzugrenzen.

6.3.1 ALTERNATIVVERKAUF

Im Vergleich zu früheren Zeiten, in denen der Alternativverkauf noch ein Stiefkind war, hat sein Stellenwert und seine Anwendung zugenommen. Von einem durchweg professionellen Alternativverkauf kann jedoch noch keine Rede sein. Dazu ist seine Anwendung im Bäckerfachgeschäft noch zu gering.

Wenn die Verkäuferin auf ausverkaufte oder nicht im Sortiment befindliche Produkte hinweisen muß, sollte dem Kunden ein Alternativangebot gemacht werden. Wie die zwei folgenden negativen Beispiele sollte es jedoch nicht aussehen:

K: Dann hätte ich gerne noch vier Brötchen.
V: Brötchen sind schon lange ausverkauft, da müssen Sie morgen etwas früher kommen und nicht erst kurz vor Feierabend. (–)
K: Was soll ich denn nun nehmen?
V: Schauen Sie sich doch mal um, es ist noch genug da. (–)

K: Guten Tag, ich hätte gerne einen Amerikaner.
V: Führen wir nicht. (–)
K: Entschuldigung, ich habe Sie nicht ganz richtig verstanden.
V: Führen wir nicht. (–)
K: Können Sie mir bitte sagen, warum nicht?
V: Das müssen Sie schon den Chef fragen. (–)
K: Darf ich Sie fragen, ob Sie schon einmal etwas vom Alternativverkauf gehört haben? (–)
V: Roter Kopf, keine Antwort, dreht sich um und füllt das Brotregal auf.

So nicht ✗

Das zweite Beispiel ist ein Einkaufserlebnis im Originalton. Erlebt im Dezember 1994 in einer angesehenen Düsseldorfer Bäckerei.

DER ENTTÄUSCHTE KUNDE

Wenn ein Kunde die Worte „ausverkauft oder führen wir nicht" hört, ist er enttäuscht. Das ist stets zu berücksichtigen. Die Enttäuschung kann ihm sogar Probleme verursachen, weil er sich auf seine Brötchen gefreut hat und nun nicht weiß, was er anstelle der Brötchen nehmen soll. Je nach Produkt und Uhrzeit des Einkaufs kann er auch denken, „Die haben es wohl nicht mehr nötig" oder „Da kann ich das nächste Mal ja gleich woanders einkaufen". Im Sinne der Kundenzufriedenheit sind diese Gedanken sicherlich nicht.

Um die Enttäuschung zu lindern und um zu vermeiden, daß der Kunde auf falsche Gedanken kommt, erklärt die Profiverkäuferin stets, warum etwas ausverkauft ist oder nicht geführt wird. Auch auf Worte, wie „leider" oder „es tut mir leid" sollte verzichtet werden. Denn diese würden dem Kunden die Enttäuschung erst so richtig bewußt machen. Es genügt die einfache Feststellung, daß etwas ausverkauft ist und warum etwas ausverkauft ist und daß man das Problem für den Kunden lösen will. Erst dann ist der Weg für die Auswahl eines Alternativangebotes geebnet.

K: Ich hätte gerne 4 Brötchen.
V: Brötchen sind heute schon ausverkauft, weil wir eine ungewöhnlich große Nachfrage nach Brötchen hatten. Aber ich helfe Ihnen gerne dabei, etwas anderes für Sie auszusuchen.

DIE AUSWAHL DES ALTERNATIVANGEBOTES

Die einfachste und naheliegendste Möglichkeit zur Auswahl eines Alternativangebotes ist die Frage an den Kunden, ob er eine passende Alternative zu seinen gewünschten Brötchen weiß. Wenn der Kunde eine eigene Alternative kennt, ist seine Enttäuschung geringer.

K: Ich hätte gerne 4 Brötchen.
V: Brötchen sind für heute ausverkauft, weil wir eine ungewöhnlich große Nachfrage nach Brötchen hatten. Wissen Sie denn schon, was Sie anstelle von Brötchen gerne nehmen würden oder soll ich Ihnen einen Vorschlag machen?
K: Ja, wenn Sie vielleicht ein Baguette hätten?
V: Ja, das kann ich Ihnen gerne geben. Bitte schön, hier ist Ihr Baguette.

Erst wenn der Kunde keine eigene Ersatzidee für seine Brötchen hat, sollte die Verkäuferin Alternativangebote abgeben. Diese Vorgehensweise bietet den Vorteil, daß die Verkäuferin als sympathische Person und nicht als Verkäuferin angesehen wird.

K: Ich hätte gerne 4 Brötchen.
V: Brötchen sind für heute ausverkauft, weil wir eine ungewöhnlich große Nachfrage nach Brötchen hatten. Wissen Sie denn schon, was Sie anstelle von Brötchen gerne nehmen würden oder soll ich Ihnen einen Vorschlag machen?

K: Mir fällt nichts ein.
V: Ich kann Ihnen ofenfrische Baguettebrötchen oder knusprige
   Vollkornbrötchen anbieten. Schauen Sie bitte, hier sind sie.

In unserem Beispiel hat sich die Verkäuferin für das Angebot von Spezialbrötchen entschieden. Nun weiß sie aber noch nicht, wie dem Kunden das Angebot gefällt. Sie kann jetzt stillschweigend abwarten oder wie eine Profiverkäuferin den Kunden direkt fragen wie er über das Angebot denkt.

K: Ich hätte gerne 4 Brötchen.
V: Brötchen sind für heute ausverkauft, weil wir eine ungewöhnlich
   große Nachfrage nach Brötchen hatten. Wissen Sie denn schon,
   was Sie anstelle von Brötchen gerne nehmen würden oder soll ich
   Ihnen einen Vorschlag machen?
K: Mir fällt spontan leider nichts ein.
V: Ich kann Ihnen ofenfrische Baguettebrötchen oder knusprige
   Vollkornbrötchen anbieten. Schauen Sie bitte, hier sind sie.
   Wie gefällt Ihnen mein Vorschlag?

Der Kunde kann jetzt einen der Vorschläge annehmen oder immer noch unsicher sein. Ist er weiterhin unsicher, weiß die Profiverkäuferin auch in dieser Situation einen Rat. Sie kreist das Problem ein. Brötchen sollten es sein, Baguettebrötchen oder Vollkornbrötchen.

K: Ich hätte gerne 4 Brötchen.
V: Brötchen sind für heute ausverkauft, weil wir eine ungewöhnlich
   große Nachfrage nach Brötchen hatten. Wissen Sie denn schon,
   was Sie anstelle von Brötchen gerne nehmen würden oder soll ich
   Ihnen einen Vorschlag machen?
K: Mir fällt spontan leider nichts ein.
V: Ich kann Ihnen ofenfrische Baguettebrötchen oder knusprige
   Vollkornbrötchen anbieten. Schauen Sie bitte, hier sind sie.
   Wie gefällt Ihnen mein Vorschlag?
K: Ich weiß nicht so richtig…
V: Ich möchte Ihnen gerne helfen, darf ich Ihnen deshalb eine Frage stellen?
K: Ja.
V: Können Sie mir bitte verraten, was Ihnen an den Baguettebrötchen
   und den Mehrkornbrötchen nicht zusagt?
K: Na ja, die Baguettebrötchen sind so groß und Körner in den
   Brötchen mag ich auch nicht.

V: Dann habe ich die Lösung für Sie…

K: Welche denn?

V: Ich kann Ihnen vier Roggenbrötchen anbieten, die sind nicht größer als Brötchen oder zwei Baguettebrötchen, die sind genau so groß wie 4 Brötchen. Sehen Sie hier ist ein Roggenbrötchen und hier ein Baguettebrötchen. Was sagen Sie dazu?

K: Wissen Sie was?

V: Nein.

K: Ich nehme jetzt zwei Roggenbrötchen und ein Baguettebrötchen.

V: Die gebe ich Ihnen doch gerne. Bitte sehr. Was darf ich Ihnen sonst noch geben?

Dieses nicht konstruierte Beispiel soll verdeutlichen helfen, wie einfach und schwierig ein Alternativverkauf sein kann. Aber auch, daß es oftmals noch ein Problem und eine Problemlösung geben kann, wo kein Problem und keine Problemlösung mehr vermutet wird.

Übrigens, ausverkaufte Ware ist eine hervorragende Ausgangslage um einen Vorverkauf oder eine Vorbestellung einleiten zu können.

6.3.2 ZUSATZVERKAUF

Wer kennt die Situation beim Schuhkauf nicht? Kaum sind die neuen Schuhe ausgesucht, bietet die professionelle Verkäuferin die farblich passende Schuhcreme dazu an und sogar noch die farblich passenden Socken oder Strümpfe. Ein Verkäufer für Herrenmode sollte zu jedem verkauften Hemd oder Anzug die passende Krawatte anbieten, ein Hosenverkäufer den passenden Gürtel, ein Kameraverkäufer das Zubehör und die Filme, ein Lampenverkäufer die Reserveglühbirnen und eine Bäckereifachverkäuferin…?

Der Zusatzverkauf ist das Stiefkind im Bäckerfachgeschäft, aber nicht nur dort. Geschäftstüchtige Unternehmer wissen jedoch zu berichten, daß der Zusatzverkauf je nach Branche und Preiskategorie bis zu 30% des Gesamtumsatzes ausmachen kann. Gleich wieviel Prozent der Zusatzverkauf auch tatsächlich ausmachen kann, er macht immer etwas aus.

HINWEISSCHILDER KÖNNEN DEN ZUSATZVERKAUF NICHT ERSETZEN

Hinweisschilder für Angebote jeder Art, die in jedem Bäckerfachgeschäft vor der Eingangstür, im Schaufenster und im Ladenlokal zu finden sind, können den Zusatzverkauf durch die Verkäuferinnen nicht ersetzen. Obwohl die Schilder so groß sind, daß sie nach menschlichem Ermessen nicht übersehen werden können, werden sie dennoch übersehen oder schnell vergessen. Zu diesem Ergebnis sind renomierte Forschungsinstitute gekommen, die sich mit diesem Thema ausführlich beschäftigt haben. Die Hauptgründe für dieses Ergebnis ist eine gewisse Immunität gegenüber Informationen (Werbung wohin man sieht) und die Vergeßlichkeit. Gibt dagegen eine Verkäuferin ein Zusatzangebot ab wird dieses in den Vordergrund der Betrachtung gerückt. Diese phantastische Wirkung kann ein Hinweisschild nicht erzielen.

WIE HÄUFIG EIN ZUSATZANGEBOT ZUM ZUSATZVERKAUF FÜHRT

Gesicherte Erkenntnisse darüber, wie häufig ein Zusatzangebot zum Zusatzverkauf führt, liegen für den Verkauf im Bäckerfachgeschäft nicht vor. Auch in anderen Branchen liegen keine gesicherten Erkenntnisse vor, weil der Einzelhandel es bislang versäumt hat, dieses Umsatzförderungsinstrument konsequent zu seinem Vorteil einzusetzen. Die einen sprechen davon, daß vier von zehn Kunden das Zusatzangebot annehmen, die anderen sagen, es sind zwei von zehn Kunden und dritte sagen, es lohne sich nicht. Hier sollten über einen längeren Zeitraum eigene Erfahrungen gesammelt und ausgewertet werden.

Fest steht jedoch, wird kein Kunde auf einen Zusatzkauf angesprochen, muß das Ergebnis null Zusatzverkäufe lauten. Werden alle Kunden auf einen Zusatzkauf angesprochen, können im Idealfall alle Kunden einen Zusatzkauf tätigen. Den Fall, daß jeder Kunde das Zusatzangebot ablehnt, gibt es nicht. So steht mit Sicherheit fest, werden alle Kunden auf einen Zusatzkauf angesprochen, wird mehr Umsatz gemacht. Die Höhe des Umsatzes durch Zusatzverkäufe bestimmen neben dem angebotenen Produkt und seinem Preis auch die Verkäuferinnen. Dies trifft ebenso für den Verkauf an gewerblichen Kunden zu.

FÜR WEN ZUSATZANGEBOTE GEDACHT SIND

Oftmals wird die Frage gestellt, wer auf Zusatzkäufe angesprochen werden soll. Die Antwort ist einfach und heißt jeder erwachsene Kunde. Bei Senioren sollte, um Mißverständnisse zu vermeiden, mit Zusatzangeboten vorsichtig umgegangen werden. Dies trifft auch für ausländische Kunden zu, die die deutsche Sprache nicht vollständig beherrschen.

Übrigens, auch gewerbliche Kunden sollten zum eigenen Vorteil mit Zusatzangeboten bedacht werden. Sie reagieren nicht anders als die Kunden im Bäckerfachgeschäft – mal nehmen sie ein Zusatzangebot an und mal nicht –.

DER ZUSATZVERKAUF HAT NICHTS MIT ÜBERREDEN ZU TUN

Viele Verkäuferinnen und Verkäufer im Einzelhandel lehnen den Zusatzverkauf mit der Entschuldigung (oder der Ausrede), „Ich kann meine Kunden doch nicht überreden", einfach ab. Den Anhängern dieser Theorie darf ohne Bedenken mitgeteilt werden, daß sie sich irren. Der Zusatzverkauf hat alleinig etwas mit verkäuferischen Fähigkeiten oder Unfähigkeiten zu tun. Aber auch damit, daß einige Verkaufstrainer, wenn sie überhaupt über den Zusatzverkauf reden, Zusatzverkaufsrezepte verbreiten, die sie selbst noch nie getestet haben. Zusatzverkaufen heißt nämlich nur, den Kunden Produkte anbieten, nach denen sie nicht gefragt haben, also den latenten, unbewußten Bedarf ansprechen.

PRODUKTE DIE FÜR DEN ZUSATZVERKAUF GEEIGNET SIND

Zusatzangebote sollen für den Kunden einen Sinn machen, sonst werden sie nicht gekauft. Deshalb soll eine Auswahl darüber getroffen werden, welche Produkte für den Zusatzverkauf geeignet sind. Besonders geeignet sind neue Produkte, Sonderangebote, verbundene Produkte, Saison- und Aktionsprodukte, einmalige und außergewöhnliche Produkte, sowie vergessene Produkte.

DER EINSTIEG IN DEN ZUSATZVERKAUF

Wie die Erfahrung zeigt, ist in den wenigsten Fällen der gesamte Zusatzverkauf ein Problem, sondern nur der Einstieg in den Zusatzverkauf. Er gelingt garantiert, wenn folgende Einstiegsworte verwendet werden:

▲ Haben Sie schon gesehen, daß wir heute Erdbeerkuchen im Angebot haben?
▲ Habe ich Ihnen schon gesagt, daß wir eine Aktionswoche für unser Teegebäck haben?
▲ Wissen Sie schon, daß wir ein neues Brot haben?
▲ Habe ich Ihnen schon verraten, daß wir ab sofort frischen Pflaumenkuchen haben?
▲ Haben Sie schon gehört, daß wir Kaffee zum Sonderpreis haben?

Damit der gefragte Kunde nicht einsilbig mit Nein oder Ja antwortet und das Gespräch in eine Sackgasse läuft, sollte eine motivierende Anschlußfrage gestellt werden.

▲ Haben Sie schon gesehen, daß wir heute Erdbeerkuchen im Angebot haben, was sagen Sie dazu?

Weitere motivierende Anschlußfragen sind:

▲ Wäre das auch etwas für Sie?
▲ Was halten Sie davon?
▲ Wie finden Sie das?
▲ Ist das etwas für Ihren Appetit?
▲ Wie gefällt Ihnen dieses/mein Angebot?
▲ Was sagen Sie dazu?

Weil diese Fragen offene Fragen sind, die eine ausführliche Antwort erwarten lassen, geben die gefragten Kunden in der Regel eine ziemlich klare Stellungnahme zum Zusatzangebot ab. Aufgrund dieser Stellungnahme kann die Verkäuferin ihre weiteren Schritte planen.

DER ZUSATZVERKAUF FÜR NEUE PRODUKTE

Neue Produkte bieten sich für den Zusatzverkauf einfach an. Sie können dabei aus dem Eigensortiment, aber auch dem Fremdsortiment stammen. Wenn die Kunden nicht wissen, daß ein neues Produkt im Sortiment ist, können sie es nicht verlangen und kaufen es womöglich woanders.

K: Und 10 Brötchen bitte.
V: Habe ich Ihnen schon gesagt, daß wir eine neue Brötchensorte haben und zwar die Riesenbrötchen?

K: Was ist denn das?
V: Schauen Sie bitte, hier sind die Riesenbrötchen. Ein einfaches Brötchen wiegt ca. 40 g und ein Riesenbrötchen wiegt 100 g und der Teig ist Brötchenteig. Einige Kunden, die unsere Riesenbrötchen schon probiert haben, sind ganz begeistert und sagen, da kann man wenigstens was in der Hand halten und kräftig reinbeißen. Was sagen Sie dazu?
K: Das klingt gut und das Riesenbrötchen sieht ja wirklich riesig aus. Das muß ich direkt probieren. Geben Sie mir bitte auch eins mit.

K: Und 10 Brötchen bitte.
V: Ach wissen Sie schon, wir führen jetzt auch Kaffee von der Firma Kaffeeland, den kennen Sie doch?

K: Oh ja, den hole ich sonst immer im Supermarkt. Da kann ich ihn zukünftig auch hier kaufen.

V: Wir haben den Kaffee heute sogar zum Einführungspreis, da ist jedes Pfund eine ganze Mark billiger. Wie finden Sie das?

K: Na da nehme ich doch direkt ein Pfund mit.

V: Kein Problem, welche Sorte bitte?

DER ZUSATZVERKAUF FÜR SONDERANGEBOTE

Sonderangebote sind, wie das Wort schon sagt, besondere Angebote zu einem ermäßigten Preis. Sonderangebote haben das Ziel, den Kunden glücklich zu machen und den Kunden an ein Produkt zu gewöhnen, damit er es späterhin auch zum normalen Preis kauft. Über Sonderangebote soll auch der Konkurrenz das Leben schwer gemacht werden. Denn ein Laufkunde, der ein Sonderangebot kauft, kauft meist auch etwas anderes ein. Damit Sonderangebote auch glaubwürdig und wirkungsvoll sind, sollen sie auch nur für einen befristeten Zeitraum angeboten werden.

Marketingbewußte Bäckermeister planen ihre Sonderangebote oder Angebote im voraus und haben jederzeit ein Sonderangebot. Sie wissen, regelmäßige Sonderangebote dienen der Kundenbindung, der Neukundengewinnung, der Attraktivität des Geschäftes und obendrein bringen sie die Konkurrenz ins Schwitzen.

Wenn sich die Verkäuferinnen kräftig ins Zeug legen, jedem Kunden das Sonderangebot persönlich mitteilen und sich nicht nur auf die Hinweisschilder vor und im Geschäft verlassen, sind Sonderangebote besonders wirkungsvoll und umsatzstark. Wer sagt denn, daß jeder Kunde die Sonderangebotshinweise auch gesehen oder bewußt wahrgenommen hat?

Wenn ein Sonderangebot zum Beispiel über 14 Tage läuft, kann natürlich nicht vom ersten bis zu letzten Tag die Frage, „Habe ich Ihnen schon gesagt", gestellt werden. Ein Großteil der Stammkunden würde über das Sonderangebot bald Bescheid wissen und diese Frage als nervend empfinden. Aus diesem Grunde sollte die Sonderangebotspolitik bewußt Überschneidungen vorsehen, denn das ergibt den täglichen Gesprächsstoff für zwei Sonderangebote. Überschneiden heißt in jeder Woche bestehen zwei Sonderangebote, wobei eines dieser Sonderangebote ausläuft und ein neues Sonderangebot hinzukommt.

So kann jeden Montag problemlos mit der Frage „Habe ich Ihnen schon gesagt, welches Sonderangebot wir in dieser Woche haben", gestartet werden. Am Mittwoch wird gefragt, „Haben Sie unser Sonderangebot schon probiert" und ab Freitag gilt die Frage, „Wissen Sie noch, daß wir zwei Sonderangebote haben? Läuft nur ein

Sonderangebot jeweils über eine Woche, wird am Montag gefragt oder gesagt, „Habe ich Ihnen schon gesagt", ab Mittwoch, „Wissen Sie noch?" und ab Freitag, „Haben Sie daran gedacht, wir haben noch… im Sonderangebot."

Der Zusatzverkauf von Sonderangeboten sollte den individuellen Bedingungen des Geschäftes angepaßt werden. Zu diesen Bedingungen zählen der Standort des Geschäftes und die daraus resultierende Kundenstruktur nach Lauf- und Stammkundschaft. Als Regel gilt, desto höher der Laufkundenanteil, desto wichtiger, dringender und interessanter ist der tägliche Zusatzverkauf von Sonderangeboten.

Ist zum Beispiel in einer Vorstadtlage der Stammkundenanteil sehr hoch, und wird den Kunden die tägliche Abgabe von Zusatzangeboten zur nervenden Last, sollte die Abgabe von Zusatzangeboten individuell auf ein vertretbares Maß gekürzt werden. Diese Kürzung darf aber nicht in den freiwilligen Verzicht auf den Zusatzverkauf von Sonderangeboten führen. In dieser Situation könnte zum Beispiel die folgende Regelung hilfreich sein.

Nur am Montag wird gefragt, „Wissen Sie schon, daß wir ab heute Mohnkuchen im Sonderangebot haben?". Nur am Mittwoch gilt die Frage, „Wissen Sie noch, daß wir diese Woche Mohnkuchen im Sonderangebot haben?". Nur am Freitag und Samstag gilt die Frage, „Habe ich Ihnen schon gesagt, daß wir unseren Mohnkuchen auch heute (und morgen) im Sonderangebot haben? Eine andere Variante kann heißen, Montag und Dienstag wird auf das Sonderangebot hingewiesen, Mittwoch und Donnerstag sind die Ruhetage für den Zusatzverkauf des Sonderangebotes, am Freitag geht es wieder los, weil schon am Montag das neue Sonderangebot im Verkaufsprogramm ist.

In jedem Falle gilt ein Grundsatz, selbst wenige Zusatzverkäufe von Sonderangeboten sind besser als keine Zusatzverkäufe von Sonderangeboten.

V: Bitte sehr, hier sind Ihre Brötchen. Wissen Sie schon, daß wir jetzt Kaffee im Sonderangebot haben, wie gefällt Ihnen das?
K: Das ist gut zu wissen, denn ich brauche neuen Kaffee.

V: Habe ich Ihnen schon gesagt, daß wir ab heute Laugengebäck im Angebot haben, ist das etwas für Ihren Appetit?
K: Ich hab das schon gelesen und vergessen. Danke, daß Sie mich daran erinnern, denn ich hätte gerne vier frische Laugenbrezeln.

V: Wissen Sie noch, daß wir diese Woche Zwiebelbrot im Angebot haben?
K: Ja, daran erinnere ich mich und morgen nehme ich auch eins mit.

DER ZUSATZVERKAUF FÜR VERBUNDENE PRODUKTE

Verbundene Produkte sind Produkte, die zusammengehören, wie Erdbeerkuchen mit Sahne, Kuchen und Kaffee, Kaffee, Filtertüten, Kaffeesahne oder Würfelzucker, Brötchen oder Brot mit Butter und Belag. Auch die verbundenen Produkte können dem Eigensortiment oder dem Fremdsortiment angehören. Ein Zusatzangebot für verbundene Produkte sollte immer dann gemacht werden, wenn sich die Gelegenheit dazu bietet.

K: Ein Pfund Kaffee bitte, den Milden.
V: Gerne, haben Sie auch noch genug Filtertüten und Kaffeesahne im Haus?
K: Gut daß Sie mich daran erinnern.

K: Zwei Stück Pflaumenkuchen bitte.
V: Gerne. Darf ich Sie bitte fragen, möchten Sie Sahne im Schälchen extra dazu?

Diese Frage tut dem Kunden nicht weh und er wird elegant an die nicht bestellte Sahne erinnert. Jetzt kann er sich entscheiden.

K: Ach ja richtig, die Sahne habe ich vergessen, bitte im Schälchen.
K: Ich möchte keine Sahne dazu.

K: Zwei Stück Pflaumenkuchen bitte.
V: Gerne. Darf ich Sie bitte fragen, möchten Sie den Pflaumenkuchen mit Sahne oder wollen Sie absichtlich keine?
K: Ach ja richtig, natürlich mit Sahne. Die kann ich mir noch leisten. (Und lacht dazu)

K: Zwei Stück Pflaumenkuchen mit Sahne und zwei Stück Käsesahnetorte.
V: Das gibt ja einen schönen Nachmittagskaffee.
K: Das kann man sagen, meine liebste Freundin kommt zu Besuch.
V: Das ist ja schön für Sie. Übrigens, haben Sie auch genug Kaffee im Haus?
K: Für heute reicht er noch, aber man kann ja nie wissen. Geben Sie bitte noch ein Pfund dazu.
V: Gerne, Filtertüten auch?
K: Warum nicht, Filtertüten braucht man doch immer.

DER ZUSATZVERKAUF FÜR SAISON- UND AKTIONSPRODUKTE

Saison- und Aktionsprodukte sind Produkte, die nur in bestimmten Zeiten zur Verfügung stehen oder hergestellt werden. Zu ihnen zählen auszugsweise Weihnachtsstollen und Weihnachtsgebäck, Ostergebäck oder Schokoladenostereier, Obstkuchen, wie Erdbeerkuchen, Pflaumenkuchen, Heidelbeerkuchen, Himmbeerkuchen. Aber auch Speiseeis und Eistorte in der Sommerzeit, Weckmänner zu St. Martin, Berliner (in Berlin Pfannkuchen genannt) und Möhrenköpfe zu Silvester sind gute Zusatzverkaufsartikel. Ein Hinweis auf Saisonprodukte kann immer mit den Worten, „Sie wissen ja, Erdbeerkuchen mit frischen Erdbeeren gibt es nur einmal im Jahr", begleitet werden. Aus diesem Grunde sollten Saison- und Aktionsprodukte auch fleißigst angeboten werden. Der Umsatz dieser Produkte kann dadurch nicht sinken, sondern nur noch steigen.

V: Wir haben jetzt wieder Erdbeerkuchen, ist das nicht prima?
K: Oh ja, ich freue mich das ganze Jahr darauf.

V: Leider ist die Erdbeerzeit bald wieder vorbei, aber jetzt
   gibt es noch Erdbeerkuchen. Haben Sie Appetit darauf?
K: Heute nicht, aber morgen, wenn wir Besuch bekommen.

V: Ist das eine Hitze heute.
K: Das kann man wohl sagen.
V: Ich habe in meiner Frühstückspause ein kühles, leckeres
   Eis gegessen, das hat vielleicht erfrischt und geschmeckt.
K: Das kann ich mir vorstellen, das hätte ich auch gerne.
V: Ja wissen Sie denn noch nicht, daß wir jetzt wieder unser
   hausgemachtes Eis haben?
K: Nein, das hat mir noch niemand gesagt.

V: Heute und morgen haben wir wieder unsere beliebten Berliner
   mit einer echten Senffüllung. Was sagen Sie dazu?
K: Ha, das ist ja prima. Davon nehme ich auch zwei Stück.
   Aber woher weiß ich denn, welche mit der Senffüllung sind?
V: Die Senffüllung hat ein Fähnchen mit der Aufschrift,
   „Guten Appetit!" und bei der süßen Füllung steht „Frohes Neues Jahr".

DER ZUSATZVERKAUF FÜR AUSSERGEWÖHNLICHE ODER EINMALIGE PRODUKTE

Außergewöhnlich oder einmalig können Eigenprodukte sein, häufig sind es jedoch die Fremdprodukte der Kaffeelieferanten. Wenn es Eigenprodukte sind, sind es wirkliche Raritäten, wie Original Rheinischer Marzipanstollen, eine Riesentorte oder ein Riesenmarzipanschwein. Da außergewöhnliche oder einmalige Produkte nur einen begrenzten Zeitraum zur Verfügung stehen, ergibt es sich von selbst, daß sie für den Zusatzverkauf geeignet sind.

V: Wissen Sie schon, daß wir unser Riesenmarzipanschwein geschlachtet haben und es in Portionen verkaufen?
K: Ja, das habe ich auch schon gesehen.
V: Wäre das auch etwas für Sie?
K: Ja, lassen Sie uns mal sehen.

V: Haben Sie schon gesehen, daß wir jetzt auch Modeschmuck von der Firma Kaffeeland haben? Schauen Sie, hier liegt er, ist er nicht schön?
K: Ja, ich habe davon gehört. Was kostet denn die hübsche Armbanduhr für Kinder?

HABEN SIE MUT ZUM EXPERIMENT ZUSATZVERKAUF

Für den Fall, daß Sie noch keinen konsequenten Zusatzverkauf betreiben, ihn aber betreiben möchten, sollen die folgenden Worte eine Hilfestellung für den Start bieten.

Nehmen Sie Ihre verkaufsstärkste Verkäuferin und entwickeln Sie mit ihr ein Zusatzverkaufskonzept. Bestimmen Sie ein Produkt, mit dem Sie in die Testphase gehen. Legen Sie die Einleitungsworte, „Haben Sie schon gesehen" und die Anschlußfrage „Wäre das auch etwas für Sie" fest und beginnen Sie Ihr Experiment. Damit konkrete und auswertbare Ergebnisse erzielt werden können, sollte die „Testzusatzverkäuferin" jeden ihrer Kunden auf einen Zusatzkauf ansprechen, eine Strichliste führen und die Ergebnisse ebenfalls festhalten.

Diese systematische Vorgehensweise vermittelt Erfahrungswerte, Korrekturmöglichkeiten, Entscheidungshilfen und die vorab gesprächsweise Einbeziehung der noch nicht am Zusatzverkauf beteiligten Verkäuferinnen. Wenn alle Ecken und Kanten abgeschliffen worden sind, können die übrigen Verkäuferinnen mit der erprobten und durch Beobachtung miterlebten Zusatzverkaufsstrategie vertraut gemacht und aktiv einbezogen werden. Wenn Sie diesen Weg einhalten, wird der Tag kommen, an dem Sie sich die Frage stellen, warum haben wir das noch nicht früher gemacht.

Übertragen sie diese Vorgehensweise bitte auch auf den Vorverkauf und die Bestellannahme, es lohnt sich wirklich!

6.3.3 VORVERKAUF

Mit einem Vorverkauf ist nicht der Abschluß eines Kaufvertrages oder eine Bestellannahme gemeint, sondern die Aktivitäten einer Verkäuferin, die sich auf den zukünftigen Umsatz beziehen. Präzise gesagt auf eine Ware, die noch nicht verfügbar ist oder auf eine Ware, die der Kunde im Moment noch nicht kauft, aber in Erwägung zieht, sie zu kaufen. Typische Produkte für den Vorverkauf sind neue Produkte, Sonderangebote jeder Art, Saisonprodukte, außergewöhnliche oder einmalige Produkte, die Geburtstags- oder Hochzeitstorte.

Die Einstiegsworte sind dieselben wie beim Zusatzverkauf, „Haben ich Ihnen schon erzählt," und die Anschlußfrage „Wäre das auch etwas für Sie". Auch die Ergebnisse können sich sehen lassen, wenn der Vorverkauf zum ständigen Bestandteil des Verkaufsgesprächs wird.

Der Vorverkauf kann sich auf einen späteren Zeitpunkt beziehen:

K: Dann hätte ich gerne noch drei Stück Buttercremetorte.

V: Gerne. Habe ich Ihnen schon gesagt, daß wir in zwei Wochen unsere Tortenwochen haben?

K: Was ist denn das?

V: Das heißt, wir stellen eine neue Tortencreation vor und bieten diese zum Einführungspreis an. Lassen Sie sich ein mal überraschen und falls Sie ein Kaffeekränzchen planen, sollten Sie es zu in dieser Zeit machen.

K: Das ist ja ein ganz toller Hinweis, wo doch meine Freundinnen und ich so große Tortenliebhaber sind.

V: Im nächsten Monat haben wir wieder unseren begehrten Weihnachtsstollen.

K: Prima, ich nehme doch jedes Jahr einen Stollen von Ihnen, auch dieses Jahr.

K: Von Ihren Torten bin ich immer wieder begeistert.

V: Vielen Dank, daß Sie das sagen.
Habe ich Ihnen eigentlich schon erzählt,
daß wir auch Torten nach Ihren persönlichen
Wünschen machen?

K: Das trifft sich ja gut, im nächsten Monat haben wir nämlich Silberhochzeit.

Aber auch auf einen nahen Zeitpunkt:

V: Wissen sie schon, daß wir in der nächsten Woche eine neue Brotsorte,
   und zwar Sonnenblumenkernbrot haben werden?
   Was sagen Sie dazu?
K: Das klingt ja interessant. Schmeckt das auch gut?
V: Lassen Sie sich einfach überraschen.

V: Ich möchte Ihnen schon heute verraten, daß wir demnächst Ihre
   geliebten Baguettebrötchen im Angebot haben.
   Wie finden Sie das?

Der Vorverkauf kann sich auch aus einem Zusatzangebot ergeben, welches der
Kunde nicht sofort in Anspruch nehmen möchte:

V: Habe ich Ihnen schon gesagt, daß wir ab heute wieder
   Weihnachtsstollen haben? Wie gefällt Ihnen das?
K: Das finde ich ja toll. Heute habe ich kein Interesse, aber
   ich komme noch vor Weihnachten auf Ihr Angebot zurück.

V: Wissen Sie noch, daß wir diese Woche unser Mehrkornbrot im
   Angebot haben, das essen Sie doch so gerne?
K: Das habe ich nicht vergessen, am Samstag nehme ich eins mit.

Sogar eine Bestellannahme kann durch einen Vorverkauf eingeleitet werden:

K: Das war's dann.
V: 9.80 DM bitte. 10.00 DM und 0.20 DM zurück.
   Ach was ich noch sagen wollte…
K: Sagen sie es ruhig.
V: Was halten Sie von der Idee, wenn ich Ihnen für Samstag
   Ihre Brötchen und Ihren Kuchen zurücklege?
K: Das ist eine gute Idee.
V: Wenn Sie die Brötchen und den Kuchen im voraus bezahlen
   würden, könnten Sie diese Samstag bis kurz vor Ladenschluß
   abholen und brauchen nicht zu hetzen. Macht das einen Sinn für Sie?
K: Das ist sogar eine sehr gute Idee. Übrigens wußte ich noch
   nicht, daß das auch möglich ist.
V: Das ist unser neuer Bestellservice. Ich freue mich, daß er Ihnen gefällt.

6.3.4 PRODUKTPROBENVERTEILUNG

Die Produktprobenverteilung ist ein Instrument der Verkaufsförderung und wird in der Marketingsprache Verkostung genannt. Die Markenartikelindustrie gibt alljährlich Millionen über Millionen für die Verkostung Ihrer Produkte aus und weiß auch warum. Verkostet wird alles, was sich auch nur verkosten läßt. Mineralwasser, Bier, Wein, Kaffee, Erfrischungsgetränke, Säfte, Liköre, Suppen, Fertiggerichte, Kuchen, Kekse, Schokolade, Bonbons, Käse, Wurst, Fisch, Obst, Eis und, und, und. Selbst die Backwarenindustrie ist mit von der Partie.

Die Verkostung findet in Verbrauchermärkten und in Supermärkten statt und wird durch Werbedamen vorgenommen. Diese bieten Proben an und verkaufen gleichzeitig. Aber noch nicht genug der durchdachten Wohltaten für die Kundschaft, darüber hinaus finden Produktverteilungen, in der Marketingsprache Sampling genannt, statt. Überall dort, wo sich die Menschen häufen, in Fußgängerzonen, im Verbrauchermarkt, auf Fußballplätzen, im Kino und anderswo. Die Verkaufsförderungsmanager der Industrie wissen, was sie wollen.

Wird eine Prouktprobenverteilung beim Metzger beobachtet, ergibt sich immer dasselbe Probenverteilungsbild. Das Kind bekommt eine Scheibe Kinderwurst und strahlt. Die Mami strahlt auch, aber etwas säuerlich. Auch sie würde gerne eine Scheibe Wurst probieren und sich durch eine Wurstprobe zum Kauf verführen lassen. Diese wird ihr aber verweigert, weil sie kein Kind mehr ist und sowieso keine Kinderwurst mag. Etwas verärgert erinnert sie sich dabei an ihren letzten Urlaub im Süden. Der freundliche Metzger hatte keine Probleme damit, sie wie ein Kind zu behandeln und gab auch ihr eine große Scheibe Wurst zum Probieren.

DIE PROBIERSITUATION IM BÄCKERFACHGESCHÄFT

Beobachtungen in Bäckerfachgeschäften haben ergeben, nur einige wenige Bäckerfachgeschäfte setzen die Verteilung von Produktproben als umsatzfördernde Maßnahme ein. Der alte Vers, „Probieren geht über Studieren oder Kaufen", ist weitestgehend unbekannt. Welcher Fehler könnte denn gemacht werden, wenn ein Bäckerfachgeschäft eine Strategie für die Verteilung von Produktproben entwickelt und gezielt einsetzt?

VORGEHENSWEISE UND ANLÄSSE

Die Abgabe von Produktproben kann gezielt, geplant oder ungeplant und zufällig sein. Die gezielte und geplante Vorgehensweise ist zu bevorzugen. Die spontane Probe ergibt sich im Verkaufsgespräch und sollte trotzdem nicht dem Zufall überlassen bleiben.

Passende Anlässe für eine Produktprobenverteilung sind das aktuelle Verkaufsgespräch, die Produktneueinführung, die Umsatzbelebung eines Produktes, der Saisonbeginn für Saisonprodukte und die gezielte Erinnerung an bestimmte Produkte.

FORMEN

Die Sofortprobe wird zum sofortigen Verzehr und Geschmacktest übergeben und soll nach Möglichkeit zum Sofortkauf und zumindest zum Vorverkauf führen. Sie wird von der Verkäuferin über den Verkaufstresen abgegeben oder an einem Sondertisch, an dem eine Verkäuferin als Werbedame fungiert. Die Mitnahmeprobe ist eine Maßnahme des Vorverkaufs. Verpackte oder mitverpackte Proben werden an jeden Kunden verteilt oder mitgegeben.

ART, MENGE UND VERPACKUNG DER PROBEN

So gut wie alles, was ein Bäckerfachgeschäft im Nahrungsmittelsortiment besitzt, ist für eine Probenverteilung geeignet, sogar die hausgemachte Eiscreme, Kaffee und Lebensmittel aus dem Fremdsortiment. Es sollte nicht davor zurückgeschreckt werden, die Lieferanten von Fremdprodukten auf ihren Beitrag zur Probenverteilung anzusprechen.

Die Sofortprobe sollte nach Möglichkeit vollwertige Ware und kein Bruch sein. Sie sollte auch so umfangreich sein, daß die Geschmacksnerven etwas davon haben. Deshalb sollte auf Minipröbchen, gezwölfelte Brotscheiben, geachtelte Kuchenstücke und auf geviertelte Kekse verzichtet werden. Eine freundliche Geste ist das Nachreichen von Sofortproben. Wenn der Kunde den Nachschlag nicht ablehnt, hat es ihm mit Sicherheit geschmeckt und zumindest der Vorverkauf ist eingeleitet. Die Sofortprobe benötigt keine Verpackung. Wenn sie mit einer Gebäckzange oder auf einer Serviette überreicht wird, macht das einen guten Eindruck. Sind die Sofortproben auf dem Verkaufstresen placiert, so daß jeder Kunde Zugriff darauf hat, sollte je nach Produkt eine Gebäckzange beigelegt oder die Probe mit einem Holzspieß versehen werden.

Die Mitnahmeprobe darf etwas großzügiger bemessen sein als die Sofortprobe. Wenn sich zwei bis drei Personen, das ist eine übliche Haushaltsgröße, einen Keks oder eine Brotscheibe teilen sollen, können Probleme entstehen. Sie kann in einem

Klarsichtbeutel oder in einem kleinen Karton verpackt werden. Ein Hinweiszettel mit der Produktbezeichnung, den Besonderheiten des Produktes, einer Preisangabe und den Worten „Guten Appetit und sagen Sie uns bitte, wie es Ihnen schmeckt" beigelegt, bildet eine abgerundete Ergänzung.

ANBIETEN DER PROBEN

Gleich welche Probe angeboten oder mitgegeben wird, dies darf nicht wortlos geschehen und die Verkäuferin (oder Werbedame) sollte ihren Wortbeitrag dazu leisten.

K: Ich weiß nicht, welches Brot ich nehmen soll.
V: Da kann ich Ihnen helfen. Ich gebe Ihnen jetzt eine halbe
   Scheibe von unserem feinen Roggenmischbrot und ein
   Stückchen von unserem rustikalen Mehrkornbrot. Probieren Sie
   bitte. (Wenn Brotaufschnitt verkauft wird ist das eine einfache Sache)
K: Danke sehr.
V: Können Sie mir bitte sagen, welches Ihnen besser schmeckt?
K: Das Mehrkornbrot hat es in sich, das möchte ich gerne.

K: Ich würde gerne einen Weihnachtsstollen mitnehmen,
   aber ich bin da etwas verwöhnt und weiß nicht wie Ihr
   Weihnachtsstollen schmeckt.
V: Dem kann abgeholfen werden. Probieren Sie bitte eine Scheibe.
   Bitte sehr. (Warten bis der Kunde einen Kommentar abgibt)
K: Der ist nach meinem Geschmack, den nehme ich.
K: 10 Brötchen bitte.
V: Gerne. Weil bald Weihnachten ist, möchte ich Ihnen
   einen Spekulatius anbieten. Möchten Sie lieber einen
   Gewürzspekulatius oder einen Butterspekulatius probieren?
K: Butterspekulatius ist mir lieber.
V: Bitte sehr, einen Butterspekulatius.
K: Danke sehr.
V: Bitte sehr, hier sind Ihre Brötchen,
   hat Ihnen der Butterspekulatius geschmeckt?
K: Der war ganz prima.
V: Bitte, hier haben Sie noch einen.
K: Oh, Danke sehr. Was kostet der denn?
V: Wir haben zwei unterschiedliche Preise. Der Beutel mit 200 g
   kostet 3.50 DM und der Beutel mit 500 g kostet 7.50 DM,
   dabei sparen Sie 1.25 DM.

K: Ich hätte nichts dagegen eine größere Menge zu nehmen, aber nur Spekulatius, sie haben auch noch anderes schönes Weihnachtsgebäck ...

V: Das ist kein Problem. Sie können auch gerne eine bunte Mischung haben und ab 500 g gebe ich Ihnen gerne auch den Preis für 500 g. Das heißt, Sie sagen mir, wieviel Sie von welchem Gebäck möchten. Ich wiege das einzeln aus und Sie bekommen den (um 15%) ermäßigten Preis. Wie gefällt Ihnen das?

K: Das gefällt mir.

V: Und wenn Sie gerne möchten, kann ich Ihnen noch diese schöne Gebäckdose zum Sonderpreis von 2.50 DM anbieten. Nach Weihnachten können Sie diese für andere Zwecke verwenden. Sehen Sie bitte, hier ist die Gebäckdose. Gefällt Sie Ihnen?

K: Ja, die ist schön. Die kann ich ja sogar an meine Tante verschenken, natürlich mit Gebäck. Dann fangen wir mal an.

K: Vier Hefeteilchen bitte. Ein Käse, ein Mohn und zwei Schnecken.

V: Bitte sehr, hier sind Ihre Hefeteilchen. Weil wir Probiertage für Gebäck (Brot oder anderes) haben, habe ich Ihnen eine Probe unserer Heidesandplätzchen beigelegt. Sind Sie damit einverstanden?

K: (verblüfft) Ja.

V: Würde es Ihnen etwas ausmachen mir bei Ihrem nächsten Besuch zu sagen, wie sie Ihnen geschmeckt haben?

K: Das mache ich gerne.

6.3.5 Bestellannahme oder Bestellservice

Produkte aus dem Bäckerfachgeschäft sind Produkte des täglichen Bedarfs. Sie stehen in ausreichender Menge zur Verfügung, sind preislich betrachtet geringwertig und werden nur in Ausnahmefällen bestellt oder vorbestellt. Das ist guter alter Brauch und niemand will ihn ändern. Wäre da nur nicht die Frage, kann über die Bestellannahme und einen Bestellservice die Kundenbindung und der Umsatz gesteigert werden? Die Antwort lautet eindeutig ja.

Eine Bestellung ist eine kaufvertragliche Regelung zwischen dem Kunden und dem Bäckerfachgeschäft, vertreten durch seine Verkäuferin. Bestellungen im Bäckerfachgeschäft beziehen sich in der Regel auf größere Abnahmemengen, wie eine Kuchentafel für die Geburtstagsfeier oder eine aufwendige Hochzeitstorte. In wenigen Fällen werden auch normale Abnahmemengen (vor)bestellt und zwar dann, wenn ein weitsichtiger Kunde seinen Einkaufsstreß, zum Beispiel an Wochenenden, reduzieren möchte. Im Bäckerfachgeschäft wird die Bestellung auch als Vorbestellung oder als Weglegen der Ware bezeichnet.

Ein Bestellservice ist eine Einrichtung, die der Bäckerkundschaft die Möglichkeit bietet, ihre Kaufwünsche im voraus zu äußern und die bestellte Ware zu einem selbst bestimmten Zeitpunkt abzuholen (oder anliefern zu lassen). Die Abgabe einer Bestellung sollte persönlich, telefonisch und auch per Telefax möglich sein.

Bestellserviceeinrichtungen sind in den Bäckerfachgeschäften noch nicht weit verbreitet. Obwohl einige Bäckerfachgeschäfte Bestellungen annehmen und die bestellte Ware für die Abholung zurücklegen, wird diese Serviceleistung nicht besonders herausgestellt und nur auf Anfrage angeboten. Warum eigentlich? Liegen doch die Vorteile für das Bäckerfachgeschäft ganz klar auf der Hand.

VORTEILE FÜR DAS BÄCKERFACHGESCHÄFT

Kaum ein Kunde wird einen Nachteil darin sehen, wenn er seine Bestellungen für das Wochenende oder für sonstige Tage im voraus abgeben kann. Ist ihm doch damit die Verfügbarkeit der gewünschten Waren selbst noch zehn Minuten vor Geschäftsschluß sichergestellt. Aus diesem Grunde kann für das Bäckerfachgeschäft auch kein Nachteil damit verbunden sein, wenn es einen Bestellservice anbietet.

Die Ware ist nicht selten schon verkauft, bevor sie gebacken wurde. Risikoloser Umsatz und Gewinn sind die Folge, Chancen zur Umsatzsteigerung werden genutzt. Die Kundenbindung wird vertieft, das Image verbessert und in Richtung Konkurrenz findet eine deutliche Abgrenzung statt.

Zusätzliche Kosten sind nicht zu erwarten, wenn davon abgesehen wird, die Kosten für geeignete Bestellformulare und Hinweiszettel für die Kundschaft als nennenswerte Kosten zu bezeichnen.

NOTWENDIGE VORBEREITUNGEN

Die Vorbereitungen für einen funktionierenden Bestellservice können als minimal bezeichnet werden. Benötigt wird die aktive Beteiligung der Verkäuferinnen, ein Abstellplatz für die vorbestellten Waren, entsprechende Bestellformulare, Hinweiszettel für die Kundschaft und ein Hinweisschild für das Ladenlokal. So gesehen kann ein funktionierender Bestellservice in drei Arbeitstagen installiert und eine neue umsatzfördernde Quelle erschlossen sein.

Selbst die Verkäuferinnen benötigen keine außergewöhnlichen Vorbereitungen.

K: Guten Abend, ich hätte gerne zehn Brötchen.
V: Guten Abend. Wir haben heute sehr viele Brötchen verkauft
und deshalb sind sie schon ausverkauft.
K: Das passiert mir leider häufig, aber ich schaffe es
einfach nicht früher.
V: Dem kann abgeholfen werden, denn wir haben jetzt einen
neuen Bestellservice und über diesen können Sie Ihre
geliebten Brötchen sogar noch 10 Minuten vor Geschäftsschluß
abholen. Was sagen Sie dazu?
K: Das ist ja toll, wie funktioniert denn das?

V: Habe ich Ihnen schon gesagt, daß wir diese Woche Zwiebelbrot
im Angebot haben?
K: Ja, daran erinnere ich mich. Morgen nehme ich eins mit.
V: Was halten Sie denn davon, wenn ich Ihnen für morgen eins
zurücklege, dann bekommen Sie es garantiert und brauchen
nicht zu hetzen. Wie gefällt Ihnen mein Vorschlag?
K: Sehr gut.

V: In der nächsten Woche, und zwar am 30. und 31. Dezember,
haben wir wieder unsere beliebten Berliner mit einer
echten Senffüllung. Ist das was für Sie?
K: Ha, das ist ja prima. Ich komme dann Silvester vorbei.
V: Was halten Sie von folgender Idee? Sie sagen mir jetzt
bitte, wieviele Berliner mit Senf und wieviele süße Berliner Sie
gerne möchten und ich schreibe einen Bestellzettel aus.
Mit dem Bestellzettel haben Sie den Vorteil, daß Sie Silvester in Ruhe
ausschlafen und ihre Berliner sogar bis kurz vor Ladenschluß
abholen können. Ist das in Ihrem Sinne?
K: Na das ist ja eine gute Idee. Können wir auf den Bestellzettel auch
20 Brötchen und zwei französische Brote aufschreiben?
V: Natürlich, das ist gar kein Problem.

V: Können Sie sich noch an die Geschirrtücher von Kaffeeland
erinnern, die wir vor einigen Monaten hatten?
K: Ja, die waren ja so schnell ausverkauft.
V: In einem Monat bekommen wir wieder welche, das wollte ich Ihnen sagen.
K: Diesmal komme ich aber nicht wieder zu spät, so wie im letzten Jahr.

V: Lassen Sie sich ruhig Zeit, denn wir haben jetzt einen Bestellservice. Wenn Sie mir nur sagen, an wieviel Stück Sie gedacht haben, dann kann ich diese für Sie reservieren. Was halten Sie davon?

K: Ja, das gefällt mir.

V: Dann schauen Sie doch bitte hier in diesen Katalog und suchen sich Ihre Geschirrtücher aus.

DAS RISIKO DER NICHTABHOLUNG

Es ist mehr als ärgerlich, wenn bestellte und zurückgelegte Waren nicht abgeholt werden, aber auch wenn reservierte Waren, wie die Geschirrhandtücher des letzten Beispiels, unabgeholt bleiben. Deshalb muß eine auch für den Kunden nachvollziehbare Regelung getroffen werden, die das Risiko der Nichtabholung aufhebt. Die folgenden Möglichkeiten stehen zur Auswahl: die Sofortbezahlung, die Anzahlung oder die Reservierung ohne Anzahlung bis zu einer bestimmten Tageszeit oder einem bestimmten Tag. Jede dieser Möglichkeiten hat Ihre Vorteile und Nachteile.

(1) Die Sofortbezahlung könnte den Kunden von einer Bestellung abhalten, aber sie ist für das Bäckerfachgeschäft die sicherste Variante. Als Gegenleistung hat der Kunde die Möglichkeit, seine bezahlten und frischen Backwaren bis kurz vor Ladenschluß abzuholen und die Geschirrtücher sogar einen Monat später.

(2) Die Anzahlung teilt das Risiko zwischen dem Kunden und dem Bäckerfachgeschäft irgendwie auf. Das Bäckerfachgeschäft hat den Vorteil des Umsatzes und der Kundenbindung, und der Kunde den Vorteil der Abholung bis kurz vor Ladenschluß.

(3) Die Reservierung ohne Anzahlung bis zu einer bestimmten Tageszeit (für frische Backwaren) oder bis zu einem bestimmten Tag (für Geschirrhandtücher) ist für das Bäckerfachgeschäft mit einem Mehraufwand für Kontrollen und Rückführung der Ware in den Verkauf verbunden. Den Kunden kann es zur Nachlässigkeit oder Nichtabholung verführen und dazu, daß er für diesen Fall aus Schamgefühlen das Bäckerfachgeschäft zukünftig meidet.

Gesicherte Erkenntnisse darüber, welche der drei Varianten für alle Beteiligten die beste ist, liegen nicht vor. Diese können nur individuell erfahren und festgelegt werden.

V: Habe ich Ihnen schon gesagt, daß wir diese Woche Zwiebelbrot im Angebot haben?

K: Ja, daran erinnere ich mich. Morgen nehme ich eins mit.

V: Was halten Sie denn davon, wenn ich Ihnen für morgen eins zurücklege, dann bekommen Sie es garantiert und brauchen nicht zu hetzen. Wie gefällt Ihnen mein Vorschlag?

K: Sehr gut.

V: Hier ist Ihr Abholzettel, damit auch nichts schiefgehen kann. Macht es Ihnen etwas aus, wenn ich Ihnen das Zwiebelbrot gleich mitberechne? Sie könnten das Zwiebelbrot bis kurz vor Ladenschluß abholen.

K: Nein, natürlich nicht.

K: Na das ist ja eine gute Idee. Können wir auf den Bestellzettel für die Berliner auch gleich 20 Brötchen und zwei französische Brote aufschreiben?

V: Natürlich, das ist gar kein Problem.

K: Das ist ja prima, dann kann ich ja wirklich ausschlafen.

V: Ist es Ihnen recht, wenn ich Ihre Bestellung gleich mitkassiere?

K: Wieviel Mark sind das dann?

V: 57.90 DM

K: Da fehlen mir 20.00 DM.

V: Das geht auch, dann zahlen Sie bei Abholung bitte noch 20.00 DM.

V: Dann schauen Sie doch bitte hier in diesen Katalog und suchen sich Ihre Geschirrtücher aus.

K: Dann möchte ich gerne 2 Pakete.

V: Macht es Ihnen etwas aus, wenn sie mir 10.00 DM anzahlen?

K: Ich zahle gleich alles.

6.3.6 Telefonservice

Der Telefonservice ist eine erweiterte Form der Bestellannahme oder des Bestellservice im Bäckerfachgeschäft. Er bietet den Kunden die Möglichkeit, einzukaufen und nur zur Abholung der bestellten Waren das Bäckerfachgeschäft aufzusuchen. Wird dieser Service nicht angeboten, wird auch nicht danach gefragt werden können. Wird er konsequent angeboten, wird auch die Anzahl der Kunden steigen, die ihn in Anspruch nehmen und sehr glücklich darüber sind.

Für die Bedienung des Servicetelefons sollten, je nach Anzahl der vorhandenen Verkäuferinnen, bis zu zwei Verkäuferinnen ausgewählt werden. Es empfiehlt sich diese Verkäuferinnen auf ihre neue Aufgabe vorzubereiten und auf ihre Telefonstimme zu achten und darauf achten, daß sie auch am Telefon lächeln können. Denn ein unfreundliches Gesicht kann am Telefon sogar gehört werden Die Mitteilung an die Kunden, daß nun ein Telefonservice zur Verfügung steht, erfolgt zweckmäßigerweise in erster Linie über die Verkäuferinnen. Denn dann kommt die Information auch bei den Kunden an. Damit die Kunden die Telefonnummer des Telefonservices im Bedarfsfall auch greifbar haben, empfiehlt sich eine Visitenkarte im Scheckkartenformat. Damit der Telefonservice auch außerhalb der Geschäftszeiten in Anspruch genommen werden kann, empfiehlt sich der Einsatz eines Anrufbeantworters. Selbst ein Telefaxanschluß ist in der heutigen Zeit keine Besonderheit mehr. Die Einrichtung einer Mailbox die über den Computer zu erreichen ist, ließe das Herz manchen Computerfans höher schlagen und Umsatz machen.

V: Guten Tag, hier ist das Servicetelefon der Bäckerei am Marktplatz. Sie sprechen mit Ines Müller. Was kann ich für Sie tun?

K: Guten Tag, hier spricht Klaus Schwarz. Ich möchte für heute abend 10 Brötchen zurücklegen lassen, bevor sie wieder ausverkauft sind und für morgen ein großes Weizenmischbrot. Geht das in Ordnung?

V: Da sehe ich kein Problem. 10 Brötchen für heute und ein großes Weizenmischbrot für morgen. Sagen sie mir bitte Ihre Rückrufnummer?

K: 213427.

V: Bis wieviel Uhr kommen Sie die Brötchen abholen, Herr Schwarz?

K: Ich denke gegen 18.00 werde ich bei Ihnen sein.

V: Das ist in Ordnung. Danke für Ihren Anruf und einen schönen Tag noch, Herr Schwarz.

K: Danke sehr und für Sie auch.

V: Hallo, Sie haben die Nummer des Telefonservice der Bäckerei am Marktplatz gewählt. Leider ist unser Geschäft jetzt geschlossen. Bitte geben Sie Ihre Bestellung nach dem Signalton bekannt und vergessen Sie Ihre Rückrufnummer nicht, damit wir Ihre Bestellung bestätigen können. Danke für Ihren Anruf.

K: Guten Abend, ich hätte gerne zehn Brötchen.

V: Guten Abend. Wir haben heute sehr viele Brötchen verkauft und deshalb sind sie schon ausverkauft.

K: Das passiert mir leider häufig, aber ich schaffe es einfach nicht früher.

V: Dem kann abgeholfen werden, denn wir haben jetzt einen neuen Bestellservice und über diesen können Sie Ihre geliebten Brötchen sogar noch 10 Minuten vor Geschäftsschluß abholen.

K: Das ist ja toll, wie funktioniert denn das?

V: Hier ist eine Karte mit der Telefon- und Telefaxnummer unseres Servicetelefons. Sie können uns Tag und Nacht anrufen oder anfaxen und Ihre Bestellung durchgeben.

K: Das probiere ich heute Nacht gleich mal aus.

V: Und hier ist ihr Kaffee.

K: Das war es dann.

V: Das macht insgesamt 24.30 DM bitte. Und 4.70 DM zurück. Ich möchte Ihnen gerne noch unseren neuen Telefon- und Telefaxservice vorstellen. Darf ich?

K: Klar, wie läuft denn das?

V: Sie können jetzt ihre Bestellung bei Tag und bei Nacht durchgeben. Und hier ist eine Karte mit den entsprechenden Nummern.

K: Danke sehr, das ist gut zu wissen. Übrigens, liefern Sie auch an?

V: Wenn Sie mich bitte morgen noch einmal fragen können, weiß ich auch dazu genau Bescheid. Denn dieses Thema wird heute Abend besprochen.

K: Bis morgen dann und Auf Wiedersehen.

V: Auf Wiedersehen und Danke für Ihren Einkauf.

6.3.7 LIEFERSERVICE

Wer Bestellungen annimmt, sollte auch ausliefern können. Sagen Sie bitte nicht gleich, wer soll denn das bezahlen, sondern überlegen Sie bitte vielmehr, für welche Kunden ein Lieferservice interessant sein könnte. Es gibt bestimmt einige Senioren, Hausfrauen, Büros, Werkstätten und so weiter, die keine gewerblichen Kunden sind, und den vollen Ladenverkaufspreis bezahlen würden und einen kostendeckenden Beitrag für den Lieferservice auch. Die einen täten es, weil sie sich mühevolle Wege sparen, die anderen aus Zeitnot, die nächsten wegen der Bequemlichkeit. Weitere weil sie rechnen können und wissen, daß die Benutzung ihres Autos auch Geld kostet und womöglich einen Strafzettel wegen Falschparkens obendrein.

Denken Sie bitte auch darüber nach, wie Sie mit einem Lieferservice Ihr Ansehen steigern könnten, neue Kunden gewinnen, Ihren Standort verbessern, Ihre Außer-Haus-Verpflegung einbeziehen, Ihren Umsatz erhöhen und ihre Gewinne auch.

Trotz aller unbeantworteten Fragen bietet doch gerade diese Dienstleitung auch für das Bäckerfachgeschäft in einer nicht so guten Lage zusätzliche Chancen und Umsatzspielräume an. Eine Standortanalyse und ihre Daten über im Einzugsgebiet befindliche Büros und gewerbliche Betriebe kann da weiterhelfen. Gibt es doch mittlerweile auch Pizzabäckereien, die ihren Backbetrieb ohne Restaurant betreiben und sich nur auf den Lieferservice spezialisiert haben.

Um den Lieferservice bekannt zu machen und in Schwung zu bringen können wiederum die Verkäuferinnen ihren Wortbeitrag leisten. Die professionellste unter ihnen könnte sogar für die Akquisition von neuen Kunden für die Außer-Haus-Verpflegung und den Lieferservice ausgebildet und eingesetzt werden.

V: Das macht dann bitte 4.60 DM. Danke sehr und 0.40 DM zurück.
   Habe ich Ihnen schon gesagt, daß wir jetzt auch einen Lieferservice anbieten?

K: Nein. Heißt das etwa, daß Sie jetzt auch ins Haus liefern?

V: Ja.

K: Das lobe ich mir. Können Sie mir mehr dazu sagen?

V: Sie brauchen nur unseren Telefonservice anzurufen.
   Darf ich Ihnen dazu unser Informationsblatt mitgeben?

K: Gerne.

V: Guten Tag, mein Name ist Verena Müller. Ich komme von der Bäckerei Müller.

K: Franke, Was kann ich für Sie tun?

V: Ich möchte Sie gerne mit unserem Lieferservice bekannt machen.

K: Was ist denn das? Liegt hier vielleicht ein Irrtum vor,
   wir handeln mit Autoersatzteilen und nicht mit Brot und Brötchen?

V: Keinesfalls, aber ich denke doch, daß auch sie jeden Tag etwas essen?

K: Das ist wohl richtig, sonst müßte ich ja verhungern.

V: Sehen Sie, Herr Franke, und davor möchte ich Sie auch bewahren.

K: Und wie wollen Sie das machen?

V: Wir können Ihnen bei Anruf das anliefern, was Ihr Herz begehrt:
   Frühstücksbrötchen, Croissants, Baguettes, Kuchen, Torten und so weiter.
   Aus diesem Grunde möchte ich Ihnen gerne unser Lieferprogramm
   überreichen und einige Exemplare für Ihre Mitarbeiter überlassen.
   Bitte sehr, schauen Sie selbst. Sieht das nicht interessant aus?

K: Ja, aber im Moment kann ich nichts dazu sagen.

V: Das macht doch nichts, wenn Sie etwas benötigen, rufen Sie doch
   einfach unseren Telefonservice an oder schicken Sie uns ein Telefax.
   Vielen Dank, daß Sie sich Zeit für mich genommen haben.
   Auf Wiedersehen und einen schönen Tag noch.

K: Auf Wiedersehen.

Zwei Tage später:

Herr Franke: Frau Kaiser? Hab ich einen Appetit auf belegte Brötchen, Sie auch?
Frau Kaiser: Ja, ich auch. Aber ich habe jetzt viel zu tun.
Herr Franke: Na dann rufen Sie doch einfach mal die Bäckerei Müller an
und fragen Sie direkt, ob die uns nicht gleich 10 Brötchen
und ein Brot für daheim mitliefern können. Und Kaffee fürs Büro.
Frau Kaiser: Das ist eine gute Idee.

6.3.8 RÜCKGABERECHT

Wir backen nur beste Qualität, unser Brot ist immer frisch oder wer bei uns kauft, macht keinen Fehler. Mit diesen oder ähnlichen Worten dokumentieren Bäckerfachbetriebe immer wieder, was sie zu leisten imstande sind. Wir nehmen Ihre bei uns gekaufte Ware zurück, wenn Sie nicht zufrieden sind. Mit diesen Worten, die im Geschäftslokal deutlich erkennbar und lesbar sind, motiviert ein bekannter deutscher Lebensmitteldiscounter seine Kunden zum Kauf. Es wird gut verkauft und so gut wie nichts an verkaufter Ware kommt zurück. Was hindert einen seriösen Bäckerfachbetrieb daran, dieselbe Aussage zu treffen?

Eigentlich nichts. Und was hätten die Kunden davon? Viel, sehr viel, weil ein deutlicherer Frische- und Qualitätsbeweis überhaupt nicht mehr getroffen werden könnte. Reklamationen erledigten sich von selbst und unschlüssige Kunden würde es auch nicht mehr geben. Sogar die Kauffreudigkeit und der Umsatz könnten steigen. Und zwar deswegen, weil ein Rückgaberecht das Kaufrisiko mindert und zusätzlich zum Gefühlskauf verführt.

Was wäre aber, wenn ein Kunde die gekaufte Ware zurückgäbe, nur weil sie nicht seinem Geschmack entspricht? Nur Gutes wäre die Folge. Der Kunde würde glücklich und zufrieden sein. Er würde Stammkunde werden oder bleiben. Er könnte sich auf sein Bäckerfachgeschäft verlassen und der Bäckermeister sich auf seinen Umsatz. Aber urteilen Sie bitte selbst:

K: Ich habe gestern ein Brot gekauft, das schmeckt mir
aber nicht und ich wollte das gerne zurückgeben.
Ob das möglich ist, denn Sie haben da so ein Hinweisschild…
V: Natürlich, können sie mir bitte nur sagen, ob es am Brot
liegt oder ob es Ihre Geschmacksrichtung betrifft?
K: Es ist nicht so ganz mein Geschmack, denn mein Lieblingsbrot
war gestern Abend schon ausverkauft.

V: Welches Brot ist denn Ihr Lieblingsbrot?

K: Das Mehrkornbrot.

V: Na dann tauschen wir es doch einfach um. Ist Ihnen das angenehm?

K: Ja.

V: Haben Sie auch etwas auf Ihrem Einkaufszettel stehen??

K: Ja, Kaffee und zwei Stück Sahnetorte.

V: Bitte sehr.

K: Was macht das?

V: 14.30 plus 0.40 DM für das Brot. 14.70 DM bitte.
15.00 DM danke sehr und 0.30 DM zurück.

K: Ich danke Ihnen auch sehr und das kommt auch nie wieder vor.
Richtig peinlich ist mir das.

V: Das muß Ihnen nicht peinlich sein, wir sagen doch ausdrücklich,
daß wir Ware, mit der Sie nicht zufrieden sind, anstandslos
zurücknehmen und daran halten wir uns selbstverständlich auch.

K: Wissen Sie, das habe ich meiner Nachbarin ja auch erzählt und die
hat mich richtig ausgelacht und gesagt, die tauschen Ihnen doch
nie im Leben ein Brot um, nur weil es Ihnen nicht geschmeckt hat.
Vielen Dank nochmals.

6.3.9 ANMERKUNGEN

Die in den vorigen Punkten vorgestellten Maßnahmen sind Verkaufsförderungs-maßnahmen. Mit Hilfe der Verkäuferin werden sie zum Leben erweckt und durch ihren aktiven Wortbeitrag sind sie eine sinnvolle und notwendige Ergänzung für das Verkaufsgeschehen im Bäckerfachgeschäft. Der Selbstbedienungshandel, der nur stark eingeschränkt auf Verkaufspersonal zurückgreifen kann, hat es da schon etwas schwerer. Aber auch er sucht nach Lösungen, die der Bedienungshandel zum großen Teil seinen Verkäufern übertragen könnte. So berichtet „werben & verkaufen" in seiner Ausgabe 50/94:

„Fernsehspots flimmern über den Regalen

1995 werden rund 300 Märkte mit Fernsehern ausgestattet. Gezeigt werden Spots aus dem Fernsehen. Ab 1998 sollen in 2000 Märkten Werbespots laufen. Das einjährige Pilotprojekt wurde abgeschlossen und erbrachte erstaunliche Ergebnisse. Der Schokoriegel Balisto legte um etwa 180 Prozent zu, der Rum Barcadi um 70 Prozent und die Zahnpasta Dentagard um 100 Prozent. Im Durchschnitt verkauften sich die per Bildschirm beworbenen und untersuchten Produkte um rund 95 Prozent besser."

Anmerkung: Fernsehspots sind Fernsehwerbefilme, die auch Werbespots oder Spots genannt werden.

Was können diese Informationen für das Bäckerfachgeschäft bedeuten? Nicht etwa, daß nun Fernsehgeräte aufgestellt werden sollen, sondern, daß die Verkaufsshow, der Alternativ- und Zusatzverkauf, die Freundlichkeit, die Motivationsfähigkeit und das Verkaufswissen der Verkäuferinnen laufend verbessert werden und auf dem neuesten Stand gehalten werden muß.

Man sollte sich nur nicht allein darauf verlassen, daß jeder Kunde die Hinweisschilder für Sonder- und Aktionsangebote auch wahrnimmt und deswegen kauft. Bis ein Kunde bedient wird, kann er das Sonderangebot wegen Ablenkung oder anderer vorrangiger Gedankengänge schon längst vergessen haben. Vorausgesetzt, er hat das Hinweisschild überhaupt wahrgenommen. Denn viele Kunden, man glaubt es kaum, übersehen selbst riesige Hinweisschilder.

An welche Hinweisschilder können Sie sich erinnern, die Sie bei Ihrem letzten Besuch im Lebensmittelmarkt oder anderswo gesehen haben? Oder an welche Reklamewand, die überall auf den Straßen zu sehen sind?

Wenn ein Kunde von einer Verkäuferin auf ein Angebot oder ein Aktionsprodukt angesprochen wird, nimmt er es bewußt wahr. Er hört zu, gibt eine Antwort und die Verkäuferin kann auf die Antwort sogar reagieren. Das wird ein Fernsehspot oder ein Hinweisschild im Bäckerfachgeschäft niemals können. Und die persönliche Ausstrahlung einer Verkäuferin kann ein Fernseher an der Decke oder ein Hinweisschild im Bäckerfachgeschäft auch nicht erreichen.

Auch die Bemerkung, daß ein einjähriges Pilotprojekt abgeschlossen wurde, sollte den Bäckereifachbetrieb interessieren. Sie bringt deutlich zum Ausdruck, daß planloses und zweiwöchiges Experimentieren und „erfolgloses Abbrechen" keine brauchbaren Ergebnisse erbringen kann. Nur ein strategisch durchdachtes Pilot- oder Testprojekt mit entsprechender Laufzeit kann brauchbare Ergebnisse und Entscheidungshilfen für die weitere Vorgehensweise liefern.

Wie kommt es, daß sich die über die Verbrauchermarktbildschirme beworbenen Produkte um rund 95 Prozent besser verkaufen ließen? Die Erklärung ist einfach, die Fernsehspots motivieren rund um die Uhr zum Kauf. Warum soll das im Bäckerfachgeschäft mit Hilfe von Profiverkäuferinnen nicht gelingen? Das ist Ihre größte Stärke, Sie können es besser als Bildschirme und Fernsehspots und das ist nebenbei gesagt, Ihr eigentlicher Job.

6.4 TEXT- UND HANDLUNGSBAUSTEINE IM VERKAUFSGESPRÄCH

Ihr Freund würde große Augen machen, wenn er wüßte, was Sie jetzt schon wissen und können. Sie können jetzt nicht nur ein Verkaufsgespräch entwickeln und mit Leben füllen, sondern darüber hinaus auch schon präzise sagen, wo der Fehler im Verkaufsgespräch gesteckt hat.

Der Fehler des Verkaufsgesprächs lag im Strategiebaustein Angebot und zwar im Zusatzangebot, welches zum Zusatzverkauf führen soll. Genau betrachtet wurde die Fragetechnik nicht richtig eingesetzt bzw. keine Frage, die zum Zusatzverkauf führen kann, verwendet. Man kann doch keinem Kunden mit den lapidaren Worten, wir haben heute unser Bauernbrot im Angebot, zum Kauf (ver)führen. Damit das demnächst besser klappt, soll eine richtige Frage gestellt werden: Wissen Sie schon Frau Schmidt, daß wir heute unser rustikales Bauernbrot auch für Sie im Angebot haben? Schauen Sie bitte, hier ist es. Sieht es nicht appetitlich aus?

Weiter so, bald können Sie Ihren Kolleginnen oder Mitarbeitern Verkaufsnachhilfeunterricht geben und obendrein neue Ideen zur Umsatzsteigerung entwickeln und ausprobieren.

6.4.1 Was sind Text- und Handlungsbausteine

Textbausteine sind Worte, Sätze oder ganze Texte, die immer wieder verwendet werden können. Sie werden im täglichen Leben, in Reden und Gesprächen, in der elektronischen Textverarbeitung, aber auch in Verkaufsgesprächen verwendet.

Brötchen sind heute wegen unerwartet großer Nachfrage schon ausverkauft. Ich habe aber für Sie noch ofenfrische Baguettebrötchen oder knusprige Roggenbrötchen vorrätig. Schauen Sie bitte, hier sind sie. Wie gefallen Sie Ihnen?

Handlungsbausteine sind einzelne Handlungen oder vollständige Handlungsabläufe. Sie werden regelmäßig bei Tätigkeiten im Büro, bei handwerklichen Tätigkeiten, aber auch im Verkaufsgespräch verwendet.

„Schauen Sie bitte, hier sind sie". Während die Verkäuferin diese Worte ausspricht, lächelt sie, zeigt sie dem Kunden, wo die benannten Brötchen liegen. Oder sie nimmt die Brötchen in die Hand, damit der Kunde die Brötchen auch sehen kann und Appetit auf die Brötchen bekommt. Handlungsbausteine bestehen aus „körpersprachlichen Worten" oder Gesten, wie Lächeln, Zeigen, in die Hand nehmen und auf die Theke legen.

6.4.2 Der Sinn von Text- und Handlungsbausteinen

Die Verwendung von Text- und Handlungsbausteinen kann das Verkaufen ungemein erleichtern helfen. Dies gilt ganz besonders für Auszubildende und Aushilfskräfte im Verkauf eines Bäckerfachgeschäftes. Das heißt aber nicht, daß erfahrene Verkäuferinnen die nächsten Punkte überlesen sollen.

Aller Anfang ist schwer, gleich was der Mensch tut oder lernen muß. Hat man eine Tätigkeit eine Zeitlang ausgeführt und dabei gelernt, bekommt man eine gewisse Erfahrung und Routine. Erfahrung und Routine entstehen durch die ständigen Wiederholungen einer Tätigkeit. Dabei spielt es keine Rolle, ob diese Tätigkeit Autofahren, Kochen, Backen oder Verkaufen im Bäckerfachgeschäft heißt. Desto umfangreicher die Lerninhalte der jeweiligen Tätigkeit sind, desto schwieriger ist das Lernen und Behalten der Lerninhalte und ihre fehlerlose Umsetzung in die Praxis.

Im Punkt Beispielesammlung für Text- und Handlungsbausteine werden zwanzig Bausteingruppen für Text- und/oder Handlungsbausteine vorgestellt, von denen jede Gruppe durchschnittlich zwei Varianten beinhaltet. Diese schon recht umfangreiche Beispielesammlung ist noch nicht einmal vollständig. Wie sollen diese auf Abruf gewußt werden können, wenn sie nicht gepaukt werden? Sie wissen doch, ein Verkaufsgespräch muß man im Kopf haben.

Text- und Handlungsbausteine versetzen die Verkäuferin auf schnelle, bequeme Art und Weise in die Lage, ihren Wissensstand zu prüfen, Wissenslücken zu schließen und eigene Ergänzungen vorzunehmen. Schnelligkeit ist deshalb notwendig, weil schon am nächsten Arbeitstag das nächste Verkaufsgespräch stattfindet.

Wenn Sie jetzt sagen, daß ist doch übertrieben und über soviel Wissen muß eine Verkäuferin nicht verfügen, streichen Sie doch bitte in der Bausteinesammlung für Text- und Handlungsbausteine später die Gruppen und Varianten aus, die Sie für überflüssig halten. Es wird Ihnen schwer fallen, etwas zu streichen.

6.4.3 BEISPIELESAMMLUNG TEXT- UND HANDLUNGSBAUSTEINE

Die folgende Beispielesammlung soll als Grundlagenbildung, Anregung, Denkansatz und Vorschlag verstanden werden. Sie erhebt auch keinen Anspruch auf Vollständigkeit. Ergänzen Sie die Beispielesammlung bitte mit Ihren eigenen und/oder nicht erwähnten Text- und Handlungsbausteinen. Weitere Beispiele, Änderungen und Ergänzungen sollten jedoch vor Aufnahme in die Sammlung in einer Testphase geprüft werden.

Hier eine Kurzübersicht über die folgenden Bausteingruppen:

Begrüßung, Warm up, Bedarfsanalyse, Alternativangebot, Zusatzangebot, Ermittlung des Kundennamens, Führen wir nicht, Das ist aber teuer, Ist der Kuchen jetzt billiger, Ist das Brot auch frisch, Ich möchte aber von Fräulein Susi bedient werden, Ich bin jetzt dran, Reklamationen, Beschwerden, Abwiegen von Waren, Kassiervorgang und Verabschiedung, Telefonbedienung, Kostprobenverteilung, Höflichkeitsformeln und Beschreibung von Produkteigenschaften.

Ein wichtiger Hinweis soll an dieser Stelle noch gegeben werden:

Text- und Handlungsbausteine sind nicht nur für den Pofiverkauf am Verkaufstresen im Bäckerfachgeschäft geeignet, sondern auch für den Profiverkauf im Stehausschank, im Konditoreicafé, auf der Bäckertour und an gewerbliche Kunden.

1. Begrüßung

Guten Morgen, Guten Tag, Guten Abend, aber auch ein lockeres Hallo, schön Sie wiederzusehen oder sonstige landesübliche Begrüßungsformen sind möglich.

2. Warm up

Lesen Sie bitte dazu auch Punkt 6.2.1 Begrüßung, Warm up, Verabschiedung.

Übrigens, die Kunst des Warm up liegt im zuhören können!

Guten Morgen, Guten Tag, Guten Abend, Hallo

▲ Wie geht es Ihnen heute?
▲ Ich freue mich Sie wiederzusehen?
▲ Was macht die Kunst?
▲ Alles in Ordnung?
▲ Wie war der Urlaub?
▲ Ist das nicht ein grausliches Wetter heute?
▲ Wie hat Ihnen denn der Weihnachtsstollen geschmeckt?
▲ Wie hat Ihnen denn gestern der Fernsehfilm gefallen?
▲ Wie geht es Ihrem Mann, der Frau, den Kindern, dem Hund oder der Katze?

Die Fragen eines Warm up machen auch Antworten erforderlich. Diese sind auf ein Mindestmaß zu beschränken, damit keine unendliche Geschichte daraus wird. Nicht auf Diskussionen einlassen, keine Partei ergreifen und kritische Themen, wie Politik oder Kirche, vermeiden. Passende Antworten sind:

▲ Das klingt aber interessant.
▲ Das wußte ich noch gar nicht.
▲ Na sowas.
▲ Das hätte ich nicht gedacht.
▲ Das sollte man sich merken.
▲ Erzählen Sie ruhig weiter. (In Ausnahmefällen)
▲ Ja und zustimmendes Kopfnicken als Handlungsbaustein.
▲ Ja und Lächeln als Handlungsbaustein

Manchmal beginnt auch ein Kunde ein Warm up oder ein Gespräch, auf welches auch freundlich, aber nicht ausführlich eingegangen werden sollte:

- ▲ Da haben Sie wirklich recht.
- ▲ Das wußte ich noch nicht.
- ▲ Das ist ja interessant. Das können Sie laut sagen.
- ▲ Ich sehe das auch so.
- ▲ Das stimmt wirklich.
- ▲ Was Sie so alles wissen.

Wenn der Kunde kein Ende findet:

- ▲ Ich würde Ihnen gerne noch bis morgen früh zuhören, aber das geht leider nicht.
- ▲ Das ist ja wirklich spannend, aber meine Chefin guckt schon.

3. Bedarfsanalyse

- ▲ Was kann ich sonst noch für Sie tun?
- ▲ Was darf ich Ihnen sonst noch geben?
- ▲ Warauf haben Sie sonst noch Appetit?
- ▲ Was steht sonst noch auf ihrem Einkaufszettel?
- ▲ Worauf haben Sie denn heute Appetit, 5 Brötchen wie immer? (Stammkunden vorbehalten)

Besser ist jedoch die Alternative, den Kunden ansagen zu lassen, was er kaufen möchte. Dies hat den Vorteil, daß der Kunde seine Kaufwünsche unaufgefordert aussprechen kann. Die ewig wiederkehrenden Fragen, „Kann ich Ihnen helfen, womit kann ich Ihnen dienen, haben Sie sonst noch einen Wunsch, darf es sonst noch etwas sein", können auf ein Minimum reduziert werden. Denn verkaufsfördernd sind sie ohnehin nicht.

V: Guten Tag.
K: Guten Tag, ich hätte gerne 5 Brötchen.
V: *Bitte sehr, hier sind ihre knusprigen Brötchen. (zählen)*
K: Dann möchte ich noch drei Stück Pflaumenkuchen.

V: Guten Tag, worauf haben Sie denn heute Appetit?
K: Guten Tag, ich hätte gerne 5 Brötchen.
V: *Und hier sind ihre knusprigen Brötchen. (zählen)*
K: Dann möchte ich noch drei Stück Pflaumenkuchen.

Während der Umstellungsphase wird der Verkäuferin empfohlen, im Geiste einundzwanzig, zweiundzwanzig, dreiundzwanzig zu zählen. Spätestens bei dreiundzwanzig meldet sich der Kunde zu Wort, ohne daß ihm eine einzige Frage gestellt worden ist.

4. Alternativangebot

Der folgende Textbaustein begründet „warum" die Brötchen ausverkauft sind:

Brötchen sind wegen unerwartet großer Nachfrage für heute ausverkauft.

Die nächsten Textbausteine bilden den Anschluß:

Haben Sie schon eine Idee, was Sie anstelle von Brötchen gerne nehmen würden oder soll ich Ihnen etwas vorschlagen?

Aber das sollte kein Problem sein. Denn ich habe noch ofenfrische Baguettebrötchen oder knusprige Roggenbrötchen vorrätig.

Es folgt die unverzichtbare Frage nach der Kundenmeinung zum Alternativangebot:

Wie gefällt Ihnen mein Vorschlag, was sagen Sie dazu, ist das etwas für Ihren Appetit, ist das etwas für Sie?

5. Zusatzangebot

Ein Zusatzangebot muß eingeleitet werden, und zwar mit einer Frage:

Darf ich Sie auf etwas aufmerksam machen? Wissen Sie schon, habe ich Ihnen schon gesagt, haben Sie schon gelesen, daß wir heute Erdbeerkuchen im Angebot, eine Spezialitätenwoche, eine Aktionswoche haben?

Kennen Sie schon unser heutiges Sonderangebot, darf ich auch Ihnen unser heutiges Sonderangebot verraten? Wir haben heute Erdbeerkuchen, Streuselkuchen, Bauernbrot im Sonderangebot.

Es folgt die unverzichtbare Frage nach der Kundenmeinung zum Zusatzangebot:

Wie gefällt Ihnen das, was sagen Sie dazu, ist das etwas für Ihren Hunger oder Appetit, habe ich ins Schwarze getroffen?

Die Erinnerungsfrage für den vergessenen Bedarf, der zum Zusatzverkauf führen kann, lautet:

Darf ich Sie bitte fragen, haben Sie vergessen mir zu sagen, daß Sie Sahne zum Erdbeerkuchen möchten?

Haben Sie auch nichts vergessen, Kaffee, Filtertüten,…?

Ein Zusatzverkauf kann auch über eine Information an den Kunden erzielt werden:

Wissen Sie schon, habe ich Ihnen schon gesagt, haben Sie schon gelesen, daß wir jetzt auch einen Telefonservice, einen Lieferservice haben? Wie gefällt Ihnen das, was sagen Sie dazu?

Wissen Sie schon, habe ich Ihnen schon gesagt, haben Sie schon gelesen, daß wir jetzt eine neue Brotsorte, und zwar das Singlebrot für kleine Haushalte oder den kleinen Brotappetit haben? Wie gefällt Ihnen das, was sagen Sie dazu?

Ein Zusatzangebot kann auch über die Bekanntgabe von zusätzlichen Produkteigenschaften abgegeben werden:

K: Ich hätte gerne zwei Stück Pflaumenkuchen.
V: Gerne, wissen Sie auch, daß der Pflaumenkuchen ofenfrisch, das heißt noch warm ist?
K: Wenn das so ist, hätte ich gerne vier Stück.

V: Habe ich Ihnen schon erzählt, daß wir heute ofenfrischen Pflaumenkuchen haben?
K: Heißt das, daß der Pflaumenkuchen noch warm ist?
V: Richtig. Jetzt bekommen Sie Appetit darauf, nicht wahr?
K: Da haben sie recht, zwei Stück bitte. Denn warmer Kuchen schmeckt immer am besten.

Aber auch über eine psychologisch geschickt plazierte Kunstpause:

V: Guten Tag.
K: Guten Tag. Ich hätte gerne 5 Brötchen.
V: Bitte sehr, Ihre Brötchen. Haben Sie denn auch Appetit auf ein Stück Kuchen oder Torte? Wir haben heute frischen Erdbeerkuchen, ofenfrischen Pflaumenkuchen oder eine aromatische Nußcremetorte…
(An dieser Stelle wird eine geschickte psychologische Kunstpause gemacht und auf eine Reaktion des Kunden gewartet, damit der Kunde den begonnenen Gedanken selbst zu Ende führen kann. Probieren Sie es aus, es funktioniert wirklich!)

K: Darf ich die Nußcremetorte bitte mal sehen?
oder:
K: Nein, das nicht. Ich möchte lieber ein großes Stück frischen Streuselkuchen dazu.
V: Das paßt prima. Der ist sogar noch ofenfrisch. Schauen Sie bitte, hier ist er. Und wie der duftet…
K: Oh ja, herrlich.

Und durch Geschichten über dritte Personen:

V: Guten Tag.
K: Guten Tag. Ich hätte gerne 5 Brötchen.
V: Gerne, hier sind Ihre Brötchen.
K: Und zwei Mohnbrötchen und das ist alles.
V: Gestern war eine Kundin hier, die hat doch auf einen Schlag 30 Mehrkornbrötchen gekauft.
K: Hatte die eine Party?
V: Hier sind Ihre Mohnbrötchen, bitte sehr. Nein, die Dame hatte keine Party. Sie sagte, ich wohne weit weg und ihre Mehrkornbrötchen schmecken so gut. Ich nehme für die halbe Nachbarschaft Mehrkornbrötchen mit. Das macht 2,90 DM bitte.
K: Ach, 5 Mehrkornbrötchen könnte ich auch noch mitnehmen.

6. Ermittlung des Kundennamens

Ich sehe Sie sehr häufig unser Geschäft besuchen und möchte Sie deswegen gerne mit Ihrem Namen anreden. Macht es Ihnen etwas aus, mir Ihren Namen zu verraten? Mein Name ist Susi Müller…

7. Führen wir nicht

Ich muß Ihnen sagen, daß wir keine Zeitungen führen. Ich werde diesen Gedanken aber an unseren Bäckermeister weitergeben.

Ich muß Ihnen mitteilen, daß wir keine Frischmilch führen, weil gleich nebenan ein Lebensmittelgeschäft ist.

Ich muß Ihnen gestehen, daß wir keine Gitterapfelkuchen im Sortiment haben. Aber darf ich Sie fragen, ob es ein Gitterapfelkuchen sein muß? (Überleitung zum Alternativverkauf)

Ich muß Ihnen gestehen, daß wir keinen Gitterapfelkuchen im Sortiment haben. Ich gebe Ihre Anregung gerne an die Backstube weiter. Können Sie mir bitte verraten, was das besondere am Gitterapfelkuchen ist und welche besonderen Zutaten er besitzt? Vielleicht finden wir einen gleichwertigen Apfelkuchen? (Überleitung zum Alternativverkauf)

8. Das ist aber teuer

Macht es Ihnen etwas aus, mir zu verraten wie Sie das meinen? Können Sie mir bitte sagen, warum unser Roggenbrot nach Ihrer Meinung teuer ist? Ich kann Ihnen zur Preisbildung leider nichts sagen. Meine Filialleiterin weiß jedoch bestens Bescheid, ich hole Sie sofort.

9. Ist der Kuchen jetzt billiger?

Ich würde Ihnen den Kuchen gerne billiger verkaufen, ich kann Ihre Frage verstehen, aber wir haben eine Vorschrift, an die auch ich mich halten muß. Das verstehen Sie doch?

10. Ist das Brot auch frisch?

Nicht selten erledigt sich die Frage nach der Frische, wenn nach dem Grund der Frage gefragt wird:

Können Sie mir bitte sagen, ob Ihre Frage einen bestimmten Grund hat? (Offene Frage)

V: Ich kann Ihnen versprechen, daß wir nur frische Backwaren zum Verkauf anbieten. Dieses Brot hat vor zwei Stunden den Backofen verlassen. Diese Brötchen waren vor einer Stunde noch im Backofen. Wir sind besonders stolz darauf nur tagesfrische Produkte, Brote, Brötchen anzubieten. Glauben Sie mir das? (Offene Frage)

K: Nein, das glaube ich Ihnen nicht.

V: Das erschreckt mich aber. Macht es Ihnen etwas aus, mir zu verraten was Sie zu dieser Antwort veranlaßt? (Geschlossene Frage)

K: Ich habe vor einiger Zeit ein Brot vom Vortag bekommen.

V: ??? Fortsetzung in Textbausteingruppe 13. Reklamationen. Oder kennen Sie schon eine Lösung?

V: Ich kann Ihnen versprechen, dieses Brot hat vor zwei Stunden
   den Backofen verlassen.
K: Wie wollen Sie denn das beweisen, ohne daß Sie mir das Brot schenken?
   Verkäuferin wickelt das Brot in Papier ein und hält es der Kundin hin.
V: Bitte, fühlen Sie selbst.
K: Ach Sie meinen den Drück-Mich-Test?
V: Ja.
   Kundin drückt das Brot.
K: Ich glaube Ihnen, das Brot ist noch ganz frisch.

Gibt es jetzt noch Probleme mit der nervenden Frage, ist das Brot auch frisch?

Haben Sie auch schon einmal den Brot-Drück-Mich-Test machen lassen? Wenn nein, warum nicht und wenn ja, mit welchem Erfolg?

Übrigens: Haben Sie den Fehler entdeckt? Wenn nicht, dann schauen Sie bitte noch einmal nach. Die Anmerkungen (Offene Frage) und (Geschlossene Frage) sind vertauscht worden!

11. Ich möchte aber von Fräulein Susi bedient werden

Meine Kollegin Susi hat heute Ihren freien Tag. Würden Sie sich heute auch von mir bedienen lassen?

Meine Kollegin Susi wird sie gleich bedienen, ich sage ihr sofort Bescheid.

Meine Kollegin Susi bedient gerade. Möchten Sie einen Moment warten oder darf ich Sie auch bedienen?

12. Ich bin jetzt dran

Ich muß Ihnen gestehen, daß ich die Reihenfolge Ihres Eintreffens nicht verfolgt habe.

Ich würde Sie gerne gemeinsam bedienen, aber das gäbe mit Sicherheit Probleme.

Macht es Ihnen etwas aus, sich eben abzustimmen, wen ich zuerst bedienen darf?

13. Reklamationen

Wegen der Problematik für Kunden und Verkäuferin, die mit Reklamationen entstehen kann, wird an dieser Stelle ein Textauszug über den Umgang mit Reklamationen gegeben.

Diese Punkte bitte unbedingt beachten:

▲ Die Reklamation nicht als Angriff auf die eigene Person betrachten.

▲ Tief durchatmen, entspannen, die Ruhe bewahren und den reklamierenden Kunden ansehen.

▲ Lächeln, freundlich sein und geduldig zuhören.

▲ Den Kunden reden und ausreden lassen, bis er seinen ersten Dampf abgelassen hat und ruhiger wird.

▲ Nicht provozieren lassen!

▲ Nachdenken und Ursache der Reklamation suchen.

▲ Für den Anlaß der Reklamation entschuldigen und für die Reklamation danken.

▲ Lösung anbieten und fragen, ob der Kunde damit einverstanden ist

▲ Sollten keine betrieblichen Anweisungen über die Großzügigkeit (oder Kleinlichkeit) zur Behandlung von Reklamationen vorhanden sein, ist Abhilfe dringend geboten.

▲ Im Zweifelsfalle oder in schwierigen Fällen die Reklamation an eine reklamationserfahrene Kollegin abgeben oder auf den nächsten Tag zurückstellen.

Die Bearbeitung von Reklamationen und ihr erster Schritt:

V: Ich bedaure sehr, daß Sie einen Anlaß zu einer Reklamation haben und möchte mich schon jetzt in aller Form dafür entschuldigen und Dank dafür sagen, daß Sie diese Reklamation auch aussprechen.

Selbst weitermachen:

V: Wir werden Ihr Problem mit Sicherheit lösen. Worum geht es denn bitte?

K: Es geht um dieses und jenes und das und dies.

Oder an die erfahrene Kollegin oder Reklamationsverkäuferin abgeben:

V: Macht es Ihnen etwas aus, wenn ich Sie mit meiner Kollegin
   Hartmann bekannt mache und ihr das weitere überlasse,
   sie weiß da nämlich bestens Bescheid.

Oder auch vertagen:

V: Worum geht es denn bitte?
K: Es geht um dieses und jenes und das und dies.
V: Es tut mir wirklich leid und das kann ich verstehen. (!)
   Nur diese diese oder ähnliche Worte verwenden und die Reklamation
   nicht anerkennen, sonst gibt es später neuen Ärger.
V: Ich möchte, daß Sie vollends zufrieden sind und werde die
   Angelegenheit meinem Chef vortragen. Ich darf nämlich
   nicht über Reklamationen entscheiden. Verstehen Sie das
   bitte. Ist das für den Moment eine Lösung für Sie?
K: Ja, das geht auch.
V: Möchten Sie morgen ab 15.00 Uhr wieder vorbeikommen oder
   sollen wir Sie anrufen?

Die Entscheidung sollte dann auch bis zum genannten Zeitpunkt getroffen sein.

Und nun die Lösung aus Punkt 10. Ist das Brot auch frisch?

V: Ich kann Ihnen versprechen, daß wir nur frische Backwaren?
   zum Verkauf anbieten. Glauben Sie mir das?
K: Nein, das glaube ich Ihnen nicht.
V: Das erschreckt mich aber. Macht es Ihnen etwas aus, mir zu verraten,
   was Sie zu dieser Antwort veranlaßt?
K: Ich habe vor einiger Zeit ein Brot vom Vortag bekommen und
   das hat mir gar nicht gefallen.
V: Haben Sie das Brot denn reklamiert?
K: Sie wissen ja, das sind doch nur Streitereien, die nichts
   als überflüssige Aufregung bringen. Seitdem frage ich ja
   auch erst, ist das Brot auch frisch?
V: Das tut mir wirklich leid und ich möchte mich nachträglich
   dafür entschuldigen, daß Sie Ärger mit uns hatten. Damit
   dies aber nie mehr vorkommt möchte ich Ihnen gerne beweisen,
   daß Ihr ausgesuchtes Brot auch wirklich frisch ist.
V: ??? Schlagen Sie bitte eine Lösung vor.

14. Beschwerden

Darf ich Sie bitten, Ihre Beschwerde unserem Bäckermeister, unserer Filialleiterin vorzutragen?

Es tut mir leid, daß Sie einen Anlaß zu einer Beschwerde haben. Ich höre Sie gerne an und verspreche Ihnen schon jetzt, daß wir Ihr Problem lösen können.

15. Abwiegen von Waren

Leider kann ich Ihnen nicht genau 200 g abwiegen. Macht es Ihnen etwas aus, wenn ich Ihnen 206 g zum Preis von 200 g gebe?

Wieviel Dominosteine sollen es ungefähr sein? Ich fülle jetzt die Tüte. Sagen Sie halt, wenn es genug ist.

16. Kassiervorgang und Verabschiedung

Das macht dann bitte genau 12.37 DM. 20.00 DM danke sehr. 7.63 zurück.

Danke für Ihren Einkauf. Vielen Dank für Ihren Besuch.

Kommen Sie gut nach Hause. Grüße an Ihren Mann, Ihre Frau, an Frau Nachbarin.

Sagen Sie mir bitte morgen, wie Ihnen die Torte geschmeckt hat?

Ich wünsche Ihnen noch einen schönen Abend, einen erholsamen Urlaub, ein schönes Wochenende und lassen Sie sich die Torte gut schmecken.

17. Telefonbedienung

Bäckerei Weiß, Guten Tag. Sie sprechen mit Susi Müller, was kann ich für Sie tun?

18. Kostprobenverteilung

Die Sofortprobe:

V: Wissen Sie schon, daß wir heute Streuselkuchen zum Sonderpreis haben?
   Dabei wird die Probe angereicht.
V: Bitte probieren Sie ein Stück und sagen Sie mir bitte, wie er
   Ihnen schmeckt. Wenn Sie sich nicht so richtig entscheiden können,
   dann gebe ich Ihnen gerne von jedem Brot ein Stück zum Probieren.
   Bitte sehr.

Die Mitnahmeprobe:

V: Weil wir diese Woche eine Gebäckwoche haben, habe ich mir erlaubt, Ihnen eine Gebäckprobe in Ihre Brötchentüte zu legen. Haben Sie etwas dagegen?

V: Guten Tag.
K: Guten Tag.
V: Essen Sie gerne Gebäck?
K: Warum fragen Sie das?
V: Der Grund meiner Neugierde liegt in einer Produktneueinführung und zwar unseres Teegebäcks. Aus diesem Anlaß möchte ich Ihnen gerne eine Probe anbieten. Bitte sehr, greifen Sie ungeniert zu.
K: Danke sehr.
V: Schmeckt es Ihnen?
K: Oh ja, ich esse gerne Teegebäck.

An dieser Stelle findet oft ein Abbruch des Gespräches statt. Und zwar dann, wenn der Kunde von sich aus nichts mehr sagt, auch der Verkäuferin die passenden Worte fehlen und sie sich beide anschweigen. Dieses Problem kann wie folgt gelöst werden:

V: Können Sie mir bitte sagen zu welchen Gelegenheiten Sie Teegebäck genießen? (das Wort essen oder verzehren ist zu vermeiden)
K: Zum Nachmittagskaffee, aber auch zwischendurch.
V: Was halten Sie denn davon, wenn Sie auch einmal unser neues Teegebäck zum Nachmittagskaffee oder zwischendurch genießen, denn es hat Ihnen doch geschmeckt?
K: Kein schlechter Gedanke…

19. Höflichkeitsformeln

Bitte, Danke, Gern geschehen, selbstverständlich, natürlich, kein Problem, das mache ich doch gerne für Sie.

20. Beschreibung von Produkteigenschaften

Bäckereiprodukte sind Brot, Kleingebäck und Feingebäck. Diese unterscheiden sich wiederum in verschiedene Bezeichnungen, wie Brötchen, Mehrkornbrötchen, Roggenbrötchen, Riesenbrötchen und andere, ebenso verschiedene Brote, Kuchen und so weiter. Diese Bezeichnungen sind Substantive (Hauptworte), die fast nichts über die Eigenschaften, speziellen Eigenschaften der einzelnen Backwaren aussagen. Um dies zu erreichen sind in jeder Sprache Adjektive (Eigenschaftswörter, beschreibende Wörter) vorgesehen.

Für Backwaren sind Adjektive von besonderer Bedeutung, weil sie die erklärenden, appetitmachenden, phantasieanregenden und beschreibenden Worte sind. Aus diesem Grunde sollte soviel wie möglich mit Adjektiven gesprochen, geschrieben, angeboten und verkauft werden. Dies bedeutet aber nicht, daß deswegen auf gute Verkaufsgespräche, die Warenpräsentation oder Handlungsabläufe (Schauen Sie bitte, hier ist der Apfelkuchen) verzichtet werden kann.

Frische:
Ofenfrisch, noch warm, gerade gebacken, frisch aus dem Backofen, werden stündlich frisch gebacken, vor zwei Stunden frisch gebacken, heute vormittag frisch gebacken, täglich frisch gebacken.

Zubereitung:
Handgemacht, handgeknetet, handgerollt, handgeformt, mit der Hand ausgestochene Plätzchen oder handgeflochten.

Qualität:
Hochwertige, edle, beste, reine, biologische, erlesene, ausgewählte oder teuerste Zutaten. Wir haben an den Zutaten nicht gespart, damit es Ihnen allerbestens schmeckt.

Zutaten, Beschaffenheit und Aussehen:
Knusprig, locker, fest, rösch, appetitlich, verführerisch, verlockend, zum Reinbeißen. Frische oder frisch gepflückte Erdbeeren, mit frischen Rosinen, mit Erdbeeren oder Pflaumen aus deutschen Landen oder aus dem Rheinland.

Roggenbrote, Roggenmischbrote:
Dunkel, herzhaft, kräftig, deftig, rustikal, saftig, aromatisch, mit Natursauerteig.

Weizenbrote, Weizenmischbrote:
Hell, weich, locker, bekömmlich, ungesäuert, mild, magenfreundlich, knusprig.

Kornbrote, Vollkornbrote:
Kornig, kernig, ballaststoffreich, vitaminreich, deftig, saftig. Saaten: Leinsamenkerne, Sesamkerne, Sonnenblumenkerne. Getreide: Roggen, Weizen, Hafer, Gerste, Reis, Mais, Hirse, Dinkel.

Preis: Interessanter, fairer, angemessener, bezahlbarer, der Qualität entsprechender Preis.

7. SONDERTHEMEN

Wie haben Ihnen denn die Text- und Handlungsbausteine gefallen, liebe Leserinnen und Leser? Wir haben uns wirklich alle Mühe gegeben, die Text- und Handlungsbausteine so umfangreich wie möglich zu erfassen. Daß dies nicht vollständig gelungen ist, bitten wir nachzusehen. Wenn Sie ihrem Freund jetzt berichten wollen, was Sie schon alles über den Profiverkauf wissen, genügt ein Wochenende bestimmt nicht mehr.

Unser nächstes Kapitel erfaßt in einer Kurzbetrachtung die Orte des Verkaufs, die nicht typisch im Bäckerfachgeschäft angesiedelt sind. Denn der Profiverkauf ist nicht nur auf das Bäckerfachgeschäft beschränkt, sondern sollte auch dort seine Verbreitung finden, wo sonst noch verkauft wird: Im Stehausschank, im Konditoreicafé, auf der Bäckertour und selbstverständlich beim Verkauf an gewerbliche Kunden.

Beachten Sie bitte auch hier:
(+) heißt gutes Beispiel und (–) schlechtes Beispiel.

7.1 PROFIVERKAUF IM STEHAUSSCHANK

Vorab, eigentlich müßte dieser Punkt „Der verschenkte Umsatz im Stehausschank" heißen. So unverzeihlich, nachlässig und großzügig wird im Stehausschank mit dem Profiverkauf, dem Umsatz und dem Gewinn umgegangen.

Die Außer-Haus-Verpflegung liegt im Trend. Dies beweisen nicht nur Trendanalysen und die Verbraucherforschung, sondern auch die steigende Anzahl der Anbieter von Außer-Haus-Verpflegung; sei es der ausliefernde Frühstücksservice, das Fleischerfachgeschäft, die Imbißstube, der Stehausschank im Bäckerfachgeschäft und andere. Aus diesem Grund hat so mancher Bäckerfachbetrieb sein Geschäft und/oder seine Filialen mit den entsprechenden gastronomischen Einrichtungen ausgestattet.

Während die gastronomische Ausstattung und die Produktpolitik den Erfordernissen grundsätzlich gerecht wird, läßt die verkäuferische Vorgehensweise des „Warenausgabepersonals" häufig zu wünschen übrig. Eine Umsatzmark nach der anderen wird verschenkt und die Selbstbedienung mit Abholung von der Kassiererin feiert ihren fröhlichen Einstand. Verkauft wird wirklich nur das, was der Kunde bestellt und kein einziger Krümel mehr. Die Wortbeiträge der Verkäuferinnen im Stehausschank sind auf die notwendigsten Worte reduziert und man könnte glauben, man sei an der Kasse in einem Automatenrestaurant. So gesehen ist der Stehausschank ein Ort der verkäuferischen Ruhe, Verträumtheit und Stille.

So sollte es nicht sein, so ist es aber:

V: Schweigen. (–)
K: Einen Kaffee, bitte.
V: Einsneunzig. (–)

Mit diesen dürren Worten, spielt sich beinahe die gesamte Verkaufskommunikation oder das Verkaufsgespräch im Stehausschank ab. Wer Zweifel am Wahrheitsgehalt dieser Analyse hat, möge sich bitte die Zeit nehmen und in den verschiedensten Stehausschanks seine eigenen Beobachtungen machen. Die folgenden Merkmale des Profiverkaufs (+) wird er selten finden.

V: Guten Tag.
K: Guten Tag. Ich hätte gerne eine Tasse Kaffee.
V: Darf ich Sie auf etwas aufmerksam machen? (+)
K: Auf was denn?
V: Wir haben heute ein Kaffeegedeck mit einem Stück Blechkuchen, etc. Ihrer Wahl. Wie finden Sie das? (+)
K: Das trifft sich ja gut.

V: Guten Tag.
K: Guten Tag. Ich hätte gerne eine Tasse Kaffee.

V: Haben Sie denn auch Appetit auf ein Stück Kuchen oder Torte dazu? Wir haben heute frischen Erdbeerkuchen oder ofenfrischen Pflaumenkuchen mit Sahne… (+)
(An dieser Stelle wird eine geschickte psychologische Kunstpause gemacht und auf eine Reaktion des Kunden gewartet, damit der Kunde den begonnenen Gedanken selbst zu Ende führen kann.
Probieren Sie es aus, es funktioniert wirklich!)
K: Das ist eine gute Idee, Pflaumenkuchen mit Sahne bitte.

Oder:

K: Nein, das nicht. Ich möchte lieber ein Stück Streuselkuchen dazu.
V: Bitte sehr.
K: Was macht das bitte?

V: Guten Tag.
K: Guten Tag. Einen Kaffee bitte.
V: Gerne. Darf ich Sie fragen, ob Sie gerne Kaffee trinken? (+)
K: Oh ja, ich trinke mehrere Tassen am Tag.
V: Mit Ihrer Erlaubnis möchte ich Sie gerne fragen, ob denn eine Tasse Kaffee wirklich genug für Sie ist? Ich kann Ihnen nämlich die zweite Tasse Kaffee zum Nachfüllpreis anbieten oder eine preiswerte große Tasse duftenden Kaffees. Wie gefällt Ihnen das? (+)
K: Das ist ja echt toll.

Das Spektrum von Zusatzverkaufsmöglichkeiten im Stehausschank ist wirklich sehr groß und kann vom Kuchen, der zweiten Tasse Kaffee bis hin zur Mitnahme von Backwaren, aber auch Snacks jeder Art reichen.

K: Und ein Stück Pflaumenkuchen mit Sahne bitte.
V: Gerne. Wie wäre es denn, wenn Sie sich für den späten Nachmittag noch ein belegtes Baguettebrötchen mitnehmen?
(Oder Ihre Brötchen für das Abendbrot?)
Dann haben Sie etwas für den kleinen Hunger zwischendurch? (+)
K: Das nicht. Aber ein zweites Stück Pflaumenkuchen zum Mitnehmen.
Das kann ich gut vertragen.

Selbst ein Vorverkauf ist möglich:

V: 3,70 DM bitte. 5,00 DM Danke sehr und 1,30 DM zurück.
H: Habe ich Ihnen schon gesagt, daß wir ab morgen Kartoffelsnacks haben? (+)
K: Was ist denn das?
V: Kommen Sie doch einfach vorbei. Bringen Sie einen guten
   Appetit mit und lassen Sie sich überraschen... (+)
K: Da bin ich aber gespannt.
V: Bis morgen dann und einen schönen Tag noch. (+)
K: Den kann ich gebrauchen, danke.

Und das ist die herrschende Situation:

Über das Sortiment im Stehausschank wird mehr nachgedacht und geschrieben, als über seine verschenkten Umsätze und Gewinne!

Die Strategie des Profiverkaufs im Stehausschank unterscheidet sich von der Strategie des Profiverkaufs am Verkaufstresen des Bäckerfachgeschäftes wirklich durch nichts!

Vorbereitung, Kontaktaufnahme, Bedarfsanalyse, Angebot, Verhandlung, Abschluß und Nachbearbeitung sind gleichermaßen gültig. Der Alternativverkauf, der Zusatzverkauf, die Verkaufspsychologie, sowie die Text- und Handlungsbausteine auch. Aus diesem Grund sollten alle Betreiber von Stehausschanks und Anbieter von Außer-Haus-Verpflegung auch im Stehausschank Höchstumsätze anpeilen und sich nicht mit geringwertigen Anwesenheits- oder Mindestumsätzen zufrieden geben.

Der Stehausschank kann mehr Umsatz bieten als er tatsächlich bringt. Die Verkäuferinnen im Stehausschank müßten nur dafür ausgebildet sein.

7.2 Profiverkauf im Konditoreicafé

Während die Einrichtung eines Stehcafés oftmals nur von den Platzverhältnissen abhängig ist, sind für die Einrichtung eines Konditoreicafés höhere Investitionen erforderlich. Wenn man bedenkt, daß pro Stuhl oder Sitzplatz 1 bis 1,5 qm Fläche und eine Investition von 1.000 DM im einfachen Café bis zu 7.000 DM im Café-Restaurant (Stand 1994) benötigt werden, gewinnt der Verkauf und Umsatz im Konditoreicafé einen bedeutenden Stellenwert, auch für die Tätigkeit einer Serviererin.

WAS EINE SERVIERERIN KÖNNEN ODER HABEN SOLLTE

Eine Serviererin sollte zuerst Spaß an ihrer Tätigkeit haben. Hat sie den nicht, steht ihr das bereits im Gesicht geschrieben und die Kunden registrieren das noch deutlicher als im Bäckerfachgeschäft oder im Stehausschank. Sie sollte weiterhin Charme besitzen, ein von Hause aus freundliches Wesen haben und Spaß am Umgang mit Menschen, die sich im Konditoreicafé entspannen wollen. Darüber hinaus sollte sie mit den Grundlagen einer Serviertätigkeit bestens vertraut sein.

WAS IST BEDIENEN?

Die Bedienungstätigkeit im Konditoreicafé besteht aus der Wahrnehmung mehrerer Einzelaufgaben. Grob strukturiert heißen sie Vorbereitungen, Bedienen und Verkaufen. Vorbereitungen für den reibungslosen Ablauf des Arbeitstages treffen, Bedienen, damit sich die Gäste wohlfühlen und wiederkommen. Verkaufen, wie es auch ein professioneller Kellner gelernt hat.

VORBEREITUNGEN TREFFEN

Vorbereitungen treffen heißt, Tische vorbereiten, Tischtücher ausschütteln, austauschen oder auflegen. Die Tischdekoration richten, sowie die Aschenbecher und die Menage (Salz- und Pfefferstreuer und Soßen) bereitstellen. Den Tisch muß die Serviererin insgesamt so herrichten, daß er zum Verweilen einlädt, die Kasse vorbereiten, Wechselgeld dabei haben, Notizzettel und Kugelschreiber für die Bestellungsannahme einstecken und anderes mehr. Aber auch, auf das gepflegte Erscheinungsbild achten, sich geistig auf den Arbeitstag und die Stoßzeiten, den Gästeandrang zu bestimmten Zeiten vorbereiten.

GÄSTEGERECHT BEDIENEN

Der Bedienungsvorgang besteht aus den einzelnen Aufgaben, Gästebegrüßung, Bestellannahme, Bestellauslieferung, Tischpflege, Gästepflege und, Sie wissen es natürlich längst, natürlich auch professionell Verkaufen!

Jeder Gast, der im Konditoreicafé Platz nimmt, hat einen konkreten Verzehrwunsch oder Kaufwunsch. Er sagt sich aber auch nicht unbedingt, jetzt trinke ich einen Kaffee, eine Limonade oder ein Bier, sondern er läßt seinen tatsächlichen Verzehr auf sich zukommen oder er läßt sich von der Serviererin zum Verzehr motivieren oder (ver)führen. Welchen Verzehr ein Gast beim Verlassen des Konditoreicafés tatsächlich vorgenommen hat, wird bis zu einem gewissen Grad auch von den verkäuferischen Fähigkeiten der Serviererin beeinflußt.

DIE GÄSTEBEGRÜSSUNG

Die Gästebegrüßung steht den Anforderungen der Kundenbegrüßung im Bäckerfachgeschäft und im Stehausschank in nichts nach. Wird ein Gast nicht begrüßt und sofort mit den Worten, „Was darf's denn sein" (–) überfallen, läßt das auf schlechtes Benehmen und wenig Liebe zum Gast schließen.

Weitaus freundlicher, sympathischer, stilvoller und den Umständen angemessener klingt:

S: Guten Tag, ich freue mich, Sie bei uns begrüßen zu dürfen.
Haben Sie schon die Zeit gehabt auszuwählen? (+)
G: Ja wir hätten gerne ...

oder:

G: Nein, einen Moment bitte.
S: Darf ich warten oder soll ich gleich noch einmal wiederkommen? (+)
G: Bitte kommen Sie doch gleich noch einmal.
S: Gerne.

DIE BESTELLANNAHME

Jeder neu hinzugekommene Gast sollte so schnell wie möglich nach seinen Wünschen gefragt werden. Es gibt für den wartenden Gast nichts Schlimmeres als die Serviererin ständig an den Nachbartischen zu sehen und von ihr dabei nicht wahrgenommen zu werden.

Die Bestellannahme kann problemlos und einfach sein, wenn der Gast sofort weiß, was er will. Kann er sich nicht entschließen, sollte selbst im Stoßgeschäft auf die groben Worte, „Na dann komme ich gleich noch mal wieder" (–) – und daraus werden zur Strafe für den unentschlossenen Kunden ganze zehn Minuten oder mehr – wirklich verzichtet werden. Das Problem der Unentschlossenheit läßt sich ganz einfach und gästefreundlich lösen:

G: Ich weiß noch nicht genau, was ich oder welche Torte ich nehmen soll.
S: Das ist doch nicht schlimm, lassen Sie sich bitte Zeit.
Wenn Sie soweit sind, geben Sie doch bitte ein Zeichen,
dann komme ich sofort. (+)
G: Danke sehr, das mache ich.

Nimmt die Serviererin eine Bestellung an, werden Fragen nach den Besonderheiten eines Kuchens, einer Torte oder eines Eisbechers ausführlich, geduldig und vollständig beantwortet. Sie bietet aber auch Spezialitäten, Kaffeegedecke oder Angebote an:

Wissen sie schon, daß wir diese Woche Russischen Zupfkuchen oder Sachertorte (im Angebot) haben? Am Kuchenbüffet können Sie diese Köstlichkeiten (+) gerne persönlich in Augenschein nehmen und direkt aussuchen. (+)

DIE BESTELLUNGSAUSLIEFERUNG

Die Bestellungen sollten Tisch für Tisch und nicht Produkt nach Produkt ausgeliefert werden. Auf diesem Wege wird verhindert, daß der eine Gast schon seinen Kaffee hat und der andere Gast am selben Tisch noch auf seine Limonade wartet.

Des weiteren sollte darauf geachtet werden, daß bei Bestellungen die Kaffee und Kuchen oder Torten umfassen, zuerst der Kuchen oder die Torte serviert wird und dann der Kaffee. Diese Regel ist wichtig, weil Kuchen oder Torte nicht kalt werden können. Wohl aber der Kaffee, wenn der bestellte Kuchen oder die Torte erst später kommt. Werden Speisen und Getränke bestellt, so sind die Getränke vor den Speisen auszuliefern.

Um Bestellungen auch tischweise und bei Hochbetrieb zügig ausliefern zu können, sollte die Serviererin auch das Tragen von mehreren gefüllten Kaffeetassen und/oder gefüllten Kuchen- und Speisetellern beherrschen. Bei der Bestellungsauslieferung darf die Serviererin auch einige Worte sprechen:

Bitte sehr, Ihr Kaffee, lassen Sie sich ihn schmecken. Und für Sie die wirklich leckere Sahnetorte, Guten Appetit. (+)

Schon bei der Bestellungsauslieferung kann ein Vor- oder Zusatzverkauf eingeleitet werden:

Fehlt Ihnen jetzt noch etwas? Wenn Sie mich noch brauchen, wenn Ihnen noch etwas fehlt oder einfällt, dann melden Sie sich bitte. Einverstanden? (+)

Ach, ich sehe gerade Ihre Tasse Kaffee ist schon fast leer, darf ich Ihnen noch eine bringen? (+)

Selbstverständlich werden die Worte, „Haben Sie sonst noch einen Wunsch" (–) oder „Darf es sonst noch etwas sein" (–), ganz bewußt vermieden.

7.3 PROFIVERKAUF AUF DER BÄCKERTOUR

Der Erfolg einer Bäckertour hängt im wesentlichen von den verkäuferischen Fähigkeiten des Verkaufsfahrers ab. Hierbei ist unterstellt, daß das Bäckertourmarketing den Erfordernissen des Marktes, besonders in der Produkt-, Preis- und Kommunikationspolitik angepaßt ist. Der Verkaufsfahrer einer Bäckertour sollte aus diesem Grunde nicht nur prima Autofahren können, sondern auch die Fähigkeiten einer professionellen Bäckereifachverkäuferin besitzen. Diese Fähigkeit ist nötig, weil der Verkaufsfahrer von seiner Kundschaft mit derselben Problemstellung konfrontiert wird, wie die Verkäuferin im Bäckerfachgeschäft.

ANFORDERUNGEN AN DEN VERKAUFSFAHRER

Bevor ein Verkaufsfahrer der Bäckertour auf Verkaufstour geht, sollte er eine angemessene Einarbeitungszeit im Bäckerfachgeschäft erhalten haben. Darüber hinaus sollte der Verkaufsfahrer auch mit den besonderen verkäuferischen Anforderungen für die Akquisition, also der Einholung von Aufträgen vertraut sein.

Werden die Anforderungen für einen Verkaufsfahrer der Bäckertour genau betrachtet, stellt sich die Frage, ob nicht die eine oder die andere Bäckereifachverkäuferin, würde sie nur darauf angesprochen werden, gerne auch auf der Bäckertour ihre Verkaufstätigkeit verrichten würde.

DIE KUNDENGEWINNUNG AUF DER BÄCKERTOUR

Der gravierende Unterschied zwischen der Verkaufstätigkeit im Bäckerfachgeschäft und auf der Bäckerverkaufstour liegt in den akquisitorischen Fähigkeiten, die zur Neukundengewinnung benötigt werden. Weil über die verkäuferischen Anforderungen und Fähigkeiten schon ausreichend gesprochen wurde, soll in den nächsten Zeilen die Akquisition bevorzugt behandelt werden. Denn besonders für Einsteiger kann die Akquisition ihre Tücken haben.

Akquirieren bedeutet: Kunden suchen, ansprechen, motivieren und zum Erstkauf (ver)führen. Anders als im Bäckerfachgeschäft, wo die Kunden den Umsatz in das Geschäft bringen, muß der Akquisiteur seine Kunden suchen und den Umsatz holen. Aus diesem Grunde wird der Umsatz im Bäckerfachgeschäft auch Bringumsatz und der Umsatz des Akquisiteurs auch Holumsatz genannt. Daß Umsatz zu holen schwieriger ist, als den Umsatz im Bäckerfachgeschäft, im Stehausschank oder im Konditoreicafé zu machen, versteht sich von selbst. Deshalb wird eine erfolgreiche Bäckertourverkaufsstrategie benötigt.

DIE BÄCKERTOURVERKAUFSSTRATEGIE

Die Verkaufsstrategie für die Bäckertour beginnt mit der Auswahl oder Festlegung des Verkaufsgebietes. Dieses kann nach dem Nichtvorhandensein von Bäckerfachgeschäften oder Lebensmittelgeschäften ausgesucht werden, aber auch nach der Bevölkerungsdichte von Orten oder in Ortsbereichen.

Auch die Bequemlichkeit der Menschen ist ein Auswahlkriterium für die Festlegung der Verkaufstour. Vergleichbare Verkaufsfahrzeuge von Tiefkühlkost- oder Getränkefirmen, die ihre Produkte direkt in die Haushalte liefern, sind nicht nur auf dem Land, sondern auch in den Städten zu sehen. Sie beweisen, daß die Menschen auch beim Einkaufen bequem sind.

Es sollte weiterhin darüber entschieden werden, ob die am Wegrand befindlichen gewerblichen Abnehmer oder Großabnehmer, wie Kioske, Hotels, Pensionen und andere angesprochen werden oder übergangen werden sollen. Auf diese Abnehmergruppen muß der Verkaufsfahrer besonders vorbereitet werden, weil von ihnen Rabatte und besondere Zahlungsbedingungen erwartet werden.

Der Verkaufswagen sollte werblich so gestaltet sein, daß er angenehm auffällt und bereits aus weiter Entfernung, aber auch durch einen Blick aus dem Fenster des 4. Stocks zu erkennen ist. Das heißt, die Beschriftung auf dem Dach des Verkaufswagens darf nicht fehlen.

Es kann nicht von Nachteil sein, wenn der Verkaufsfahrer auch wie ein Bäcker gekleidet ist und ein Namensschild trägt. Gerade die textile Erscheinung verschafft großes Vertrauen. Wenn Sie Zweifel an dieser Aussage haben, dann sprechen Sie einmal mit Ihrem Schornsteinfeger. Der wird Ihnen schon erzählen, wo er sich überall bewegen kann ohne Mißtrauen zu erregen.

Sind diese Punkte geklärt, kann längst noch nicht abgefahren werden. Es sei denn, der Verkaufsfahrer beherrscht die Akquisitionsstrategie schon perfekt.

DIE AKQUISITIONSSTRATEGIE

Erinnern Sie sich? Verkaufen ohne Strategie ist wie Backen ohne Rezept. Diese Wahrheit trifft auch auf die Akquisition zu und deshalb ist die Erarbeitung einer Akquisitionsstrategie ebenfalls wichtig.

Wer erstmals in seinem Leben an einer Haustür klingelt, um etwas zu verkaufen, wird in der Regel Aufregung verspüren und Herzklopfen haben, weil er wahrscheinlich zwei Probleme hat. Das Problem eins heißt, wie bekomme ich meine Aufregung weg und das Problem zwei, hoffentlich vergesse ich nicht, was ich sagen muß.

Die Aufregung kann bekämpft werden indem das Akquisitionsgespräch wirklich auswendig gelernt wird. Dann kann man nichts vergessen, fühlt sich automatisch sicherer und ein Teil der Aufregung verfliegt. Die Restaufregung kann nur durch Training on the Job, das heißt in der Praxis üben, abgebaut werden. Wie heißt es doch so schön? Mehr als schiefgehen kann es nicht.

Bevor erstmals geklingelt wird bitte tief durchatmen, mehrmals die Lächelübung (Cheese) machen und dann auf den Klingelknopf drücken.

V: Klingeling
K: (Hinter verschlossener Tür) Wer ist denn da?
V: Guten Tag, ich komme von der Bäckerei Fröhlich und möchte
   Ihnen gerne etwas übergeben.
   (Langsam öffnet sich die Tür. Spätestens hier wird erkennbar, wie
   gut es ist, wie ein Bäcker auszusehen und nicht wie ein
   unangemeldeter Versicherungsvertreter.)
K: Was wollen Sie denn?
V: Zuerst möchte ich mich gerne vorstellen. Mein Name ist
   Paula oder Paul Müller von der Bäckerei Fröhlich in Quickhausen. (+)
   Haben Sie schon von uns gehört? (+)

Variante 1:

K: Ach, ist das die Bäckerei an der großen Kreuzung?
V: Genau die.
K: Da kauft meine Freundin immer ihre Brötchen ein.
V: Schmecken Ihrer Freundin denn unsere Brötchen? (+)
K: Ja und ich habe sie auch schon gegessen und mir schmecken Sie auch gut.
V: Da bin ich ja gerade richtig…

Variante 2:

K: Nein, von der Bäckerei Fröhlich habe ich noch nichts gehört.
V: …Ich möchte Ihnen erstens eine Preisliste der Bäckerei Fröhlich übergeben.
   Bitte sehr. (Dabei wird die Preisliste angereicht)
   …Und zweitens möchte ich Ihnen eine kostenlose Probe
   unserer beliebten Heidesandplätzchen überreichen.
   Bitte sehr und guten Appetit. (Dabei wird die Probetüte angereicht)
   …Und Ihnen sagen, daß wir Sie jetzt auch Zuhause beliefern können.
   Wie gefällt Ihnen das? (+)
K: Oh, das klingt ja gut. Kann ich denn auch Brötchen von Ihnen kaufen?
V: Selbstverständlich, deshalb bin ich ja hier.

Wenn dieser Punkt erreicht ist, ist jede Aufregung vergessen und es geht weiter wie im Bäckerfachgeschäft. Den Bedarf analysieren, Zusatzangebote abgeben, Sonderangebote anbieten, Fragen stellen, Fragen beantworten und so weiter. Aber auch Vorverkäufe tätigen und Vorbestellungen einholen, ist angesagt.

Der Verkaufsvorgang endet mit den freundlichen Worten, „Vielen Dank für Ihren Einkauf und bis zum nächsten Mal. Wenn Sie noch etwas haben wollen, was nicht auf unserer Preisliste steht oder was ich heute nicht notiert habe, dann rufen Sie doch einfach unser Bestelltelefon an, damit ich das Gewünschte bei meiner nächsten Lieferung mitbringen kann".

Bei der nächsten Haustür ist die Aufregung verflogen und weiter geht's mit:

V: Klingeling
(Die Tür geht auf.)
K: Sind Sie ein Bäcker,
der mir frische Brötchen bringen will?
V: Äh, ja.
K: Na dann zehn Stück bitte.

Oder auch so:

V: Klingeling
(Die Tür geht auf.)
K: Sind Sie ein Bäcker, der mir Brötchen verkaufen will?
V: Äh, ja.
K: Ja wissen Sie, ich habe schon einen Bäcker,
der mir frische Brötchen und Kuchen bringt.
Der kommt immer am Dienstag. Und das war gestern!
V: ???

Und wie geht es weiter? Sie können den Verkaufsdialog mit Sicherheit schon selber ergänzen.

Auch ein Fahrverkäufer kann in die Situation kommen, daß er auf Konkurrenz stößt. Diese Situation an dieser Stelle ausführlich zu behandeln, ist nicht vorgesehen. Bitte haben Sie Verständnis dafür. Aber der Anfang ist gemacht – viel Erfolg und viel Spaß dabei!

7.4 PROFIVERKAUF AN GEWERBLICHE KUNDEN

Ein Bäckerfachgeschäft kann seine Backwaren nicht nur an private Kunden oder Endverbraucher verkaufen, sondern auch an gewerbliche Kunden. Gewerbliche Kunden können Kioske, Hotels, Pensionen, Kantinen, Gaststätten, Krankenhäuser, Altenheime und andere Großabnehmer sein. Im Gegensatz zu den privaten Kunden erwarten die gewerblichen Kunden besondere Preise, die Anlieferung der Backwaren und sie kommen nur in Ausnahmefällen in ein Bäckerfachgeschäft, um sich Angebote geben zu lassen. Um eine Geschäftsbeziehung zu ihnen herstellen zu können, müssen sie ebenso wie die Kunden auf der Bäckertour akquiriert, das heißt, gesucht, angesprochen und für die Geschäftsbeziehung gewonnen werden.

Diese Arbeit kann sich besonders dann lohnen, wenn der eigene Standort kein Spitzenstandort ist, wenn nach zusätzlichen Absatzwegen oder zusätzlichen gewerblichen Kunden gesucht wird, wenn freie Produktionskapazitäten vorhanden sind oder wenn einfach mehr Umsatz gemacht werden soll.

DAS PROBLEM

Beliefert man bereits gewerbliche Kunden, muß man damit rechnen, daß auch die Konkurrenz versucht, mit ihnen ins Geschäft zu kommen.

In der Regel haben die gewerblichen Abnehmer von Backwaren bereits ihre Backwarenlieferanten, so daß sich eine Neukundengewinnung recht schwierig gestaltet. Deshalb muß bei der Neukundengewinnung häufig gegen einen bereits im Geschäft befindlichen Konkurrenten angetreten werden.

DIE KONTAKTAUFNAHME

Die Kontaktaufnahme unterscheidet sich in Kontakte mit vorhandenen Kunden und Neukunden. Während die vorhandenen Kunden ohne Probleme kontaktiert werden können, ist bei den Neukunden mit einem sogenannten Kontaktwiderstand zu rechnen, der bereits von der Sekretärin des Angerufenen ausgehen kann. Mein Chef hat keine Zeit, wir haben schon einen Lieferanten, schicken Sie uns eine Preisliste zu und andere „Abwehrgeschütze" werden aufgefahren. Ein Verkäufer, der sich davon beeindrucken läßt und in der Kundenkartei notiert, „Kunde hat schon einen Lieferanten und deshalb zwecklos", ist kein Profiverkäufer.

Wurde ein persönlicher Gesprächstermin vereinbart, geht die Arbeit erst richtig los. Auf dieses erste Gespräch sollte man sich mit einer konkreten Zielsetzung gründlich vorbereiten. Die Ziele eines Erstbesuches sollten deshalb angemessen und nicht übertrieben hoch sein. Sie sollten Informationen sammeln, Sympathien erwerben, einen guten Eindruck hinterlassen, wiederkommen dürfen oder einen neuen Besuchstermin vereinbaren.

DIE BEDARFSANALYSE

Die Bedarfsanalyse ist im Kundenbestand (vorhandene Kunden) ähnlich problemlos wie im Bäckerfachgeschäft. Entweder ist bekannt, was der Kunde täglich benötigt oder er gibt seine Wünsche per Telefon bekannt.

Findet ein Erstkontakt mit einem Neukunden statt, ist die Bedarfsanalyse mit harter Denkarbeit verbunden, denn der Gesprächspartner hat keinen Bestellzettel vor sich liegen. Er wird dem Verkäufer aber erzählen, wie schön und gemütlich doch die langjährige Geschäftsbeziehung zur Bäckerei Schultze sei und daß man sogar hin und wieder gemeinsam kegeln ginge. Es sei also zwecklos über Aufträge zu sprechen.

Ein Verkäufer, der sich davon beeindrucken läßt und in der Kundenkartei notiert, „Kunde geht mit seinem Lieferanten kegeln und deshalb zwecklos", ist kein Profiverkäufer.

DAS ANGEBOT

Der Kundenbestand sollte ebenso mit Zusatzangeboten, Aktionsangeboten oder Sonderangeboten versorgt werden, wie die privaten Kunden des Bäckerfachgeschäfts. Auch hier gilt die Regel, ohne Zusatzangebote kein Zusatzverkauf. Die Abgabe von Alternativangeboten sollte auf ein Minimum reduziert werden. Ist eine verlangte Ware nicht lieferbar, sucht sich der vorhandene Kunde schneller einen anderen Lieferanten, als man denken kann. Denn er ist auf die Lieferbereitschaft angewiesen.

Das Erstangebot für den Neukunden sollte sich nur auf aktuelle Probleme beziehen. Die aktuellen Probleme des Neukunden können in der Bedarfsanalyse mit der richtigen Fragetechnik, durch aktives Zuhören und dem Einsatz der Verkaufspsychologie ermittelt werden.

Die Hinweise auf aktuelle Probleme werden so gut wie nie direkt formuliert, sondern liegen in den Ausführungen und Antworten des Neukunden versteckt. Sie können Lieferprobleme, Preisprobleme, Produktprobleme, Qualitätsprobleme oder zuwenig Sonderangebote heißen. Im Gespräch hört sich das wie folgt an:

Ich bin mit der Bäckerei Schultze hochzufrieden und sie ist mein einziger Lieferant. Die liefern mir alles was ich brauche. Brötchen, Kuchen und hin und wieder einmal eine Torte. Na ja, Torten sind auch nicht ihre Stärke. Aber ansonsten ist alles ok. Wie Sie sehen, wir können nichts miteinander anfangen, denn ich bin bestens versorgt.

Der aufmerksame Leser wird sofort erkannt haben, wo das Problem, die Chance und der Angebotsschwerpunkt liegt. Richtig, Stichpunkt Torten. Deren Herstellung ist eine offensichtliche Schwäche der Bäckerei Schultze. Aber auch der Hinweis „und sie ist auch mein einziger Lieferant", ist wichtig.

Ein Verkäufer, der diese Worte überhört und nicht in der Kundenkartei notiert, „Angebot über Torten machen, hat nur einen Lieferanten für alle Backwaren", ist kein Profiverkäufer.

DIE VERHANDLUNG

Im Bäckerfachgeschäft wird selten verhandelt, weil es auch wenig zu verhandeln gibt. Mit dem gewerblichen Kunden und Neukunden muß über Abnahmemengen, Rabatte, Skonto, Bonus, sowie Liefer- und Zahlungsbedingungen verhandelt werden.

Mit dem Neukunden muß zusätzlich und zuerst über einen Erst- oder Probeauftrag und später über Folgeaufträge verhandelt werden. Die Verhandlungsgrundlage ist das abgegebene Angebot, daß im Falle einer Verhandlung vom Neukunden nur bedingt akzeptiert wurde. In einer Verhandlung hört sich das wie folgt an:

Angenommen ich könnte mich dazu entschließen Ihnen einen Probeauftrag über die tägliche Lieferung von mehreren Torten zu geben, welche Vorteile hätte ich denn?

Ein Verkäufer, der auf diese Frage keine passende, überzeugende, motivierende und weiterführende Antwort hat, ist kein Profiverkäufer.

DIE ERGEBNISSE

Die Ergebnisse eines Verkaufsgesprächs im Bäckerfachgeschäft sind der tatsächlich erzielte Umsatz, Vorverkäufe, die Gewinnung und Erhaltung von Kundensympathien, sowie Kundenbindung. Ähnlich stellt sich das Bild in der Betrachtung der Ergebnisse eines Verkaufsgesprächs mit gewerblichen Kunden dar.

Ganz anders sind die Ergebnisse bei dem Versuch einen Neukunden zu gewinnen. Neukunden können nicht im Sturm erobert werden, sondern nur nach der berühmten Salamitaktik und zwar Schritt für Schritt. Die positiven Ergebnisse eines Erstkontaktes heißen deshalb Kundenbeziehung hergestellt, Sympathien gewonnen, Umsatzchancen erkannt, neuer Gesprächstermin vereinbart und vielleicht, Probeauftrag erhalten.

Die negativen Ergebnisse wären nur zu erfahren, wenn man hören könnte, was der Chef nach dem Erstkontakt zu seiner Sekretärin sagt. „Wenn dieser unhöfliche Mensch wiederkommt, sagen Sie einfach, ich habe keine Zeit!"

Ein Verkäufer der auf seiner Karteikarte notiert, Kunde hat nicht gekauft und deswegen weitere Besuche zwecklos, ist aus verschiedensten Gründen kein Profiverkäufer.

DIE NACHBEARBEITUNG

Die Nachbearbeitung ist die Grundlagenbildung oder Vorbereitung für die nächste Terminvereinbarung, für den nächsten Kundenbesuch, für das nächste Verkaufsgespräch, für die nächste Bedarfsanalyse, für das nächste Angebot, für die nächste Verhandlung und für die Anpassung der Verkaufsstrategie. Zu ihr gehört auch die Führung der Kundenkartei und die selbstkritische Frage, was habe ich falsch gemacht, was kann ich besser machen. Ein Verkäufer, der die Nachbearbeitung vernachlässigt, vergißt oder meint, sie nicht nötig zu haben, ist kein Profiverkäufer.

Übersicht

8. MARKETING FÜR BÄCKEREI-FACHVERKÄUFERINNEN

Das Wort oder der Begriff Marketing hat sich in unserem Sprachschatz schon lange eingebürgert und kann wegen seines hohen Bekanntheitsgrades wohl kaum noch als Fremdwort bezeichnet werden. Marketing ist täglich irgendwo zu lesen, zu hören und zu erleben. Was wissen Sie über Marketing?

Fassen Sie bitte in Stichworten zusammen, was Sie mit dem Wort Marketing verbinden, unter Marketing verstehen oder über Marketing wissen. Tauschen Sie sich auch bitte mit Ihren Kolleginnen dazu aus.

▲ Marketing ist…
▲ Marketing ist…
▲ Marketing ist…

Denken Sie bitte auch darüber nach, ob und welche Marketingaufgaben Sie als Bäckereifachverkäuferinnen wahrnehmen. Wenn Sie diese Fragen nicht beantworten können, machen Sie sich bitte keine Kopfschmerzen. Lesen Sie einfach die folgenden Punkte und Sie werden den Ihnen bekannten Begriff Marketing mit Worten füllen und Ihre Marketingaufgaben schnell wiedererkennen können.

8.1 WAS BEDEUTET MARKETING?

Das Wort Marketing stammt aus dem amerikanisch-englischen Sprachschatz und heißt frei übersetzt:

market   = Markt, Absatz oder Umsatz.
marketing = Märkte, Absatz oder Umsatz
              suchen, machen, vergrößern oder erhalten.

oder Umsatzchancen finden, aufbauen, erhalten und vergrößern.

Marketing bedeutet Umsatzchancen finden, aufbauen, erhalten und vergrößern. Umsatzchancen können nur dann gefunden werden, wenn die Kundenwünsche erkundet werden und danach produziert oder gebacken wird.

Die Erkundung von Kundenwünschen wird auch Kundenorientierung genannt und ist seit Beginn des Marketing zum Mittelpunkt des unternehmerischen Handelns geworden. Dies gilt heute auch für den Bäckerbetrieb.

Im Vergleich zur Entwicklung in den USA hat Marketing in Europa erst Mitte der sechziger Jahre Fuß fassen können. Der Grund für diesen späten Einstieg war die wirtschaftliche Entwicklung in Europa. Diese wurde durch den ersten Weltkrieg, die folgende Weltwirtschaftskrise und den zweiten Weltkrieg zum Erlahmen gebracht. Während des Wiederaufbaus in der Nachkriegszeit hatten die Menschen andere Sorgen als Marketing. War man doch bereits froh, wenn man genug Brot, Margarine oder einen wärmenden Mantel produzieren, verkaufen und sich leisten konnte.

Nach und nach verbesserte sich die allgemeine wirtschaftliche Situation. Nach und nach wurden auch die Kunden wählerischer und das auch im Bäckerfachgeschäft. Die Auswahl zwischen drei Brötchensorten genügte ihnen nicht mehr. Sie sagten oder diktierten den Produzenten, Händlern und auch Bäckereien, was sie von ihnen erwarten würden und zwar immer mehr Brötchensorten. Die einen Bäckereien hatten die Zeichen der Zeit verstanden, machten Marketing, und sieben oder mehr Brötchensorten und sind noch heute im Geschäft. Andere Bäckereien verstanden die Zeichen der Zeit nicht und machten kein Marketing. Sie blieben bei ihren drei Brötchensorten und sind daher längst ausgestorben und vergessen.

Der heutige Bäckerkunde ist kritisch und wird es auch bleiben; kritisch in bezug auf Frische, Qualität, Auswahl, Preis, die freundliche oder unfreundliche Verkäuferin und andere Kriterien.

Findet der Bäckerkunde seine Ansprüche, seine Vorstellungen von seinem Bäckerfachgeschäft, von seinem Brötchen nicht erfüllt, kauft er gleich bei der Konkurrenz nebenan. Wenn sich eine Bäckerei diesen Herausforderungen stellt und Marketing betreibt, hat sie gute Zukunftschancen.

Erfolgreiches Bäckermarketing machen heißt, den Kunden und seine Ansprüche in den Mittelpunkt der Betrachtung stellen!

8.2 WARUM BÄCKEREIEN MARKETING MACHEN MÜSSEN

Die Kundenansprüche an ein Bäckerfachgeschäft haben sich über die Jahre grundlegend verändert. Die Kunden sind in jeder Beziehung anspruchsvoller und nicht anspruchsloser geworden.

Nicht nur die Produkte, das Backwarensortiment und die Preise müssen den Kundenanforderungen entsprechen, sondern auch die verkäuferische Vorgehensweise der Verkäuferinnen.

Ein Hauptgrund hierfür ist die stets wachsende Konkurrenz, die dem Kunden bietet, was er bei Ihnen sucht. Was der Kunde bei der Konkurrenz erlebt hat, will er nun auch in Ihrem Bäckerfachgeschäft erleben. Auf diesem Wege entsteht neben dem Kundendruck auch ein Konkurrenzdruck.

> BÄCKERFACHGESCHÄFTE MACHEN MARKETING,
> WEIL SIE DER KUNDENDRUCK UND DER KONKURRENZDRUCK DAZU ZWINGT!

8.3 ZIELE DES BÄCKERMARKETING

Das erste Bäckermarketingziel ist Kundenorientierung. Aus der Kundenorientierung resultiert Kundenzufriedenheit. Aus der Kundenzufriedenheit entsteht Kauflust, aus der Kauflust entsteht Umsatz und aus dem Umsatz entsteht Gewinn.

Ob angestrebte Ziele erreicht werden können, ist nicht selten eine Frage der Zielformulierung. Die folgenden Ziele, auch qualitative Ziele genannt, können nicht erreicht werden, weil sie keine klare Zielvorgabe beinhalten.

▲ Die Kundenzufriedenheit muß steigen
▲ Die Verkäuferin soll besser werden
▲ Die Verkäuferin Lieselotte M. muß freundlicher sein
▲ Wir müssen mehr Umsatz machen

Werden sie jedoch quantifiziert, d.h. in Zahlen ausgedrückt, können sie angestrebt und erreicht werden.

▲ Die Kundenzufriedenheit muß *so stark steigen, daß wir 20 Prozent mehr Umsatz machen oder in der Woche 100 Kunden mehr haben.*
▲ Die Verkäuferin Lieselotte M. muß so freundlich werden, *daß sie von allen, und nicht nur von ein paar Kunden als nett bezeichnet wird.*
▲ Wir müssen *10 Prozent mehr Umsatz machen.*

Weitere Beispiele sind etwa: Unsere Verkäuferinnen müssen pro Tag 100 Brötchen mehr verkaufen oder wir wollen 7,5 Prozent mehr Umsatz machen. Die Verkäuferin S. muß auch den Durchschnittsumsatz ihrer Kolleginnen erbringen.

Sammeln Sie bitte Beispiele qualitativer Ziele aus Ihrer betrieblichen Praxis und wandeln Sie diese in quantitative Ziele um.

Marketingziele können die verschiedensten Bereiche eines Bäckereibetriebes betreffen, die Produkte, die Preise, den Vertrieb und zum Beispiel die Verkaufsförderung. Werden in diesen Bereichen Ziele formuliert, wird von Produktzielen, von Preiszielen, von Vertriebszielen oder von Verkaufsförderungszielen gesprochen.

Die Produktziele einer Bäckerei können beispielsweise Frische, Qualität, Aussehen der Produkte sein. Die Preisziele können Anpassung an die Konkurrenzpreise oder eigene Angebotspreise heißen. Vertriebsziele können sein, die Eröffnung von zwei weiteren Filialen, den Aufbau einer Bäckertour oder die Einstellung von zusätzlichen Verkäuferinnen.

Darüber hinaus können allgemeine Marketingziele, wie Umsatzziele, Kostenziele, Produktionsziele, Personalziele und andere Ziele formuliert werden.

8.4 Instrumente des Bäckermarketing

Die Instrumente des Bäckermarketing sind die Produktpolitik, die Preispolitik, die Distributionspolitik und die Kommunikationspolitik. Diese sind für die Verkäuferinnen deshalb von Bedeutung, weil sie teilweise von ihnen inhaltlich ausgefüllt (A) oder beeinflußt (E) werden können.

Instrumente des Bäckermarketings (Marketingmix)

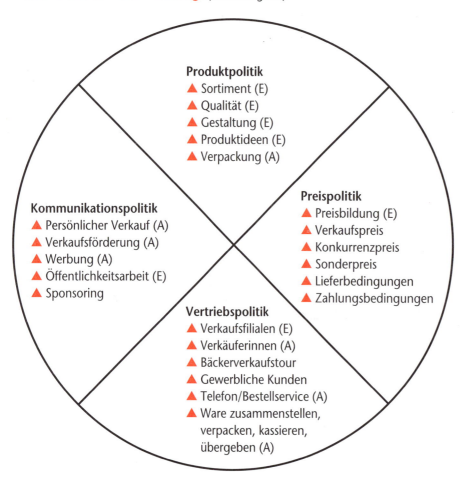

Produktpolitik
- ▲ Sortiment (E)
- ▲ Qualität (E)
- ▲ Gestaltung (E)
- ▲ Produktideen (E)
- ▲ Verpackung (A)

Kommunikationspolitik
- ▲ Persönlicher Verkauf (A)
- ▲ Verkaufsförderung (A)
- ▲ Werbung (A)
- ▲ Öffentlichkeitsarbeit (E)
- ▲ Sponsoring

Preispolitik
- ▲ Preisbildung (E)
- ▲ Verkaufspreis
- ▲ Konkurrenzpreis
- ▲ Sonderpreis
- ▲ Lieferbedingungen
- ▲ Zahlungsbedingungen

Vertriebspolitik
- ▲ Verkaufsfilialen (E)
- ▲ Verkäuferinnen (A)
- ▲ Bäckerverkaufstour
- ▲ Gewerbliche Kunden
- ▲ Telefon/Bestellservice (A)
- ▲ Ware zusammenstellen, verpacken, kassieren, übergeben (A)

(A) Aufgabenbereich der Bäckereifachverkäuferin
(E) Einflußbereich der Bäckereifachverkäuferin

Wie in der Abbildung „Instrumente des Bäckermarketing" deutlich erkennbar ist, wird mit Hilfe der Marketinginstrumente das Marketingkonzept in die Praxis umgesetzt, und zwar die Produktpolitik für die Gestaltung der Produkte, die Preispolitik für die Preisbildung, die Distributionspolitik für die Bestimmung der Vertriebswege und die Kommunikationspolitik für die Festlegung der Kommunikationswege zu den Verbrauchern. Die verschiedenen Instrumente sind zwar an verschiedenen Stellen verankert, aber wie das Wort Marketingmix schon sagt, beeinflußt ein Instrument das andere Instrument. Die Produktpolitik beeinflußt die Preispolitik, die Preispolitik die Kommunikationspolitik, die Kommunikationspolitik die Vertriebspolitik und so weiter.

> MARKETING IM BÄCKERFACHGESCHÄFT IST DEMNACH MEHR,
> ALS NUR WERBUNG UND VERKAUFSFÖRDERUNG.

Der Betriebsinhaber ist in seinem Betrieb für die Gestaltung und Qualität aller Marketinginstrumente zuständig und verantwortlich. Welchen Beitrag die Verkäuferinnen für ein hochwertiges Bäckermarketing und somit für den Höchstumsatz erbringen könnten, geht aus den Anmerkungen (A) Aufgabenbereich und (E) Einflußbereich hervor.

Die gültige Produktpolitik, Preispolitik, Distributionspolitik oder Kommunikationspolitik wird täglich auf die Probe gestellt und zwar von den Verbrauchern und der Konkurrenz. Der Verbraucher prüft, ob das, was der eine Bäcker zu bieten hat, vielleicht besser ist als das, was der andere zu bieten hat und entscheidet sich erst dann zu einem Kauf. Selbst die Konkurrenz sucht laufend nach Schwachstellen in den Betrieben der Konkurrenten.

8.5 PRODUKTPOLITIK

Die Hauptaufgaben der Produktpolitik in der Bäckerei heißen Sortimentsgestaltung, Produktgestaltung, Suche nach Produktideen und die Sicherstellung einer fachgerechten Verpackung für frische Backwaren.

DIE SORTIMENTSGESTALTUNG

Die Sortimentsgestaltung in der Bäckerei wird hauptsächlich von der Kundenstruktur mit ihrer Nachfrage und ihren Ansprüchen, aber auch von der zur Verfügung stehenden Verkaufsfläche bestimmt. Ebenso spielt die Leistungsfähigkeit der Backstube eine Rolle, die Professionalität der Verkäuferinnen und die Sortimentsgestaltung der Konkurrenten.

Die Grundbegriffe für die Sortimentsgestaltung heißen Sortimentsbreite und Sortimentstiefe. Die Sortimentsbreite unterscheidet die Produkte nach Gruppen, wie Brötchen, Brot, Kuchen, Torten, Spezialprodukte und Zukaufprodukte (Zusatzsortiment). Die Sortimentstiefe sagt aus, welche und wieviel Sorten Brötchen, Brot, Kuchen, Torten, Spezialprodukte oder Zukaufprodukte im Sortiment vorhanden sind.

DIE PRODUKTGESTALTUNG

Die Produktgestaltung im Bäckerfachbetrieb bezieht sich auf die Frische, die Qualität, das Aussehen, die Bezeichnung und die Verpackung der Backwaren. Die Bäckerei hat den großen Vorteil, daß sie abgesehen von Zusatzartikeln, diese Kriterien selbst gestalten und beeinflussen kann.

PRODUKTIDEEN

Die Suche nach Produktideen ist eine großartige Chance, um das Sortiment im Bäckerfachgeschäft attraktiver und abwechslungsreicher gestalten zu können. Sie sollte nicht ungenutzt bleiben. Denn neue Produktideen können das Wachstum, den Gewinn und die Abgrenzung zur Konkurrenz sichern. Sie sind weiterhin zum Ausgleich von saisonalen und konjunkturellen Schwankungen geeignet. Darüber hinaus erfreuen sie die Kunden und bringen das Bäckerfachgeschäft positiv ins Kundengespräch.

Nicht jede neue Produktidee wird ein Volltreffer. Von 57 Produktideen der Industrie bleibt letztlich eine neue Produktidee im Markt und kann sich durchsetzen. Das sollte jedoch keinen Bäckerfachbetrieb daran hindern, systematisch nach neuen Produktideen zu suchen.

DIE VERPACKUNG

Die Verpackung wird der Produktpolitik zugeordnet, weil sie zum Produkt gehört und einen erheblichen Einfluß auf das Kaufverhalten der Kunden haben kann. In der Abbildung „Instrumente des Bäckermarketing" ist die Verpackung von frischen Backwaren nicht ohne Grund als Aufgabenbereich der Verkäuferinnen ausgewiesen worden. Sind sie doch verantwortlich dafür, daß die Kunden Ihre Backwaren sicher und schön verpackt nach Hause transportieren können.

8.6 VERKAUFSFÖRDERUNG

Im Gegensatz zur Werbung, die außerhalb des Bäckerfachgeschäftes ihren Wirkungsbereich hat, findet die Verkaufsförderung im Bäckerfachgeschäft selbst statt. Sie richtet sich über die Verkäuferin und andere Verkaufsförderungsinstrumente direkt an die einkaufenden Kunden. Die Verkaufsförderung hat das Ziel, die Kaufbereitschaft der im Bäckerfachgeschäft einkaufenden Kunden zu erhöhen und Höchstumsätze zu erreichen.

Die Verkaufsförderungsinstrumente werden in persönliche und unpersönliche Verkaufsförderungsinstrumente unterschieden. Die Verkäuferin ist das einzige persönliche Verkaufsförderungsinstrument. Sie bietet persönlich und mit ihren Worten Alternativprodukte an, regelt den Zusatzverkauf, macht Sonderangebote bekannt, verteilt Kostproben und so weiter.

Die unpersönlichen oder instrumentalen Verkaufsförderungsinstrumente sind die Produkte selbst, ihr Aussehen und ihre Appetitlichkeit. Beim Abbacken von Brötchen ist etwa der Duft nach frischen Brötchen ein instrumentales Verkaufsförderungsinstrument, des weiteren die Plazierung und Präsentation der angebotenen Waren. Selbst die Verpackung der Produkte kann verkaufsfördernd oder verkaufshindernd sein. Brötchentüten die überfüllt sind und platzen, unfachmännisch verpackte Kuchen- oder Tortenstücke die beim Auspacken zerdrückt sind, sind Beispiele dafür, wie Verkaufsförderungsinstrumente zur Verkaufsbremse werden können.

DIE WARENPRÄSENTATION

Die Warenpräsentation sollte verkaufsfördernd, ansprechend dekorativ, übersichtlich, hygienisch und fachgerecht sein. Die typischen Ladeneinbauten für die Warenpräsentation sind die Bedienungstheke und die Regale. Die Bedienungstheke wird in den gekühlten und ungekühlten Bereich unterschieden und die Regale in das Brotregal und offene Regale.

Ansprechende Warenpräsentation bedeutet, daß zerdrückte oder krümelige Backwaren, sowie beschädigte Garnierungen von Cremestücken oder Torten nichts im Verkaufsraum zu suchen haben. Damit der Kunde Appetit bekommt, soll der Anschnitt von Torten und Kuchen auch vom Kunden erkennbar sein. Auch Brote sollten halbiert und mit der angeschnittenen Seite in Richtung Kunden gelegt werden. Dann hat die Verkäuferin sogar die Möglichkeit, die einzelnen Kornarten des Mehrkornbrotes zu zeigen.

Dekorativ bedeutet, Liebe zum Produkt und zum Detail beweisen. Deshalb sollten Brötchen in Körben und nicht in Kunststoffschütten aus der Backstube präsentiert werden. Weiterhin sollten sich Torten auf Tortenspitzen, Desserts in Kapseln und Teegebäck oder Pralinen auf dekorierten Verkaufstabletts befinden, denn diese verleihen den wertvollen Produkten auch das angemessene wertvolle Aussehen.

Hygienisch bedeutet, absolute Sauberkeit halten, denn kaum anderswo bedeutet Sauberkeit soviel, wie im Bäckerfachgeschäft. Schon die geringste Anmutung von Unsauberkeit kann die negative Mundpropaganda in ungeahntem Ausmaß beflügeln und den Umsatz sinken lassen. Deshalb sollte auf saubere Regale, auf die saubere Theke, auf glänzende Messer und Tortenheber, frisches Wasser im Wasserbehälter, saubere Torten- und Gebäckplatten allergrößten Wert gelegt werden. In diesem Zusammenhang sind auch die Hände der Verkäuferin, ihre Kleidung und ihre Haarfrisur zu beachten.

Fachgerecht bedeutet, die fachgerechte Aufbewahrung oder Behandlung der einzelnen Produkte. Cremetorten oder Sahnetorten und die gleichartigen Desserts oder Schnitten haben ihren Stammplatz in der Kühltheke. Backwaren mit Garnierungen wasseranziehender Garnierung, wie Hagelzucker oder Fondantglasur haben ihren angemessenen Platz weit weg von feuchten oder obsthaltigen Gebäcken. Frisches Brot und frische Brötchen sollen luftig liegen. Die Verwendung einer Gebäckzange oder eines Tortenhebers macht dem Kunden sichtbar, daß die Verkäuferin ihre Produkte, ihre Kunden und ihren Beruf liebt.

HINWEISSCHILDER

Über das Hinweis-, Informations- oder Angebotsschild im Bäckerfachgeschäft wurde schon gesprochen. Hängt es im Bäckerfachgeschäft, zählt es zur Verkaufsförderung, weil es nur von bereits vorhandenen Kunden wahrgenommen werden kann. Steht es dagegen vor der Tür oder im Schaufenster, wird es zur Werbung gezählt, weil es auf das Bäckerfachgeschäft aufmerksam machen soll.

Angebotsschilder sollten informativ, dekorativ, auffallend und ansprechend sein. Deshalb sollten „lustlos hingeschmierte" Schriften vermieden und anstelle dessen eine auffällige gut lesbare Plakatschrift, diese darf auch farbig sein, verwendet werden. Damit der Preis zu erkennen ist, sollte ihm entsprechender Platz eingeräumt werden.

Weitere für das Bäckerfachgeschäft geeignete Verkaufsförderungsinstrumente oder Verkaufsförderungsmaßnahmen sind:

▲ Probieraktionen, Sofortproben, Mitnahmeproben
▲ Preisausschreiben und Gewinnspiele
▲ Malwettbewerbe für Kinder
▲ Schaubacken, Backvorführungen, Tag der offenen Tür
▲ Verpackungsservice für Pralinen, Torten, besonderes Gebäck
▲ Firmeneigener Parkplatz oder Parkkostenzuschuß
▲ Telefonservice, Bestellservice, Lieferservice
▲ Der Ideensuche sind keine Grenzen gesetzt

▲ Erfassen Sie bitte die in Ihrem Betrieb gebräuchlichen Verkaufsförderungsinstrumente oder -maßnahmen und überlegen Sie, welche hinzugenommen werden könnten.

8.7 WERBUNG

Im Vergleich zur Verkaufsförderung wirkt die Werbung nicht im, sondern außerhalb des Bäckerfachgeschäftes. Die Werbeziele sind nicht mit den Verkaufsförderungszielen identisch und heißen:

- ▲ Aufmerksamkeit erregen
- ▲ Kontakte herstellen
- ▲ Informieren
- ▲ Interessieren
- ▲ Bekanntheitsgrad erhöhen
- ▲ Neukunden gewinnen
- ▲ Kunden erinnern
- ▲ Motivieren und zum Kauf (ver)führen
- ▲ Image aufbauen, erhalten, verbessern

Der Bäckerei steht eine Vielzahl von geeigneten Werbemöglichkeiten zur Verfügung, wie das Schaufenster und die Außenfront des Geschäftes, das Lieferfahrzeug, der Verkaufswagen und der Standort selbst. Ebenso kommen in Frage: die Hauswurfsendung, die Prospektverteilung, die Kundenzeitschrift und die Zeitungsanzeige, die Plakat- und Schilderwerbung. Werbung ist dann wirkungsvoll und erfolgreich, wenn sie geplant wird und regelmäßig durchgeführt wird.

Die gestaltenden Elemente der Werbung sind Bild, Text, Ton, Farbe, Licht und Bewegung. Sie sollten nach den Grundsätzen der AIDA, (A)ufmerksamkeit, (I)nteresse, (D)rang zum Kauf und (K)auf, konzipiert werden. (Siehe hierzu bereits 4.1 Verkaufsformeln)

(A)ufmerksamkeit
(I)nteresse
(D)rang nach Besitz oder Kaufwunsch
(A)ktion, Handlung oder Kauf

Gleich was konzipiert oder gestaltet werden soll, ein Schaufenster, die Leuchtwerbung, die Zeitungsanzeige, ein Hinweisschild, die Warenpräsentation im Geschäft, der Lieferwagen oder gar die appetitlichen Backwaren selbst, die AIDA ist immer der richtige Maßstab.

DAS SCHAUFENSTER

Das Schaufenster des Bäckerfachgeschäftes ist die wichtigste und preiswerteste Werbemöglichkeit eines Bäckerfachgeschäftes. Deshalb sollte die Schaufensterauslage mit besonderer Sorgfalt, Liebe und Phantasie gestaltet und dekoriert werden.

Themen für eine abwechslungsreiche Schaufenstergestaltung und somit auch für eine Werbekampagne bieten nicht nur Weihnachten, Sylvester, Ostern, Karneval, der Beginn der Erdbeerzeit oder die Fußballweltmeisterschaft an, sondern jeder Monat mit seinen feiertaglichen oder kalendarischen Besonderheiten, wie Sommeranfang, Herbstanfang, Winteranfang oder Erntedank oder andere originelle Anlässe. Weitere Beispiele sind:

Produktschaufenster zeigen normale Produkte, Aktionsprodukte, Sonderangebote oder neue Produkte. Weiterhin Produktgruppen wie Kuchen, Teegebäck, Weihnachtsgebäck, Torten, Vollkornprodukte und andere.

Ereignisschaufenster stellen lokale bis internationale Themen in den Vordergrund der Betrachtung, wie Fußballmeisterschaften, Sportveranstaltungen, Kirmes, Schützenfest und so weiter.

Zu jeder Schaufenstergestaltung gehört auch ein Thema oder ein Motto, mit welchem auch die Werbung in der Stadtteilzeitung oder anderswo begleitet wird. Vollkornprodukte schmecken nicht nur, sie machen auch fit. Kirmes macht Spaß. Kinder gestalten unser Schaufenster und andere.

Dem Einfallsreichtum sind hier wirklich keine Grenzen gesetzt. Grenzen setzt sich nur der sparsame und ideenlose Bäckereibetrieb.

DIE AUSSENGESTALTUNG

Die Außenfront und das Schaufenster des Bäckerfachgeschäftes bilden eine Einheit. Deshalb sollte die Außenfront dieselbe anziehende werbliche Wirkung besitzen wie das Schaufenster. Geeignete Werbemittel für die Gestaltung der Außenfront sind Blickfänge wie Lichtschriftzüge, beleuchtete Schilder oder beschriftete Tafeln. Diese haben die Aufgabe, auch aus weiterer Entfernung zu signalisieren, hier ist ein Bäckerfachgeschäft.

Üblicherweise und soweit möglich wird auf dem Gehweg vor dem Bäckerfachgeschäft ein Informationsschild oder ein Informationsständer aufgestellt, der das jeweilige Sonderangebot bekannt gibt. Es sollte sich nicht darauf verlassen werden, daß diese Schilder oder Ständer, obwohl sie dem Anschein nach unübersehbar sind, auch von jedem Kunden oder Passanten gesehen und bewußt wahrgenommen werden. Deshalb sollte die professionelle Verkäuferin nicht darauf verzichten, das jeweilige Sonderangebot durch den Zusatzverkauf anzubieten.

Je nach Platzverhältnissen kann der Außenbereich vor dem Bäckerfachgeschäft auch mit Pflanzen bzw. kleinen Bäumchen anmutig dekoriert werden. Besteht in der Sommerzeit darüber hinaus die Möglichkeit, einige Tische, Stühle und Sonnenschirme aufzustellen, und wird die Möglichkeit geboten, Kaffee zu trinken und Kuchen, Torte oder Eis zu essen, ist die Gestaltung des Außenbereiches vor dem Bäckerfachgeschäft werblich als komplett zu bezeichnen. Diese Maßnahmen sind genehmigungspflichtig und sollten deshalb mit den jeweiligen Ordnungsbehörden abgesprochen werden.

Es kann auch die Überlegung angestellt werden, ob die Anschaffung eines Fahrradständers mit Werbefläche eine sinnvolle Werbe- und Verkaufsförderungsmaßnahme ist. Immer mehr Menschen bewegen sich mit dem Fahrrad und die Möglichkeit das Fahrrad beim Einkauf sicher abstellen zu können, erzeugt bestimmt keine Ablehnung, sondern eher Wohlwollen, Zustimmung und Kaufbereitschaft.

8.8 ÖFFENTLICHKEITSARBEIT

Die Öffentlichkeitsarbeit hat das Ziel das gute Image der Bäckerei, aber auch des Bäckerhandwerks, zu erhalten und zu verbessern. Die Imagepflege des Bäckerhandwerks wird von den Verbänden des Bäckerhandwerks übernommen. Um das Image des einzelnen Bäckerfachbetriebes muß sich der einzelne Bäckermeister in erster Linie selbst sorgen.

Öffentlichkeitsarbeit betreiben heißt, die Öffentlichkeit mit guten und sympathischen Nachrichten versorgen. Dies kann mit Pressemitteilungen für die Presse geschehen, aber auch durch Kontaktpflege zur Parteienlandschaft, zu den Kirchen, zu sozialen Institutionen und Verbänden, zu Schulen und Hochschulen oder zu Interessengruppen. Ebenso wichtig sind Kontakte zu Sportvereinen, Kulturvereinen oder „privaten Verbänden", wie Kegelclubs, Kaffeekränzchen und vielen anderen. Trägt doch jede der genannten Gruppen ihren meinungsbildenden Anteil zum öffentlichen Leben bei. Selbst wenn „nur" gesagt wird, „der ist aber ein sympathischer Mensch, dieser Bäckermeister Fröhlich". In jedem Falle klingt es besser als, „Bäckermeister Fröhlich, wer ist denn das?" Für die Mundpropaganda in einer überschaubaren Kleinstadt kann dieser feine Unterschied schon sehr image- und umsatzwichtig sein.

So könnte bei einem Tag der offenen Tür in der Backstube ein professionelles Backrezept für Brot, Gebäck oder Kuchen verraten werden. Dies wird keinen Umsatzeinbruch zur Folge haben. Dafür sorgt schon die Bequemlichkeit der Kunden, ihre unprofessionelle Vorgehensweise bei der Herstellung des Teiges und ihre falschen Backöfen. Aber Sympathien bringt das, Sympathien die man in dieser Form einfach nicht kaufen kann.

Imageanzeigen sollten auf die besonderen Leistungen einer Bäckerei hinweisen:

WIR HABEN IM JAHRE 1994 GENAU 550.634 BRÖTCHEN GEBACKEN.
WIEVIELE HABEN SIE DAVON GEGESSEN?

UNS BESUCHEN JEDEN MONAT RUND 4.300 KUNDEN.
SIND SIE AUCH DABEI?

WISSEN SIE, WARUM WIR JEDES JAHR ÜBER 40.000 BROTE BACKEN?
WEIL UNSERE BROTE SCHMECKEN!

WIR REDEN NICHT ÜBER AUSLÄNDISCHE MITBÜRGER,
WIR BESCHÄFTIGEN SIE!

SIE KÖNNEN BEI UNS GETROST EINKAUFEN.
WAS IHNEN NICHT SCHMECKT, NEHMEN WIR ANSTANDSLOS ZURÜCK!

WIR WÜNSCHEN IHNEN EINEN SCHÖNEN URLAUB.
WIR BACKEN TROTZDEM WEITER, AUCH FÜR SIE.

WIR WERDEN ZU WEIHNACHTEN AN UNSER WAISENHAUS DENKEN.
DENKEN SIE BITTE AUCH DARAN!

9. DAS PHÄNOMEN STREß

9.1 GRUNDLAGEN

9.1.1 WARUM DIESES KAPITEL WICHTIG IST

Was wissen Sie über Streß? Woher er kommt, was bei Streß passiert, wie man mit ihm umgeht? Die meisten Verkäuferinnen und Menschen wissen nur, daß sie Streß haben, aber mehr nicht.

Eine Verkäuferin im Bäckerfachgeschäft, eine Serviererin im Konditoreicafé, ein Außendienstmitarbeiter des Bäckerfachbetriebes oder ein Verkaufsfahrer auf der Bäckertour haben eine Gemeinsamkeit, sie dürfen keinen Streß haben. Denn Streß verdirbt die gute Laune, beeinflußt die Körpersprache und schadet dem Umsatz. Die Kollegen dagegen, die in der Backstube tätig sind, in der Verwaltung oder anderen betrieblichen Orten, wo keine Kundenkontakte stattfinden, dürfen Streß haben. Denn ihre schlechte Laune stört bestenfalls die Kollegen, aber nicht den Umsatz. Sie können getrost vor sich hinmuffeln, Kaffee trinken, und verständnisvolle Zuhörer und Ratgeber finden sie auch.

Eine der vielen Anforderungen an die verkäuferischen Berufe lautet, ständig freundlich sein. Wer nicht lächeln oder freundlich sein kann, sollte kein Geschäft aufmachen oder nicht als Verkäuferin tätig werden. Diese Worte bedeuten für die Verkäuferin im Klartext: Ständig eine Rolle spielen, keine Gefühle zeigen, sich dauerhaft kontrollieren und den Streß nach Möglichkeit auch. Aber sie können auch höhnisch klingen, Lächeln auf Kommando, sympathisch sein auf Befehl, freundlich sein auf Knopfdruck, die Kunden motivieren, wenn man selber demotiviert ist – ob das immer gut geht?

Aus diesen Anforderungen ergibt sich zwangsläufig, daß über Streß gesprochen werden muß, will man ihn halbwegs verstehen und etwas kontrollieren können. Daher ist es verwunderlich, daß die verkäuferischen Ausbildungen so gut wie keine Informationen über das Phänomen Streß erhalten. Selbst die Verkaufsliteratur behandelt den Umgang mit Streß so gut wie nicht und tut so, als ob der Umgang mit Streß für den Verkäuferberuf die langweiligste Nebensache der Verkaufswelt wäre. Die Erkennung von und der Umgang mit Streß ist aber keine Nebensache, denn durch den Streß einer Verkäuferin leidet die Verkäuferin selbst, das Betriebsklima, die Kunden und auch der Umsatz.

Die folgenden Ausführungen über Streß haben das Ziel, nachdenklich zu stimmen und einige Informationen über den Umgang mit und die Vermeidung von Streß zu geben. Es wird bewußt in Kauf genommen, daß die Informationen sich nur auf das Notwendigste beschränken. Dennoch ist das Thema Streß für jede Verkäuferin so wichtig, daß es besser ist nur ein wenig über Streß zu wissen, als nichts über Streß zu wissen.

9.1.2 WAS IST STREß?

Streß ist keine Erscheinung des 20. Jahrhunderts, sondern eine Erscheinung, die bereits seit Menschengedenken jegliche menschlichen Handlungen beeinflußt und steuert. Erst durch die modernen Erkenntnisse der Medizin wurde der Begriff Streß gebildet und in den modernen Sprachgebrauch übernommen. Streß gab es schon immer und wurde in früheren Zeiten mit den Worten Aufregung, Erregung, Unruhe, Angst, Unsicherheit, Hemmungen, Scham, Wut, Zorn, Schuldgefühle, Panik, Schmerz, Trauer, Unwohlsein, Aggression und Herzklopfen, ausgedrückt. Aber auch mit den Worten Wohlbefinden, Zufriedenheit, Freude, Lust und Glück. Heutzutage sagt man vereinfacht, „Ich habe Streß, ich bin im Streß oder ich bin gestreßt", und jeder weiß was damit gemeint ist.

Eine allgemein gültige und vollständige Definition des Begriffes Streß zu geben, ist schier unmöglich, weil Hunderte von Forschern seit 50 Jahren in Tausenden von Testreihen und Versuchen einen Beitrag zur Streßforschung geleistet haben und jeder dieser Beiträge ein Stückchen Wahrheit des Puzzles Streß enthält und immer noch ungelöste Rätsel bestehen.

„Was sich jedoch ganz klar aus den Forschungen der Medizin, der Biochemie und der Neurophysiologie ergibt, ist folgende Tatsache: Wenn das Überleben, die eigene Sicherheit oder die Arterhaltung gefährdet werden, reagiert zunächst einmal jeder Organismus gleich: Er begibt sich in einen Zustand des Kampfes oder der Flucht, um der Gefahr zu entrinnen. Stößt er später wieder auf dieselbe Situation, trachtet er, diese zu vermeiden. Dieser Mechanismus funktioniert bei einer Eidechse genauso wie bei einem Homo sapiens (Menschen), weil beide einen besonderen Gehirnteil besitzen, der ihn auslöst; wiewohl wir bei den Menschen natürlich noch zusätzlich weitere Gehirnteile finden, die es ihm ermöglichen, über solche Vorgänge (unter Zuhilfenahme eben dieser Gehirnteile) auch nachzudenken. (Quelle: Birkenbihl, V.F., Freude durch Streß, München, 1992)

Na, wissen Sie jetzt mehr über Streß? Wie Sie sehen können, ist der Begriff Streß wirklich nicht einfach zu erklären. Deswegen wollen wir weitere Erklärungsversuche der Wissenschaft überlassen und uns der praktischen Frage, in welchen Situationen entsteht Streß, zuwenden.

9.1.3 WIE SICH STREß BEMERKBAR MACHT

Streß kann sich verschiedenartig bemerkbar machen. Durch Gefühle, wie schlechte Laune, Gereiztheit, Aufregung, Erregung, Spannung, Unruhe, Ungeduld, Angst, Unsicherheit, Hemmung, Unzufriedenheit, Scham, Wut, Zorn, Panik, Schmerz, Trauer, Depression, Aggression und andere. Durch körperliche Symptome, wie Herzklopfen, Magenbeschwerden, Kopfschmerzen, Müdigkeit, Niedergeschlagenheit, Unwohlsein und andere sind möglich. Durch Streß ausgelöste körperliche Aktivitäten können unruhiges Hin- und Herlaufen, geballte Fäuste, Anspannung der Muskulatur, auch der Gesichtsmuskulatur, Verengung oder Erweiterung der Augenpupillen, mit den Fingern spielen, fahrige Gesten, lautes Schreien oder Geschirr an die Wand werfen sein.

9.1.4 WAS PASSIERT BEI STREß?

Wenn ein Mensch die im vorigen Punkt beschriebenen Situationen erlebt oder sonstige bedrohende oder gefährliche Reize, auch Streßreize genannt, wahrnimmt, werden durch die Ausschüttung und Ansammlung von Hormonen, wie Adrenalin und anderen, biochemische und muskuläre Reaktionen und Wirkungen eingeleitet.

„Der Herzschlag wird beschleunigt, der Puls verstärkt sich, die Muskeln werden besser durchblutet, Fettreserven und Zucker werden mobilisiert, die Geschwindigkeit der Muskelreaktionen werden erhöht und die Blutgerinnung steigt an. Gleichzeitig werden alle für den Moment der Gefahr nicht benötigten Vorgänge gedrosselt: Eingeweide und Haut werden schlechter mit Blut versorgt, die Verdauung wird sich selbst überlassen, der Aufbau hochwertiger Stoffe wie Proteine wird verhindert, die Sexualfunktionen werden gehemmt und der Schalter des Denkhirns wird blockiert, damit keine unnötigen Überlegungen angestellt werden. (Quelle: Vester, F., Phänomen Streß, Seite 48/49, Stuttgart 1979)

Und noch etwas sollte bekannt sein, Streß kostet Kraft. In der Streßsituation wird dieser Kräfteverzehr kaum bemerkt, weil die zusätzlich ausgeschütteten Hormone, wie Adrenalin, einen körperlichen Kräfteschub auslösen, der nicht abgebaut wird. Mattigkeit, Niedergeschlagenheit, Müdigkeit, Unausgeglichenheit, verschlechterte Laune und schlimmstenfalls sogar depressive Zustände sind Folgen. Was das für eine Verkäuferin bedeutet, die unter diesen Umständen noch ein freundliches und konzentriertes Verkaufsgespräch führen soll, weiß jeder von Ihnen.

9.2 Erscheinungsformen von Streß

9.2.1 Streß im Berufsleben

Streß kann sowohl im Privatleben wie im Berufsleben auftreten. An dieser Stelle soll nur der berufliche Streß behandelt werden.

Der Streß des Berufslebens kann bereits mit dem Weg zur Arbeit beginnen. Streßauslöser können ein langer Anfahrtsweg zur Arbeitsstelle sein, schlechte Verkehrsverbindungen, verstopfte Straßen und die zermürbende Parkplatzsuche. Aber auch Kolleginnen oder Kollegen, mit denen man nicht klar kommt. Sogar Vorgesetzte oder Mitarbeiter können aus verschiedensten Gründen Streß verursachen. Darüber hinaus auch das „schlechte" Betriebsklima sowie betriebliche Abläufe, die man gerne ändern würde, aber nicht ändern kann.

STRESS DURCH KUNDEN

Während auf den Privatstreß und Berufsstreß Einfluß genommen werden kann, ist die Einflußnahme auf stressige Kunden beinahe unmöglich. Der Kunde ist König und das wird auch so bleiben. Niemand kann und wird von den Kunden verlangen, daß sie auf die unterschiedlichen Befindlichkeiten der Verkäuferinnen Einfluß nehmen und so sanft und zärtlich wie möglich mit ihnen umgehen. Jedenfalls nicht dann, solange Backwaren im Überfluß und beinahe an jeder Ecke angeboten werden. Und vergessen Sie bitte nicht dabei, auch Sie sind hin und wieder Kundin oder Kunde.

GESTRESSTE KUNDEN

Einkaufen soll Spaß machen, so sagen es wenigstens die Werbestrategen, und sie haben recht damit. Denn Spaß beim Einkaufen fördert die gute Laune und beinahe so nebenher die Kaufbereitschaft, die Kundenbindung und den Umsatz. Viele Kunden aber betreten ein Geschäft schon mit Streß beladen. Zeitprobleme, Hetze, Parkplatzsuche, Preisvergleiche, Ladenschlußzeiten, Gedränge und andere Auslöser sorgen ungehemmt dafür. Der vorhandene Streß kann nicht abgebaut werden und beim Einkauf sorgen weitere Gründe dafür, daß der Streßpegel weiter steigt, anstatt zu sinken.

Kunden haben das Recht gestreßt zu sein. Verkaufs-, Marketing- und Werbeprofis wissen das und versuchen durch angepaßte Verkaufs-, Marketing- und Werbestrategien dieses Kundenproblem zu ihrem Vorteil zu nutzen.

9.2.2 POSITIVER STREß

Wenn wir bisher über Streß gesprochen haben, war stets vom negativen Streß die Rede. Es gibt aber auch einen positiven Streß und das ist den wenigsten Menschen bewußt.

Der negative Streß äußert sich durch schlechte Laune, Gereiztheit, Aufregung, Erregung und so weiter. Der positive Streß dagegen bedeutet, Wohlbefinden, gute Laune, Zufriedenheit und entspannt, ruhig und gelassen sein, aber auch Aufregung und Herzklopfen vor Freude und Glück.

Beide Streßformen werden von Empfindungen und den Gefühlen des Menschen beeinflußt und beide schränken im Extremfall die Denkfähigkeit des Menschen erheblich ein. Die bekannten Worte, ich könnte Bäume ausreißen oder ich könnte mich in eine Ecke verkriechen, sind ein Beispiel für Empfindungen von positivem und negativem Streß.

Das wohl bekannteste Beispiel für einen extremen positiven Streß und die damit verbundene Hochstimmung ist der Zustand des Verliebtseins. Der Himmel hängt voller Geigen und ist strahlend blau, selbst wenn tatsächlich keine einzige Geige vorhanden und der Himmel wegen Nieselregens grau und verhangen ist. Probleme gibt es keine und nichts kann die Hochstimmung und die gute Laune trüben. Böse und neidische Menschen behaupten sogar, Liebe macht blind und verweisen dabei auf die alte Volksweisheit und die Erkenntnis, „der Schalter des Denkhirns wird blockiert, damit keine unnötigen Überlegungen angestellt werden".

Positiver Streß kann auch im Alltag eintreten. Wenn sich der Mensch freut, seine Seele pflegen kann oder sich etwas Gutes tut. Das kann ein Kinobesuch sein, ein Treffen mit Freunden, im Konditoreicafé sitzen, Musik hören, ein Buch lesen, Sport treiben und vieles andere mehr. Nur Spaß muß es machen.

9.3 Tips für den Umgang mit Streß

9.3.1 Über Streß nachdenken

Über Streß nachdenken heißt, eigene und femde Erfahrungen mit Streß auswerten. Überlegen, wie man selbst von Streß beeinflußt wird und wie man andere Menschen mit seinem Streß beeinflussen kann.

Sie haben bereits sehr viel über Streß nachgedacht und auch gelernt. Wenn Sie Lust dazu haben, können Sie Ihr neues Wissen in einer kleinen Übung vertiefen. Denn der nächste private Streß, berufliche Streß oder Streß mit Kunden kommt bestimmt. Deswegen kann es kein Fehler sein, sich ein wenig darauf vorzubereiten.

Beantworten Sie sich bitte folgende Fragen:

1. Wie macht sich Streß bei mir bemerkbar?
2. Welche Situationen lösen bei mir Streß aus?
3. Bin ich schon einmal von Streß angesteckt worden?
4. Habe ich schon einmal andere mit meinem Streß angesteckt?
5. Wann habe ich Streß im Privatleben?
6. Wann habe ich Streß im Berufsleben?
7. Wann habe ich Streß mit Kunden?
8. Mache ich mir selber Streß?
9. Was mache ich besonders gerne?

Die Ergebnisse sollten Ihnen einen Eindruck über ihre persönlichen Streßsituationen geben. Das zu wissen, tut Ihnen persönlich gut und ist der erste Schritt dahin, mit ihrem Streß richtiger umgehen zu können.

9.3.2 MIT STREß RICHTIG UMGEHEN

Mit Streß richtig umgehen, heißt Wege suchen, wie überflüssiger oder selbstgemachter (negativer) Streß reduziert werden kann. Das ist leichter gesagt als getan. Denken Sie bitte dennoch über die folgenden Aussagen nach.

Wenn Sie einen gestreßten Kunden vor sich haben, wird dieser nicht streßfrei, nur weil auch Sie Streß bekommen.

Wenn Sie im Stau stecken, löst sich der Stau nicht auf, nur weil Sie Streß bekommen.

Wenn Sie in einer überfüllten Straßenbahn stehen, wird diese auch nicht leerer, nur weil Sie Streß bekommen.

Wenn Ihre Freundin sich verspätet, wird diese auch nicht schneller, nur weil Sie Streß bekommen.

Wenn Ihnen Regenwetter die gute Laune verdirbt, beginnt die Sonne nicht zu scheinen, nur weil Sie Streß bekommen.

Die folgenden Tips zum richtigen Umgang mit Streß sind weltweit erprobt worden. Der eine Mensch kann sie schnell umsetzen, der andere Mensch braucht etwas länger. Sie bieten keine Garantie für ein Leben ohne Streß, aber sie stehen für weniger Streß. Beachten Sie bitte, daß eine gewisse Übung erforderlich ist. Seien Sie bitte deshalb mit sich selber geduldig, aber auch diszipliniert.

Auf Streßsignale achten und sich den Streß bewußt machen. Streßsignale sind plötzlich auftretende Unruhe, Herzklopfen, Nervosität und so weiter.

Den Streßauslöser feststellen. Dies kann ein Stau auf der Autobahn oder die verspätete Freundin sein. Aber auch ein Ansteckungsherd, wie ein sichtlich gestreßter Kunde oder der Ärger über die schlechten Schulnoten der Kinder.

Überlegen, ob die Streßsituation richtig bewertet, das heißt nicht überbewertet, wird. Über die negativen Folgen und die Ansteckungsgefahr der Streßsituation nachdenken und Abwehrmechanismen gegen negativen Streß einsetzen.

Anerkennen, daß an der Streßsituation nichts zu ändern ist. Mehrmals tief, ruhig und konzentriert durchatmen. Mehrmals aufsagen (oder schreien) ich will keinen Streß, ich will keinen Streß, ich will keinen Streß. Das entspannt und bringt den Körper in eine Ruhephase, denn wer schreit, baut Streß ab.

Es darf sogar geflucht oder geschimpft werden. Boris Becker und andere Tennisspieler machen das auch und alle Zuschauer verstehen das. Denn damit wird Ärger und innerer Druck abgebaut.

Körperlich bewegen, frische Luft tanken und spazieren gehen, Liegestütze machen, Fahrrad fahren oder joggen bis der Schweiß ausbricht.

Eine Lächelübung (Cheese) nach der anderen machen, die Körpersprache nicht vergessen.

An etwas Schönes denken und nochmals an etwas Schönes denken. Nicht aufgeben, bevor die Unruhe oder der Streß spürbar nachläßt.

Lächeln Sie bitte nicht über die „kuriosen Vorschläge". Probieren Sie es geduldig aus und der Erfolg wird der Ihre sein. Sie werden dabei positiven Streß erleben und wahnsinnig stolz auf ihre Leistung sein.

9.3.3 Positiven Streß fördern und positiv Denken

Der Mensch ist für negativen Streß weniger angreifbar, wenn er positive Erlebnisse, also positiven Streß hatte oder hat. Positiven Streß haben, heißt sich wohlfühlen und mit sich zufrieden sein. Vielleicht haben Sie schon die Fragen beantwortet, die im Punkt, „Über Streß nachdenken", gestellt wurden.

Die 9. Frage lautete, was mache ich besonders gerne? Wenn Sie sich Ihre Antworten ansehen, haben Sie bereits einen Weg aufgezeichnet der Ihnen positiven Streß, also Freude, Zufriedenheit und Spaß vermitteln kann. Von der positiven Kraft, die Sie in diesen positiven Situationen erleben, können Sie in Streßzeiten zehren. Zehren deshalb, weil Sie durch Ihre positive Substanz widerstandsfähiger gegen negativen Streß werden.

Man kann die Welt in dunklen Farben und Bildern sehen, aber auch in schönen, belebenden Farben und Bildern. Bevor Sie einschlafen, sollten Sie nicht über den Ärger des vergangenen Tages nachdenken, sondern über die schönen Erlebnisse. Halten Sie gezielt Ausschau nach schönen Erlebnissen und mögen sie auch noch so klein sein. Sei es der Sonnenaufgang, eine blühende Blume oder ein singender Vogel. Eine Begegnung mit lieben Menschen oder netten Kunden.

Denke positiv (think positiv), sagen die Amerikaner und sie haben gute Erfahrungen damit gesammelt. Kein Problem kann gelöst werden, wenn gleich gesagt wird, dieses Problem ist nicht lösbar. Und wie häufig verfallen wir in diesen Fehler und mit ihm in den negativen Streß?

Positives Denken fördert positiven Streß. Versuchen Sie bitte belastende Umstände oder Ereignisse in einem anderen Licht zu sehen. Suchen Sie gezielt nach einem positiven Element in einer negativen Sache. Es gibt immer ein positives Element in einer negativen Sache, nur wird das gerne übersehen oder nicht danach gesucht.

Setzen Sie sich positive Ziele: Berufliche Ziele, persönliche Ziele und Ziele jeder anderen Art. Die Hauptsache ist, daß Sie Ziele haben und mögen Sie noch so klein sein. Auch das ist eine Maßnahme zur Verminderung von negativem Streß.

Stecken Sie sich auch große Ziele und erreichen Sie diese Schritt für Schritt. Jedesmal wenn Sie einen Schritt gemacht haben, können Sie ein Erfolgserlebnis haben. Das große Ziel kann eine Traumreise, ein Segelboot oder ein Wochenendhäuschen im Grünen sein. Sparen Sie sich Mark für Mark und ordnen sie die gesparten Märker zu. Sagen Sie nicht das sind 1.000 DM , 2.000 DM oder 5.000 DM. Sagen Sie lieber das ist das Flugticket für die Traumreise, das sind die Segel für das Segelboot oder das ist das Grundstück für das Wochenendhaus im Grünen. Das nächste Sparziel sind die Übernachtungskosten, der nackte Rumpf für das Segelboot oder der Rohbau für das Wochenendhaus im Grünen. Das beflügelt Ihre Phantasie, das bereitet Ihnen Freude, das macht Ihnen Spaß, das bringt Ihnen positiven Streß. Positiven Streß können wir alle dringend gebrauchen.

9.3.4 Streß im Bäckerfachgeschäft und beim Verkaufen

Jetzt sind wir fast am Ziel unserer Reise in Sachen Streß angekommen. Sie wissen was Streß ist, was er bewirkt, wie er entsteht, welche Folgen er hat und daß er sehr ansteckend ist. Sie kennen den Privatstreß, den Berufsstreß, den Kundenstreß, den selbstgemachten Streß und können den negativen vom positiven Streß unterscheiden. Sie wissen auch, wie Streß erkannt wird, wie mit ihm umgegangen und wie er behandelt werden kann. Jetzt können wir uns Ihrem eigentlichen Anliegen, dem Streß im Bäckerfachgeschäft und beim Verkaufen zuwenden.

Streß im Bäckerfachgeschäft kann unterschiedliche Ursachen haben, das Betriebsklima, die Kolleginnen, die Vorgesetzten, das Verkaufsgespräch und die Kunden. Wenn Sie Streß verspüren, machen Sie sich die Ursachen für Ihren Streß klar und handeln Sie.

Haben Sie Streß mit dem Betriebsklima, der Kollegin oder mit dem Vorgesetzten oder den Mitarbeitern schlucken Sie nichts hinunter. Sonst bekommen Sie Magenbeschwerden und der Streß wird nur noch schlimmer. Suchen Sie ein vertrauensvolles Gespräch, tauschen Sie sich aus, seien Sie ehrlich zueinander und suchen Sie eine Lösung des Problems. Lassen Sie gefühlsmäßige Äußerungen außen vor und seien Sie betont sachlich, sonst gibt es neuen Streß. Sie wissen ja, das Denkhirn wird bei Streß blockiert.

Fördern Sie Ihren gemeinsamen positiven Streß. Gehen Sie gemeinsam kegeln, treffen sich zum Kaffeekränzchen oder feiern Sie gemeinsam eine Grillparty. Sie werden sich näher kommen, sich besser verstehen, das Betriebsklima verbessern und manches zwischenmenschliche Problem löst sich in Luft auf. Ist das nicht lohnenswert?

Haben Sie Streß mit Ihrem Verkaufsgespräch, Sie merken es im Stoßgeschäft am besten, prüfen Sie nach, was Ihnen fehlt und schließen Sie die Wissenslücken. Lernen Sie nicht im stillen Kämmerlein, sondern gemeinsam. Das macht doch viel mehr Spaß und verbindet obendrein.

Stressige Kunden sollten für Sie jetzt kein Problem, kein Streßauslöser mehr sein. Sie wissen, daß Kunden auch nur Menschen sind. Warum sie Streß haben können, wie sie sich bei Streß fühlen, daß sie Streß überbewerten können und wie miserabel sie sich dabei fühlen.

Sie sollten wissen, daß Sie, liebe Bäckereifachverkäuferin, jetzt mehr über Streß wissen als der allergrößte Teil Ihrer Kunden. Wäre das nicht eine schöne Aufgabe aus den gestreßten Kunden fröhliche Kunden zu machen? Probieren Sie es aus! Seien Sie freundlich und lächeln Sie Ihre Kunden an. Sagen Sie Hallo, wie geht es Ihnen und Kommen Sie gut nach Hause? Sparen Sie nicht mit freundlichen Worten, die aus dem Herzen kommen und werfen Sie Ihr gesamtes Verkaufswissen, Ihre gesamte Kompetenz als Kundenführungskraft in die Waagschale. Kennen Sie das schöne Gefühl, wenn man aus einem unfreundlichen Kunden einen freundlichen Kunden gemacht hat? Das müssen Sie unbedingt kennenlernen und Ihr Erfolgserlebnis, nebst positivem Streß, ist Ihnen garantiert sicher.

Sollte der Versuch im Anfangsstadium einmal mißlingen und sie bekommen trotz aller guten Vorsätze Streß, gehen Sie z. B. Backbleche spülen. Fluchen Sie ruhig vor sich hin, so wie es auch die Tennisstars machen. Aber nur so laut oder so leise, daß es die Kundschaft nicht hört. Stampfen Sie mit den Füßen auf den Boden, machen Sie Lächelübungen und sagen Sie sich richtig trotzig: Ich will keinen Streß, ich hasse Streß, Streß steckt an und ich lasse mich nicht stressen! Das entspannt und baut Streß ab. Sollte gerade Hochbetrieb herrschen, hilft nur noch lächeln, lächeln, lächeln und an das Phänomen Streß denken.